パリの福澤諭吉

謎の肖像写真をたずねて

山口昌子
Shoko Yamaguchi

中央公論新社

パリの福澤諭吉◆目次

パリの福澤諭吉

謎の肖像写真をたずねて

写真はすべて筆者撮影
装幀　中央公論新社デザイン室

序章

その写真を初めて見たのは二〇〇九年二月に一週間ほど、赴任先のパリから一時帰国した時だ。東京・上野の国立博物館で開催中の「未来をひらく　福澤諭吉《ふくざわゆきち》展（以下、福澤諭吉展）」では、一万円札でおなじみの壮年期の大成した福澤諭吉とはまったく異なる青年武士、ちょん髷を結い、羽織袴に帯刀し、威儀を正した凜々しいサムライ姿の肖像写真が展示されていた。扇子を右手に握り、真っ直ぐに前を見詰め、口をきりっと結んだ若者の精気がみなぎった精悍な表情だった。

同時期に同じ場所で撮影されたと見られる真横からの写真もあった。視線を多少伏せており、沈思黙考しているような不思議な静けさがあった。それが、かえって内面から溢れ出るような知性と熱情を感じさせた。この横顔の写真は展覧会のカタログの表紙にもなっていた。写真説明は短く、「写真協力：パリ人類博物館」とあった。つまり、「パリで撮影された写真」のネガなどが「人類博物館（Musée de l'Homme）」に保管されていることを示していた。諭吉がパリに滞在したのは生涯に一度だけ、文久遣欧使節団（1862年）の一員としてフランス（パリ）をはじめイギリス（ロンドン）、オランダ（ロッテルダム、ハーグ、アムステルダム）、プロシャ＝現在のドイツ（ユトレヒト、ケルン、ベルリン）、ロシア（ペテルブルク＝現在のサンクトペテルブルク）、ポルトガル（リスボン）を訪問した時だ。

展覧会では一万円札の肖像画の下敷きになった写真をはじめ、明治維新後の髷を切ったあとの着流し姿や壮年期の背広姿、老年期の散歩姿、夫人・錦《きん》とのツーショット、そして、渡欧の二年前の一八六〇年に「咸臨丸」で渡米した時の、やはり青年期の紋付袴姿や着流し姿、アメリカ人少女とのツーショットなど何枚かが展示されていた。これらの写真の中でも、この正面から撮った「パリの肖像写真」は際立って強いオーラを放っていた。

その前年の二〇〇八年にフランスでは、一八五八年にアメリカ、イギリス、フランス、オランダ、ロシアと開市開港、すなわち鎖国終焉を約束したいわゆる「安政の五ヵ国条約」のうちのフランスとの条約「日仏修好通商条約」の百五十周年の記念行事が賑々しく開催された。実はそれまで、約二百五十年間の鎖国から開国へと向かう歴史的節目である「条約」はもとより、条約改正を目的にその四年後の一八六二年に徳川幕府が派遣した「文久遣欧使節団」に関しては関心が薄かったが、新聞社のパリ特派員として遅まきながら興味を持った。「国立博物館」での展覧会に足を運んだのも、この使節団に当時二十七歳（満年齢）の若き福澤諭吉が翻訳担当として参加していたことも初めて知ったからだ。

会場を出た後も、パリ撮影の写真はちょうど印画が瞼に焼きついてしまったように脳裏から離れなかった。ただ、以前に一度見学した「人類博物館」では諭吉の肖像写真はもとより日本人の写真を見たことがなかった。同館は諭吉の「パリの肖像写真」に出会った約一ヵ月後の二〇〇九年三月から大規模な改装工事のために休館したが（２０１５年10月に再開）、「約五十万点の所蔵作品の中に日本人の写真はないはずだ」と同館の総局長トマ・グルノンは証言した。グルノンは再開後に館長に就任した。当時は新聞社の特派員として日々の業務に追われていたので、「パリの諭吉の写真」のことは気になりながらも、いつか時間ができたら調べてみようと思っていた。

日本では一八六〇年（万延元年）の「咸臨丸」による遣米使節団に関しては多くの歴史書をはじめ小説や映画、テレビ・ドラマなどによって広く知られている。徳川幕府はアメリカと締結した「日米修好通商条約」（１８５８年）の批准書交換のためにアメリカ艦船「ポーハタン号」で新見《しんみ》豊前守《ぶぜんのかみ》正興《まさおき》を正使とする使節団をアメリカに派遣したが、護衛艦である「咸臨丸」の渡米物語のほうがはるかによく知られており人気がある。遣米使節が日本政府としての初の海外派遣使節だったという歴史的かつ外交的な視点より、「咸臨丸」（提督・木村《きむら》摂津守《せっつのかみ》喜《よし》毅《たけ》＝軍艦奉行）が注目を集めたのは、長崎海軍伝習所で学んだ日本人による海洋技術で初めて広大な太平洋を渡るという胸躍る冒険物語だからだ。

確かに、吹けば飛ぶような三百トンの小型艦船（オランダ製の中古）で激しい風雨と闘いながら、「日章旗」を掲げて遠い国アメリカを目指して太平洋を渡る冒険物語は誰しもの心を奪う。しかも乗員は江戸城を無血で明け渡して大政奉還を決めた明治維新の立役者・勝海舟が指揮官を務めたほか、遭難、アメリカ滞在を経て漁師から有能な通訳という文字通り劇的人生を生き抜いた中浜（ジョン）万次郎といったドラマチックな面々である。

この使節団の随行員の中には軍艦奉行・木村摂津守の従者という最下級の身分で福澤諭吉もいたが、その他大勢の一人だ。アメリカから土産として英語辞典「ウエブスターの辞書」を持ち帰って日本での英語の普及・発展を助けた功績は知られているが、冒険物語の中ではあくまでも一つの逸話にすぎない。諭吉は端役であり、ほとんど忘れられた存在だ。

この〝咸臨丸冒険物語〟のインパクトの強さに比べると、「文久遣欧使節団」の物語はぐっと地味なせいか語られることは極めて少ないが、実際は劇的かつ重要な要素を含んでいる。遣米使節団の訪問が「日米修好通商条約」の批准書交換という儀礼的な目的だったのに対し、遣欧使節団のほうはヨーロッパ諸国と締結した「条約」の改正交渉、つまり江戸、大阪の二市の開市と、新潟、兵庫の二港の開港の延期という困難な外交任務を命じられていた。

「条約」では神奈川、長崎、箱館の三港に次いで一八六〇年一月一日には新潟、六三年一月一日には兵庫の二港、六二年一月一日には江戸、六三年一月一日には大阪の二市の開港開市が明記されていたが、遣米使節の出発後には大老・井伊直弼が暗殺されるなど攘夷の嵐がますます吹きすさぶ中、徳川幕府は条約の全面的遂行は無理と判断した。
正使・竹内下野守保徳《たけのうちしもつけのかみやすのり》は五条約締結国のイギリス、フランス、オランダ、ロシアに加え、その後条約を締結したポルトガル（1860年）、プロシャ＝ドイツ（61年）の六ヵ国の政府と二市二港の「最大限の延期」、願わくば「十年延期」を現地で交渉、説得し、議定してくるという重要任務を背負わされていた。加えて「西洋事情の視察」と「ロシアと樺太境界線を定める」というこれまた容易ではない二つの課題も訓令された。ロシアとは現在も北方領土問題があり、平和条約が交わされていないが、日露の領土問題はすでにこのころから日本にとって、納得のいかない問題だった。

かくて一六一三年の支倉常長のローマ行き以来、実に二百五十年ぶりに日本人がヨーロッパを訪問することになった。アメリカの独立宣言（1776年）から八十年余り、アメリカ大陸発見（1492年）から四百年未満に対し、ヨーロッパはすでに西洋文明の円熟期に入っており、十九世紀後半の米欧の比重は、ヨーロッパのほうが圧倒的に重かった。特にイギリスとフランスは植民地拡大競争によって二大帝国を築き、政治的、経済的、社会的、文化的に成熟し、世界に君臨していたが、若い国アメリカはまだ発展途上にあり、遣欧使節団派遣当時は南北戦争の真っ最中だった。

しかも遣米使節が首都ワシントンを訪問したのと異なり、諭吉を含む「咸臨丸」の乗組員は上陸した西海岸サンフランシスコから一歩も出ず、同地以外の見聞の機会はなかったので、諭吉らが瞠目するようなこともヨーロッパに比較すると実際に少なかった。もっとも「咸臨丸」の乗員はサンフランシスコでは遣米使節が乗船した「ポーハタン号」よりたまたま十二日も早く到着したので「日本から最初に来た船」ということで製作所や各施設の訪問を含む予期せぬ大歓迎を受け、諭吉も《それは〳〵実に至れり尽せり、この上の仕様《しよう》がないと云う程《ほど》の歓迎》(『福翁自伝』以下略)と述べ、歓迎がいかに盛大だったかを記している。ところがアメリカに関しては帰国後に諭吉が書いた報告書『萬延元年アメリカハワイ見聞報告書』は服装や食物に関するごくごく簡単なメモでしかない。『福澤諭吉全集第十九巻』(岩波書店)ではたった三ページを占めているにすぎない。遣欧使節から帰国後に上梓し、二十万部の大ベストセラーになった『西洋事情』(1866、68、70年3篇刊行)とは比べるべくもない。

日本人と西洋文明との真の劇的出会いは遣米使節団ではなく、その二年後の遣欧使節団の派遣を待つ必要があった。そして、この遣欧使節団とヨーロッパとの出会いは鎖国という太平の夢の中で育まれた、繊細だが偏狭でもあった価値観の日本文明と爛熟期にあったヨーロッパ文明とのまさしく激突だった。

諭吉がフランスの十八世紀の啓蒙思想家の代表者ヴォルテールに擬されて、「日本のヴォルテール」(徳富蘇峰、フランスの日本学の碩学クロード・メートル)といわれるようになったのもアメリカではなく、一重に遣欧使節団で訪問したパリをはじめヨーロッパの成熟した西欧文明から得た貴重な体験により、著作や活動を通して「啓蒙」を説いたからだ。

それもヨーロッパ大陸に君臨していたフランスの首都パリでの体験によるところが多いことは『西洋事情』初編（１８６６年）の目次を一瞥しただけでも明らかだ。民主主義の基本である議会政治の何たるかを紹介した「政治」や、当時の日本人にはどれもこれもまったく新しい概念であり発想であり制度だった「商人社会」「外国交際」「兵制」「文学技術（芸術）」「学校」「新聞紙」「文庫（図書館）」「病院」「博物館」「蒸気機関」「瓦斯灯」などなど。これらの事物はすべてパリで仕入れたものだ。

諭吉は『西洋事情』で「合衆国」「荷蘭《オランダ》」「英国」「魯西亜《ロシヤ》」「仏蘭西《フランス》」に関し、それぞれ「史記」を記しているが、《始て稿を起すとき、全編三冊の積りなりしが、仏蘭西の条を訳するに至り、その史記の事柄多端《たたん》にして妄《みだり》に之《これ》を略し難く》と断って、フランスの史記が複雑で説明に長文を要したので四巻にした事情を説明。王政、フランス革命、帝政、王政復古、共和制と目まぐるしく変わる国家体制などを詳細に説明したうえで、次のように結論した。

《仏蘭西は欧羅巴《ヨーロッパ》洲にて四達の地位を占め、全州各国の治乱十に七、八は仏に関係あらざるものなし。故に仏の史記を明《あきらか》にすれば、亦以《またもっ》て他国の歴史を読むの一大助となるべし》。換言すればフランスを知らずしてヨーロッパは理解できないとの認識を示し、この国の重要性を強調している。フランスは単なる「グルメ」や「モード」「映画」などに代表される「文化大国」のみならず、約一千年にわたって曲がりなりにも大国であり続けた原動力となっている「外交大国」「軍事大国」でもあることは、パリでの新聞社の特派員生活二十一年に及んだ筆者の実感でもある。諭吉がたった一ヵ月の滞在でこの「フランスの存在」の重要性を看破した慧眼には脱帽する以外ない。

また、《当時は仏蘭西の第三世ナポレヲンが欧洲第一の政治家と持囃《もてはや》されてエライ勢力》と述べ、栄華の極地にあったナポレオン三世治下にあるフランスを特筆するのは当然としている。確かに、遣欧使節団にとって最初の訪問国、つまり訪問者にとって通常、最も強いインパクト、ヨーロッパに対する第一印象を与えることになる国がフランスだったことは極めて意味深い。『西洋事情』だけではなく、諭吉が創刊した『時事新報』の社説や多くの著作にフランスの影響が色濃い。

諭吉が果たした啓蒙的な役割は日記代わりの『西航記』や旅行中、懐に入れて肌身離さず持ち歩いていた黒革の表紙の手帳、後に『西航手帳』と命名されて、『西航記』と共に刊行されたオランダ語や英語を交えて記した詳細なメモ帳も証明している。この二作からは諭吉のほとばしるような未知の事象に対する好奇心や熱意が直接伝わり、ヨーロッパ旅行が諭吉に与えた、まさに革命的ともいえる知的転換の衝撃の強さがうかがえる。

諭吉がパリに旅してから百五十年余り。パリの街並みはナポレオン三世の号令で実施された「オスマン男爵（セーヌ県知事）の大改造」以来、ほとんど変わっていない。諭吉らが宿泊したホテルの石造りの建物をはじめ、パリ独特の暖炉用の小さな煙突が屋上にある高さが均一のアパルトマンの群れもそのままなら、コンコルド広場やシャルル・ドゴール広場に代表される文字通り広い広場を中心に放射状に延びるシャンゼリゼ大通りなどの広くて真っすぐな道路、その道路を縁取るマロニエやプラタナスの街路樹もそのままだ。そして、時が止まったように街の中心を静かに流れるセーヌ河、大陸独特の湿度が少ないために淡いスミレ色の空や、ドラクロワの絵のようにドラマチックな千切れ雲の群れ——。

諭吉もこうした光景を目撃したのかと思うと、タイムマシンに乗って、百五十年前のパリに降り立ったような気分になる。また、二十一世紀を迎えた今、何回目かのあらゆる意味での〝開国〟を前に下級武士・諭吉が日本の未来を見据え、思索家として言論人として「日本のヴォルテール」といわれるに至ったパリでの日々を追うことは、「咸臨丸」以上の冒険物語でもあるはずだ。そして、それは同時にパリでただ一回、撮影され、フランスの人類学者ジョゼフ・ドゥニケールが「日本人の典型的な知識階級の顔」として自著に紹介した「一万円札の肖像画になる前の無名の青年武士の肖像写真」が放つ、激しいオーラの源を探り当てることにもなりそうだ。

第1章

初めてのパリ

1 「西航の命を受けて、いざ出発」

青年はこの日、イギリス海軍の蒸気フリゲート艦オージン号（2000トン）の甲板に佇んで、いったい何を考えて闇夜に消えていく品川港を見詰めていたのだろう。青年が正午に上船場の芝田町から乗船した英艦は文久元年の暮れも押し詰まった翌十二月二十三日（西暦1862年1月22日、以下西暦で表記）の朝六時に、ヨーロッパに向けて大航海に乗り出すところだった。二年前に「咸臨丸」の遣米使節団の一員として太平洋を横切った経験があるので蒸気船による船旅は初めてではなかったが、この夜は心地良い興奮に身体中が包まれ、なかなか寝つかれなかった。

英艦には徳川幕府派遣の「文久遣欧使節団」が乗り込んでいた。四年前の安政五年（1858年）に締結した日本の開国をアメリカ及びヨーロッパ四ヵ国と約束した、いわゆる「安政の五ヵ国条約」の改正をヨーロッパ諸国と交渉するという重要任務が課せられていた。

条約では神奈川、長崎、箱館の三港に次いで一八六〇年一月一日には新潟、六二年一月一日には江戸、六三年一月一日には大阪の開市と兵庫が開港されることになっていた。しかし、約二百五十年も鎖国をしていた国が数年のうちに主要都市と主要港を外国に開放するのは実際問題として無理難題だった。しかも、攘夷の嵐は日に日に強まり、外国公使館などが襲撃され、外国人に対する流血事件も相次いだうえ、「天皇の勅許を得ずに条約を締結した責任者」として大老・井伊直弼が暗殺された（1860年3月24日）。青年が「咸臨丸」でのアメリカの旅から戻る三ヵ月前だ。

「せめて、江戸と大阪の二市に新潟と兵庫の二港の開市開港を延期してもらいたい」というのが徳川幕府の切なる願いだった。アメリカはタウンゼント・ハリス公使の働きで延期の承認が決まったが、ヨーロッパのイギリス、フランス、オランダ、ロシアに加えて「五ヵ国条約」後に条約に参加したポルトガル、プロシャ（ドイツ）の六ヵ国が果たして条約の改正に応じるのかどうか。交渉は難航が予想されていた。

一行にはまた、「西洋事情の視察」とロシアとの「樺太の日露国境線の画定」という決して容易ではない課題も訓令されていた。

こうした「大役」を担った使節団の一員として幕府から正式に《西航の命》を受けた青年の心が自ずと弾んでくるのは当然だ。英艦には正使・竹内下野守保徳以下、次の三十六人が乗船していた。

副使・松平石見守康直《まつだいらいわみのかみやすなお》
御目付・京極能登守《きょうごくのとのかみ》
組頭・柴田貞太郎《しばたさだたろう》

御勘定・日高圭三郎《ひたかけいさぶろう》

御徒士目付・福田作太郎《ふくださくたろう》

調役・水品楽太郎《みずしならくたろう》

同・岡崎藤左衛門《おかざきとうざえもん》

御医師但し漢方医なり・高嶋祐啓《たかしまいうけい》

雇医・川崎道民《かはさきどうみん》

御普請役・益頭駿次郎《ますずすんじろう》

定役元締・上田友助《うへだいうすけ》

定役・森鉢太郎《もりはちたろう》

通弁・福地源一郎《ふくちげんいちろう》＝後の福地桜痴

同・立広作《たちこうさく》

同・太田源三郎《いいたげんざぶろう》

同心・斎藤大之進《さいとうだいのしん》

御小人目付・高松彦三郎《たかまつひこざぶろう》

同・山田八郎《やまだはちらう》

反訳方・松木弘安《まつきこうあん》＝のちの寺島宗則

同・箕作秋坪《みつくりしうへい》

そしてこの青年、「反訳方・福澤諭吉」だ。

一行には、このほかに正使従者・高間応輔、長尾条助、副使従者・野沢郁太、市川清流（渡）、御目付従者・岩崎豊太夫、黒沢新左衛門、組頭従者・永持五郎次に加えて、この機会に使節団に参加させ、西洋事情を学ばせようと各藩が「賄方」の名目で派遣した佐野貞輔（加賀藩）、杉新助（長州藩）、石黒官次（肥前藩）、岡鹿之助（肥前藩）、原覚蔵（阿波藩）、佐藤恒蔵（杵築《きづき》藩）に加え、重兵衛（外国方用達、伊勢屋八兵衛手代）が参加していた。

出発時は三十六人だが一行とは別途、外国奉行調役兼通事・森山多吉郎と勘定格調役・淵辺徳蔵が駐日イギリス公使ラザフォード・オールコックと共にロンドンに直行するので使節団の総数は三十八人になる予定だった。青年はこの「日本一の英語使い」といわれる森山に一時、英語を習おうと試みたが、公務で忙しい森山に時間をなかなか取ってもらえず、結局、独学で英語を習得した経緯がある。

青年を取り巻く環境は「咸臨丸」で渡米した二年前とは雲泥の差があった。まず、身分的に安定していた。「咸臨丸」での渡米の時は洋学者の端くれとして、日本人が初めてアメリカに行く機会を何がなんでも逃すまいと、一種の義務感に駆られて必死でツテを頼り、提督を務める軍艦奉行・木村摂津守喜毅に懇願して、「従者」という最下位の身分でやっと一行に加えてもらった。

今回は《先《ま》ず役人のような者ではあるが、大名の家来、所謂《いわゆる》陪臣》（将軍の直接の家来である大名や旗本は直参。その直参の家来）、つまり下級武士ではあるが、アメリカから帰国後の一八六〇年に登用された幕府の外国奉行傘下の翻訳担当として《欧羅巴行《ヨーロッパゆき》を命ぜられたのであるから、自《おのず》から一人前の役人のような者》だった。しかも支度金として《四百両ばかり貰《もらっ》た》ほか、《旅中は一切官費》の海外出張だ。一八六一年には同郷の中津藩士・土岐太郎八の次女・錦と結婚するなど私生活も充実していた。

加えて、《モウ英書を読み英語を語ると云うことが徐々《そろそろ》出来て》という状態で文字通り、寝食を忘れて習得した語学力にも自信があった。好奇心もはち切れんばかりで、《何でも有らん限りの物を見ようと計《ばか》りして居る》という状態だった。しかも、日本人のヨーロッパへの旅は一六一三年の支倉常長のローマ行き以来、実に二百五十年ぶりである。自ずと心が弾むと同時に、未来に向けての何か予感らしいものがあった。

その予感は自分が使節団の一員という公務だけではなく個人として、このヨーロッパ訪問で果たすことになる重要な役割に対する期待と同時に微かな不安も入り混じっていた。何かわからないが自分にとって運命を決定するような〝事件〟と出会うのではないかとの強い予感だ。その慄《おのの》きにも似た予感が当時としては長身（173・5センチ、当時の男子の平均身長は159センチ）で骨太の身体中に満ち溢れてくるのを感じた。

使節団の中では二十七歳と若いほうだったが、すでに大阪の緒方洪庵の蘭学塾「適塾」では入塾二年目で塾長に取り立てられ、中津藩の藩命で江戸に出てきた四年前からは中津藩・中屋敷（東京・築地）に開いた「蘭学塾」を主宰していたので、「自分は何者かである」といった若者らしい自負心はあった。ただ、封建社会の枠組みの中では将来への一定の道筋が決まっていた。二歳の時に病死した父・百助が家督を継がない次男の将来を考えて一時、《坊主にする》と考えたのも、下級武士の枠からは決して抜け出すことができない息子の前途を憂いたからだ。

父親自身、読書一偏の漢学者であることを希求しながらも勤務地の大阪の倉屋敷では豪商を相手に最も嫌っていた金勘定、つまり藩の債務の交渉をするのが役目だった。この封建制度に束縛されて何もできなかった父親の無念や、幼い息子の行く末を思って「坊主」にしようとした父親の《心中の苦しさ、その愛情の深さ》をこの夜、青年はまた思い出し、改めて《門閥制度は親の仇》と思い定めもした。

もっとも暴風雨を前に次第に強まる夜風に吹かれながら、過去のことより、未来への期待のほうが強かった。オージン号はイギリスが日本初の公式使節団の渡欧を重視して、迎い船として送ってきただけに「わざわざ香港で内部改装」（芳賀徹『大君の使節』）をしたうえ、江戸でも日本人職人によって「日本風の壁紙を張ったり、畳を入れたり」（同）と日本座敷風な船室に工夫されるなどの気配りがされていた。この辺りにも徳川幕府が海軍創設のためにオランダに発注した木造軍艦「咸臨丸」とは異なる晴れやかな雰囲気が船内に漂っていた。

船内で青年と相部屋になったのは、同じ反訳方仲間、翻訳担当の松木弘安と箕作秋坪だ。三人とも幕府の外国奉行の同僚だったうえ、「陪臣」とそろって身分も低く、なによりも語学力に優れていたばかりか開明派として意見が一致していた。

オージン号は夜半から強まった風が翌朝、暴風雨に変わったため長崎にやむなく寄港することになった。おかげで青年は江戸に出仕する前に短期留学した同地で知遇を得た砲術家・山本物次郎や物次郎が急遽、集めてくれた朋友たち二十人余りと久しぶりに会うことができた。その夜は諭吉の歓送会となった席で、旧友に会えた懐かしさと旅立ちの興奮から勉学のために長崎留学時代は断っていた酒をしこたま飲み、諭吉を下戸だと思っていた一同を驚かせた。後に禁酒するためにタバコを吸い始め、結局、酒とタバコの両方を愛用することになった。

長崎以降は順調な航海が続き、英領の香港、シンガポールなどの港に立ち寄り、紅海に入ってスエズに上陸した。ここでオージン号とは別れを告げ、《蒸気車》(蒸気機関車)に乗り換えた。アメリカに行った時はカリフォルニア地方にはまだ鉄道がなかったので《蒸気車》については書物で仕組みなどは知っていたが、実物は見たことも乗ったこともない初物だ。《蒸気車》は青年が今回の旅行で出会った初めての〝事件〟ともいえた。

近代はいわばスピード時代の幕開けでもあるが、その近代の象徴であり、最新技術のはしりに初めて乗るという機会に遭遇して、それまでの窮屈な長い船旅の疲れもすっかり忘れた。もっともヨーロッパは陸続きの大陸である。《ソレカラ欧羅巴《ヨーロッパ》各国を彼方此方《あちこち》と行くにも皆鉄道ばかり》で、いささか食傷気味に陥ったが。

一方で、英領の港町に次々寄港した時は英字新聞やイギリス人乗員からの情報を通して、イギリスの植民地における覇権ぶりや植民地側の非人間的な生活ぶり、さらに英仏による植民地拡大競争の一端を垣間見るなど、いくつかのこれまた近代を象徴する〝事件〟に遭遇し、持参した日記代わりのノートに事細かくメモした。生来、漫然と時を過ごすことができないうえ勉強家で好奇心一杯の青年は「咸臨丸」での船旅でも同行のジョン万次郎から英会話を習ったが、オージン号での船旅もヨーロッパ旅行に向けての貴重な予習期間になった。

この時は、これらのメモが後の著作に役立つとは意識していなかったが、見るもの聞くものすべてが瞠目のタネだったので、忘れないうちになるべく正確に記すように心がけた。江戸から持参したノートは航海中のメモだけで早くも半分以上を占める勢いだったので、ヨーロッパに到着したら、もう一冊、取材メモ用の手帳を買うことも心に留めた。

アレクサンドリアからは再度、海路だ。イギリスが用意した輸送船ヒマラヤ（３４００トン）で英領マルタ島に寄港したのは三月二十八日だ。地中海の要所だけに、マルタ中西部ラバ・マルタにある国立古文書館には港湾局の入港記録が大事に保管されている。一行の到着を知らせる記録もあり、税関吏から宗主国・イギリスの「ニューカッスル公爵閣下」に宛てた短い報告書には、「女王陛下の船舶『ヒマラヤ』が昨日、マルタに到着したことを報告する。日本の大使一行は同日、上陸し、慣例の儀礼を受けた。私の知るところによると、彼らは次の月曜日、三十一日にはマルタを出発する」（１８６２年3月29日）とある。

マルタの首都バレッタの国立図書館にも一行到着に関する記事を掲載した地元有力紙『マルタ・マタン』が保存されている。まず、「日本の使節団が先週金曜日（3月28日）朝、この島に到着した」（3月31日）と報じ、極東の国日本からやってきた初の使節団への関心の高さを示した。次いで、「三人の大使は同日午後二時、マクドナルド氏——この人物はマルタの税関当局に残っている乗船リストにある一行の世話役とみられる——と主な従者四人とサン・アンジェロ要塞と軍艦ネプチューン号の礼砲の儀礼を受けながら上陸した」とかなり詳しく報道し、一行が賓客としての儀礼を受けたことを強調している。

英領マルタの新聞なので、使節団の目的に関しては訪英についてのみ、「日本の大君と合意した条約の開港に関するいくつかの条項の実施の延期をイギリス政府に要請するため」と記されている。また、この開港問題が、「日本国民には不人気」とも述べ、多少なりとも条約改正の理由に触れるなど、概ね正確な記事となっている。

諭吉はマルタ島で、その後の生涯のテーマの一つでもある「外交問題」という貴重な体験もした。英仏が《先ず英に行くや仏に行くべきか》と最初の訪問国について外交的駆け引きを繰り返したからだ。結局、フランスに最初に上陸することになったが、一行はこの駆け引きの結果、マルタ島で三泊四日も過ごすことになり、この間、正使らは上陸して島の内部を見学したが、諭吉ら随行員は船内に閉じ込められたままだった。

マルタからマルセイユ間の四日間は強風と大波に悩まされたが、それでも、晴れ間には地中海独特の降り注ぐ陽光と紺碧に耀く海の色が旅情を慰めてくれた。最初の公式訪問国フランス南部の港町マルセイユに到着したのは、寒空の冬の品川沖を出発してから約三ヵ月後の春爛漫の四月三日だった。

詩人・萩原朔太郎がそれから半世紀以上を経てもなお、「ふらんすへ行きたしと思へどもふらんすはあまりに遠し　せめては新しき背広をきて　きままなる旅にいでてみん」（『純情小曲集』初版大正14年＝1925年）と詠ったように、フランスはなんと遠隔の地だったことか。使節団のこの旅から百五十年余り後の現在も日仏の距離は空路（約1万キロ）で約十二時間あり、遠隔の地に変わりはないが、距離感は大分、縮まった。ただ、日本人にとって「ふらんす」が「行きたい憧れの地」であることに変わりはない。

青年はその日本人一般のフランスに対する想いを最初に感じた日本人でもある。そのフランスではどんな〝事件〟が待ち受けているのか。満ち溢れてくる期待で胸苦しくなった青年は甲板に出て、地中海の明るい日差しを浴びながら何度も深呼吸をした。

2　春のパリに到着

四月はパリが最も美しい季節だ。長かった冬は三月末の春分の日の前後で終わり、突然、パリの街路樹のマロニエやプラタナスがいっせいに芽を吹く。それまで葉をすべて落としてツンツンとした枝先を灰色の寒空に突き刺すように立っていた街路樹が柔らかな新緑に変わり、明るさを日に日に増す陽光の下で緑色を深めていく。そして、また突然、煌めく陽光の下、マロニエの白い花がいっせいに咲き出す。パリの代名詞のようなマロニエが原産地のバルカン半島からオスマン帝国や神聖ローマ帝国を経てフランスに初めて植樹されたのは一六一二年だ。幼くして国王となった息子、ルイ十三世の摂政として権勢を振るった王妃マリ・ド・メディシスがこの花を愛し、庭園や街路樹に植えさせて以来、マロニエはパリの象徴となった。

「文久遣欧使節団」がマルセイユ、リヨンを経由してパリに到着したのは、その春の初め、四月七日だ。諭吉がパリのリヨン駅から宿舎に向かう馬車の中から目ざとく観察した市中の風景は、広場から街路樹に縁取られた大通りが放射状に延び、《市中の家は六階七階に竝《なら》び》（『條約十一ヵ国記』）と高さも外観も同じ建物が整然と建ち並んでいた。江戸の城下町とも商家が賑わう大阪の町ともまったく異なるシンメトリーで人工的な本格的「都市」の姿が、暮れ残る春の空を背景に名画のように浮かびあがっていた。この見通しの良い広々とした街並みと四季それぞれの色鮮やかな街路樹が一体となって醸しだすパリ独特の景勝こそ、ナポレオン三世が側近のセーヌ県（首都パリを含む）知事ジョルジュ＝ウージェヌ・オスマン（1809―91年）に指令して「パリの大改造」を断行した賜物だ。

《其奇麗なること欧羅巴州の第一にて、即ち世界第一の都といふべし》（同）と通常は冷めている現実主義者の諭吉も最大級の賛辞を捧げざるをえなかった。しかも、そろそろ夕闇が迫る街には街灯が灯り、《夜分は往来に萬燈を照らして昼夜の差別なく、其繁昌華美なること譬《たと》えんかたなし》とこれまた、提灯で足元を照らしていた江戸からやってきた身には眩しすぎる光景だった。

到着した宿舎「オテル・デュ・ルーヴル（Hôtel du Louvre）」にはさらに、圧倒された。パリ到着時に駅に迎えにやってきた接待役人に、随行員も多勢《たぜい》おり、荷物も多いので、なるべく三使節らが宿泊する《本陣に近い処に頼む》と注文を付けると、接待役人はそんなことはわかっているとうなずき、先ず人数を訊いたので、総勢三十六人と答えると、《是《こ》ればかりの人数なれば一軒の旅館に十《と》組《くみ》や二十組は引受けます》と答えたので、最初は《何の事やら訳《わ》けが分ら》なかった。

《旅館》を見て、やっと納得がいった。パリの中心地パレ・ロワイヤル（王宮）広場に位置し、五階造りで六百室もある《広大な家》（総面積約1万平方メートル）だった。従業員が約五百人もおり、宿泊客は一千人以上差し支えなしとあれば、総勢三十六人の日本の使節団などはこの旅館の中では《何処に居るやら分らぬ》という状態だ。元来、進取の気性に富んだ諭吉も、後に《唯《ただ》旅館中の廊下の道に迷わぬように、当分はソレガ心配でした》と告白したほどだ。

諭吉が驚愕したのも無理はない。そのホテルは規模やサービスの点で《巴理府最大の旅館》（『西航記』4月8日）どころか、世界で最高級といってもさしつかえなかった。ナポレオン三世が一八五五年のパリ万国博覧会に世界中からやってくる賓客用ホテルとして、フランスの威信を天下に知らしめるために建設させたからだ。いわばナポレオン三世による豪華絢爛たるブルジョワ的繁栄の頂点にあった第二帝政時代の栄耀栄華を象徴していた。

「石段や長い廊下には色あざやかなジュータンが敷かれ……天井のまわりには雷文（方形が渦巻状になっている文様）をほり……ガラスの蔓珠沙華のかたちの吊灯（シャンデリア）をつるしている。また、花模様の紙とかサラサを貼った壁のあいだに……明るい鏡をかかげている」（市川清流〔渡〕『幕末欧州見聞録―尾蠅欧行漫録』楠家重敏編訳、以下、『尾蠅欧行漫録』に略）

使節団は正使らが四月十三日にナポレオン三世に謁見するまではホテルに禁足状態だったので、一時もジッとしていられない諭吉は、毎日ホテルの窓から身を乗り出して街の様子を観察し、江戸から持参したノートにせっせと記録した。《旅館は正く帝宮（王宮）に面し、樓窓より臨めば毎朝帝宮護衛兵の交代するを見るべし。巴理府常備兵八萬人ありと云》（『西航記』4月9日）。パレ・ロワイヤルは皇帝の叔父、つまりナポレオン一世の末弟ジェロームが二年前に死去するまで住んでおり、現在はその息子ジェローム・ナポレオン二世（プリンス・ナポレオン）が住む居城だった。

幸い、諭吉が〝洋学三人組〟の松木や箕作と占領した部屋は三階の窓側にあり、王宮やホテルの出入りがよく観察できた。三使節が謁見に出向いた四月十三日も、《第二時三使節国帝に謁見す。政府より馬車を以て迎へり。車一輛に六馬を駕す。蓋し礼を尽すなり。仏蘭西に於て唯だ皇帝のみ八馬を駕すると云》（『西航記』4月13日）と記し、正使らが皇帝に次ぐ六頭立ての馬車で送迎されるという、それなりの礼を尽くされていることに満足した。

この日はあいにく雪が降ったが、それも花びらのような春の雪だ。使節団の宿舎「オテル・デュ・ルーヴル」と宮殿の周囲は東洋の果ての国から初めてやってきた日本人を一目見ようと群集がひしめいていた。宿舎に迎えにやってきた接待のフランス人士官六人が鮮やかな礼服に刀剣を帯びていれば、正使らも『おのおの狩衣、烏帽子、鞘巻の太刀をつけ、緑』（『尾蠅欧行漫録』）の正装である。まるで華やかなオペラの舞台を見るような光景は一見の価値が十分過ぎるほどあった。

チュイルリー宮殿は使節団の宿舎とは目と鼻の先の同じセーヌ河右岸のセーヌ河に沿って建てられていたが、諭吉が記述したように竹内下野守と副使・松平石見守及び御目付・京極能登守はそれぞれ皇帝が差し向けた迎えの六頭立ての馬車に乗って出発し、随行員の組頭・柴田貞太郎や通訳の福地源一郎や立広作らはそれぞれ身分に応じて四頭立てや二頭立ての馬車だった。

パレ・ロワイヤルや馬車が六頭立てなどに関する情報については、フランス外務省が一行の案内役として、ホテルにも同宿して世話を焼いている担当官ランベールを捕まえて質した。ランベールは英語がよく通じる諭吉にはすぐさま好意を持ち、謁見の様子も教えてくれたので、《謁見の時は皇帝及び皇妃も其席に出て使節を待遇せり》（『西航記』4月13日）とメモし、皇妃らも列席した華やかな様子を思い描いた。

パリ郊外ラ・クールヌーヴにあるフランス外務省古文書館には「文久遣欧使節団」に関する

多数の文書が大事に保管されている。その中にホテルの見取り図や一行の部屋割りなどに関する文書があるのを発見した。ホテルについては、「縦およそ三十間（1間は約1・818メートルなので約55メートル）、横およそ六十間（約109メートル）」（『尾蠅欧行漫録』）との記録があるが、見取り図によると、長大なホテルの縦面はマレンゴ通りとパレ・ロワイヤル広場に、横面は二つのリヴォリ通りとサントノレ通りに面している。この「オテル・デュ・ルーヴル」の建物も広場とそれぞれの通りも当時のまま、現存している。この長方形の建物に沿って長い廊下があり、その廊下の両側に部屋があるうえシンメトリーの作りでどこも同じように見えるので、諭吉が指摘したように自分がどこに居るのかわからず、確かに、迷い子になりそうだ。

フランス外務省としては遠来の賓客・使節団の宿泊状況を正確に把握するためにホテルに見取り図を提出させたのだろう。見取り図の余白にはホテル側が書き込んだ、「中央事務室、会計窓口、両替所、ホテル長の執務室は一階の『名誉のクール』の入り口近くの大階段に面している……入浴室（複数）は中二階にある」との注意書きもあり、外務省とホテルが一行の宿泊に関して念には念を入れたことがわかる。

ホテルは四月五日には使節団一行の部屋割りも提出しているので、使節団がどの部屋に宿泊したかも初めて明らかになった。使節団の要求を待つまでもなく一行の部屋は二階と三階にまとめられ、二階には正使・竹内下野守（22号室）、副使・松平石見守（29号室）、御目付・京極能登守（23号室）の「三使節」と組頭・柴田貞太郎（25号室）を含めた四人のＶＩＰの部屋が

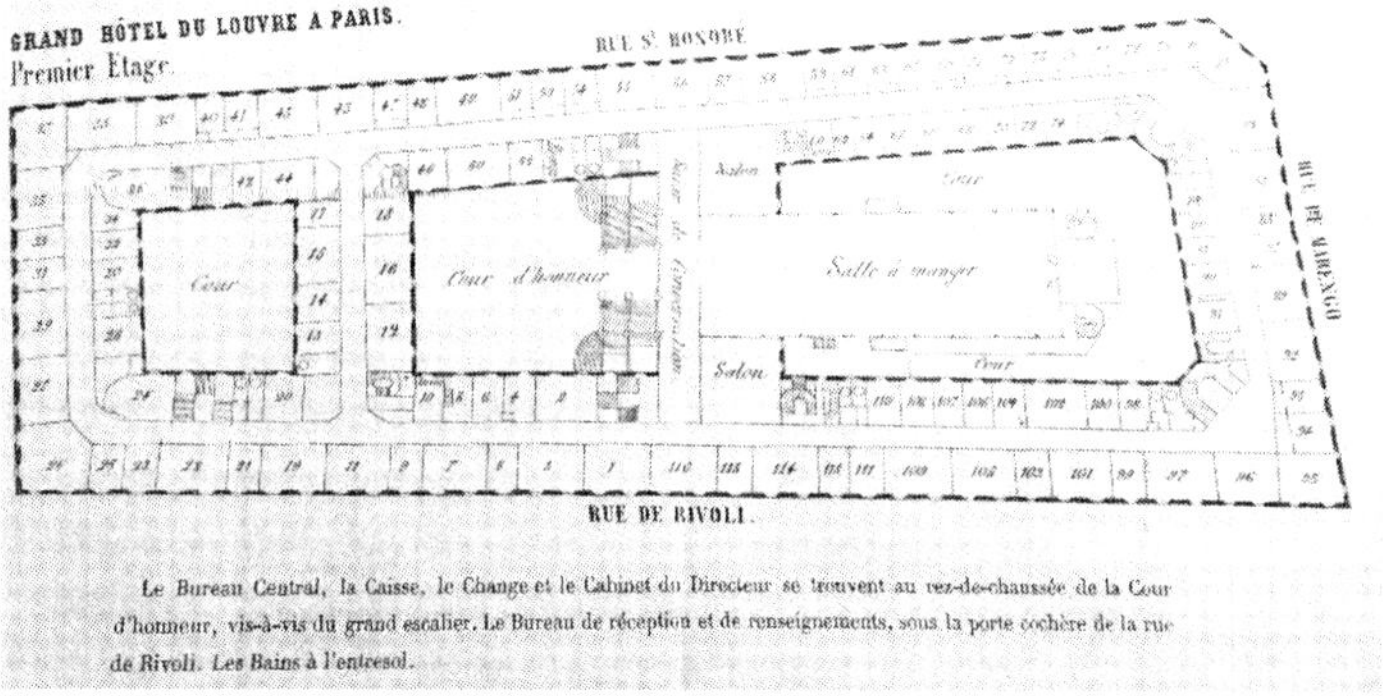

文久遣欧使節団が宿泊した「オテル・デュ・ルーヴル」の見取り図（フランス外務省古文書館所蔵）

隣接している。

この四人専用の「サロン」（26号室）と「食堂」（27号室）もあり、他の客はもとより随行員とも接しないで食事を愉しめるようになっている。同階には「ホフマン氏」と「アタッシェ、ランベール氏」、さらに「従者四人一室」（28号室）があり、四使節の従者のうちの一人が主人の傍近くに控えて所用をたせるように配慮されている。一行にはマルタの新聞が報じたようにイギリス公使オールコックが付けてよこした通訳官マクドナルドがロンドンまで同行したが、パリのイギリス大使館に宿泊したのかホテルの宿泊名簿には名前がない。

「ホフマン氏」はオランダの「レーデン大学校（現ライデン大学）」の日本学教授ヨハン＝ジョセフ・ホフマンだ。ドイツ・ヴュルツブルクの生まれでドイツ人医師フィリップ＝フランツ＝フォン・シーボルトとは同郷で助手を務めたこともある。シーボルトは一八二三年に長崎出島のオランダ商館医師として初来日し、使節団が出発するころは再来日中で、幕府の顧問役を務めたこともあるので日本では有名だが、ヨーロッパではホフマンのほうが日本通として知られていた。オランダ製軍艦「咸臨丸」の指揮を執って長崎港に届けたフォン・カッテンダイケ中佐（その後オランダの海軍大臣）の通訳も務めた。

公文書には外相エデュアール・トゥヴネルにホフマンを通訳として使うように推薦したラ・ヴィルトリューズの手紙も遺されている。この人物は「フランス王ルイ・フィリップの銃撃隊に所属していた隊員、伯爵、中佐」（リヨン発行の地方紙『ル・サンゼール』1832年7月22日号）だ。レーデンに赴いてホフマンを説得するとも書いているので軍人同士としてカッテンダイケ中佐を知っており、その関係でホフマンと知己があったのだろう。正使・竹内下野守は出発前にシーボルトに会っているので、ホフマンのことを聞いていた可能性がある。

この部屋割りは一行の到着（7日）以前の五日にホテルから外務省に提出されているので、「ランベール氏」と「ホフマン氏」の部屋が「十八か十三か十四か十五号室」となっているのはこの二人が五日の時点では長逗留するか否かが決定していなかったからだ。ホフマンはオランダでの使節団接待委員五人のうちの一人だったので、一行のオランダ滞在に関する打ち合わせを終えると一行の到着三日後には早々にパリを引きあげた。ランベールは一行の約三週間のパリ滞在中、かなり長い時期、ホテルに泊まり込んで世話を焼いたことは諭吉が後に、日本から持参したが不要になった《米を始め諸道具一切の雑物《ぞうぶつ》を、接待掛《がか》りの下役《したやく》のランベヤと云う男に進上して》との記述からもわかる。

諭吉ら「士官」十八人は全員が三階の部屋を割り当てられている。部屋の広さに応じて、「二人部屋」「三人部屋」「一人部屋」となっているが、諭吉は当然ながら《三人は年来の学友で互に往来して居たので、彼方《あちら》に居てもこの三人だけは自然別なものにならぬ》というわけで船室も一緒だった松木、箕作の〝洋学三人組〟は三人部屋に陣取った。「三人部屋」は二つあり、百四十六号室と百四十七号室で、いずれもパレ・ロワイヤル（王宮）広場に面している。諭吉が《窓より臨めば》と王宮の警備の様子や三使節が謁見に出向いた日の送迎の馬車について詳細に記述したことからも、諭吉がこの三階の窓際の部屋を占拠したことは疑う余地がない。

この「オテル・デュ・ルーヴル」の一階には当時としては極めて珍しかった高級ブティックが出店しており、一行がこのホテル内ブティックで「シガー（葉巻）」などを購入した請求書も公文書には遺されている。ホテルはその後、文字通り、「軒を貸して母屋を取られる」の例え通り、デパートに模様替えした途中経過を経て、建設から約一世紀後の一九七八年には約二百の骨董店が出店する「ルーヴル・デ・ザンティケール」に変貌した。

さらに二〇一六年現在、改装中で、諭吉らが宿泊した当時の雰囲気は時空の彼方に消え去りつつあるが、建物自体の外観や外郭はほぼ手付かずのままだ。入り口の吹き抜けになった高い天井やその上の鮮やかなステンドグラスをはめた丸い天窓、太い大理石の柱は今後もそのまま遺されるそうで、諭吉らが宿泊したころの残り香は永遠に遺されそうだ。パレ・ロワイヤル広場には現在、同名のホテルがあるが、一行の宿泊ホテルとは無関係だ。

3　フランス紙が「サムライ訪仏で」報道合戦

「日本の代表団一行が上陸した。彼らはトレヴィズ侯爵と上院議員モーパ伯爵、それに軍の儀仗礼によって迎えられた」（4月5日）。フランスの代表的日刊紙『ルタン』は、使節団のマルセイユ到着をたった四行の記事だが一面に掲載して初の日本代表団の公式訪問に敬意を表した。歓迎式典もナポレオン三世の特使トレヴィズ侯爵がわざわざパリから駆け付けたうえ地元の上院議員モーパ伯爵ら名士が多数出席し、儀仗兵が整列して出迎えるという最高の礼が尽くされた。

極東の国、日本からの「初の公式訪問団」として迎えた「文久遣欧使節団」に関しては、フランスの新聞各紙は一行が四月三日に南部マルセイユに「ヒマラヤ号」で到着以来、報道合戦を繰り広げていた。陽気で物見高いマルセイユっ子たちも、宿舎「コロニー・ホテル」を連日、幾重にも取り巻いて、歓迎の意を表した。前年十二月にやってきて話題をさらったシャム（現タイ）の代表や時折見かける中国人のケバケバしい服装とはまったく異なる《可笑しい》服装に大小の刀を差したサムライの姿をわが目で一目でも見たかった。

マルタでは正使ら一部が上陸したのに対し、船内で三泊四日を過ごした諭吉も、この大歓迎と南仏特有の開放的な雰囲気にはすっかり気を良くした。心地良い春の日を浴びながら〝洋学三人組〟の松木弘安や箕作秋坪とホテルの窓からマルセイユ港を眺めながら「フランス一の港で地中海にある各国の港の中でも最大らしい」「人口は三十万人だそうだ」「交易が盛んらしい」などと早速、仕入れた知識や感想を述べあっていると、サムライ日本人を一目見ようと群集が集まってきて、盛んに手を振ったり叫んだりする。それで諭吉らも手を振って、呼応した。

この様子を『ルタン』は、続報の中で、「昨日以来、群集が（宿舎の）コロニー・ホテルを絶え間なく取り囲み、窓に現る日本人士官の姿を見ようとしている。士官たちも自分たちが注目の的になっているのを喜び、絶えず笑っている」と伝え、フランス人と日本人との初めての邂逅が極めて友好的だったことを強調した。また、「『ヒマラヤ号』の大マストには白地に赤い丸を記した絹の布が掲揚されている。日本人全員が丹念に仕上げられた賞賛すべき刀を携えている」（4月7日）と伝え、日章旗や鍔《つば》の細工を含めた日本刀の見事さを紹介し、日本の高い文化度と日本人の優れた美意識を驚きを交えながら報じた。

一方、使節団がマルセイユに到着した翌朝の「四月四日午前九時五十分発」でマルセイユ領事館はパリの内務省総局宛に至急報を送った。「外相（エデュアール・トゥヴネル）の質問への回答」と題して、「1、ベッド一台が四室、2、ベッド二台が九室、3、三使節は別個に食事、4、少々のフランス語、5、彼らはベッドで寝た　三使節の従者六人、彼らを使節の近くに寝かすべし　士官用に二十卓必要　完全にフランス料理に適応」との内容だ。一行の様子を問い合わせた外相トゥヴネルに対し、一行がベッドできちんと就寝し、フランス語を少々、解する者もおり、フランス料理にも満足していることを伝えている。フランスがいかにアジアの果ての日本から初めてやってきた遠来の賓客に気を使っていたか、いかに西欧の習慣にうまく順応できるかどうかを危惧していたかがわかる。この電報を受け取って、トゥヴネルもさぞや、安堵したことだろう。

『ルタン』は、この続報の冒頭で、「今朝、日本の使節団はモーパ伯爵を表敬……一行は午後、トレヴィズ侯爵と共にノートルダム・ド・ラガルドの丘とプラド、即ち新しい港を訪問した……使節団は昨日、オペラ『ラ・ジュイヴ』（19世紀に人気を博した5幕からなるジャック＝フロマンテル・アレヴィの作品）を観賞した。今夜は続きの二幕目とバレエの場面が上演される」と伝え、使節団が観光名所やオペラ座に案内されるなど最大級の歓迎を受けたことを指摘した。

一行としては長旅の末にフランス料理と西洋音楽の洗礼をいきなり浴び、好奇心いっぱいの諭吉をはじめ居眠りをしそうになった者も続出したが、そこはサムライの矜持で耐えた。

このオペラ座観賞は外国人貴賓に対するフランス流もてなしだ。第二次世界大戦後のドゴール政権時代（１９５８―６９年）まで続き、時の文化大臣で作家のアンドレ・マルローが賓客を案内した。現在も所望がある時に備えてバスティーユ広場とオペラ座広場にある二つのオペラ座の特等席はフランス政府が確保している（エリゼ宮＝仏大統領府筋）。ただ、一行はヨーロッパの行く先々の国でも、「オペラ観賞」や言語不明の「芝居見物」が歓迎のプログラムに組まれていることに音《ね》を上げ、ベルリンでは遂に、「その旨を迎接側にうちあけると、つぎのときは……パントマイム」(『大君の使節』)を上演するという気の使い方に、一同、苦笑することになる。

『ルタン』は一年前の一八六一年四月二十五日に創刊されたばかりだが、本格的な日刊紙としての評価を築きつつあった。ナポレオン三世は皇帝就任(1852年)から最初の約十年間は権限増大に専念した結果、「権威帝政時代」と呼ばれたが、一八六〇年から七〇年の後半は国内に潜在的にある反皇帝の動きを抑え、人気回復を狙って議会の権限回復など自由主義的な治世を実施したので「自由主義的帝政時代」と呼ばれた。

新聞への統制も薄れた結果、新聞が乱立した。『ルタン』もその一つで、政府系の既存の主要紙『モニトゥール』や通信社「アヴァス・ビュルティエ(フランス通信＝AFPの前身)」とも契約して内外の情報を詳細に報じる本格的日刊紙を目指していた。

『モニトゥール』(正式名『ル・モニトゥール・ユニヴェルセル』)は一七八九年のフランス革命と同時に誕生し、創刊当時は『ガゼット・ナショナル』と名乗り、「ル・モニトゥール・ユニヴェルセル」は副題にすぎなかった。一八一一年一月一日からは正式名になり、主として政令や議会の議論などを忠実にコメントなしで掲載する一種の官報の役割を果たし、政府系日刊紙として信頼性の高さを誇っていた。

この二紙に対抗して、イラストを売り物にしたのが週刊紙『イリュストラシオン』だ。一八四三年三月四日に第一号を発刊し、最初から政治、社会、経済、科学、アート、スポーツと広い分野をカバーする本格的な週刊紙としてスタートした。副題に「ジュルナル・ユニヴェルセル（世界の新聞）」と謳い、世界のできごとを報道するとの意気込みを示した。題字通り、「イリュスト（イラスト）」が売り物で、イラストを通して平明な歴史の証言者の役割も果たした。発行部数は一八四七年には一万四千三百部、四八年には三万五千部、初の国民総動員だった第一次世界大戦中の一九一五年には戦争報道に力を入れた結果、一気に三十万台に飛躍した。使節団のパリ滞在当時は約四万部だったとみられる。

諭吉らはマルセイユでゆっくり旅の疲れを癒す暇もなく翌々日の五日にはパリに向けて蒸気車に乗り込んだが、この時の様子についても同週刊紙は面白可笑しく次のように報じた。「彼らを列車に乗せるのは一苦労だった。一度席についてもドアを開けるとすぐホームに降りてしまうからだ。何人かは閉じ込められてしまうことを恐れて貨物車に乗ろうとした」（4月12日）。確かに「背と両袖に丸い模様のついた非常にゆったりとした黒の上着（羽織）と明るい色のズボン（袴）、伝統的な帽子（陣笠）」（同）という参勤交代スタイルで、慣れない椅子に腰掛けるよりは、貨物車で胡坐をかいて座ったほうがずっと楽だったにちがいない。

もっとも諭吉をはじめ一行は日本の農村とは異なる車窓の田園風景には大いに慰められた。少年時代からちょっと冷めたところのある諭吉だが、《数日以来偶《たま》ま春晴、桃杏梨桜正に開花、路傍の風光最も可愛》（『西航記』4月7日）とモモ、アンズ、ナシ、サクラがいっせいに開花したフランスの春の風光明媚な田園風景にうっとりと見惚れた。

一方で、現実主義者としての観察眼も光らせ、《平地多くして時候程よく、草木よく成長し五穀よく媚る》(『條約十一ヵ国記』)とフランスがヨーロッパ大陸の中でも肥沃な国土に恵まれた「農業大国フランス」の面も見逃さなかった。

リヨンで二泊してパリに到着したころは、諭吉の好奇心や観察眼はますます冴えわたった。

4 エリート・サムライに高い評価

フランスの初代特命全権公使(着任当時の肩書きは領事館代表)ギュスターヴ＝デュシェーヌ・ド・ベルクールは使節団の人選に当たって幕府老中に対し、「聡明で開明的……物事を完全に判断し、見聞するいっさいを活用して、やがて大君政府の蒙を開き、西欧列強の友好的で堅実な関係を結ばせることができるように」(フランス外務省公式文書、1861年8月16日 以下、仏公式文書は日付のみ記載)と人選に注文を付けたが、この注文は杞憂に終わった。徳川幕府が示した派遣リストを詳細に調査した後、使節団の出発に先立ち、本国の外相エデュアール・トゥヴネルに全員の名前のローマ字表記によるリストを送った際、次のようにメンバーを紹介した。

「日本人使節団員が大名や高貴なプリンス(公子)でないにしても彼らは幕府の高官である。

彼らは小貴族の武士だが行政府で好位置にいる……正・副の使節は外相と同格でその下の二人は事務局長と同格だ……四人の医師のうち二人はオランダ語を良く話すので翻訳を担当し……三人の通訳のうち二人は英語とオランダ語をかなり良く話し、一人はフランス語の初期なので通訳というよりフランス語を習うために参加したと思う」（1862年1月6日）と述べ、「高官」「好位置」を強調し、日本初のヨーロッパ派遣代表団として適任との及第点を付けた。

もっともローマ字による名前の表記は正使・竹内下野守を「Tah-Kay-no-oo-chi Shi-mo-dzu-kay-no-camy」とするなど、かなり怪しいものだ。

『モニトゥール』も九日付の到着の記事で、名前のスペルに多少の間違いはあるものの、「Tekenho Outchy Simodzuk'e no Kami（竹内下野守）、Matusodaira Ywamino Kami（松平石見守）、Kioghokou no Kami（京極能登守）」の三使節はもとより、メンバー全員を紹介。組頭「Chibata Sbadataro（柴田貞太郎）」については「使節団監督の役目」と、フランス人にも理解されやすいように役割の解説をしている。また、「（通訳4人）Foukoutchi..Genjiro（福地源一郎）、Tar-chi..Kozack（立広作）、Foukoushara..Uckiki（福澤諭吉）、Otah..Gendrafuro（太田源三郎）」も列挙し、諭吉は実際は翻訳担当だったが通訳の中に入れている。

この『モニトゥール』の記事によって、表記に多少の間違いがあるものの「福澤諭吉」の名前が新聞という公器を通して初めてフランスで国際的にデビューした。箕作と松木の二人は医師で翻訳担当と紹介されている。フランス公使ベルクールが「英語とオランダ語をかなり良く話す」と報告した通訳二人のうちの一人は諭吉の可能性が大いにある。

こうしたまともな報道以外に、極東からやってきたサムライ使節団に関しては、「かれらを見たか。顔つきはどうだ、顔のタイプは？　ギリシャの美男アンティノウス（古代ローマ王ハドリアヌスの同性愛の相手。謎の溺死をしたことから神格化された）に似ているか？　鼻はどんな作りだ？　アーモンドみたいに割けた目か？　唇は赤く、さえない顔色で、ほっそりした顔をしているのか？」（大衆週刊紙『グローブ・イリュストレ』4月26日）などと書き立ててパリっ子の好奇心を煽った報道もあった。詩人のボードレールも後に、「日本人は猿だ、ダルジューが私にそういった」（『赤裸の心』河上徹太郎訳）と書いたが、インテリ階級も一様に「野蛮なアジア人」との先入観があった。『イリュストラシオン』がコラム記事の中で、「日本の大貴族は野蛮人ではない。彼らは非常に礼儀正しく、非常に親切で極めて暮らしの術に長けている。無作法なことをして彼らに不愉快な印象を与えないようにしよう」（4月19日）と呼びかけたほどだ。

そんな報道合戦の中、他紙を出し抜いてスクープを放ったのが、『イリュストラシオン』だ。「パリの日本代表団」の見出しで正使・竹内下野守と副使・松平石見守との単独会見を掲載した（4月26日）。約二千字の記事ではまず、「第一大使・竹内下野守は五十歳で日本のある地方の知事である。第二大使・松平石見守は多少若く、肩書きは副知事だ。二人とも公子、あるいは大名である」と、フランス式の肩書きで紹介。そのうえで、「（同席の）二人の書記はずっと若い。京極能登守は三十歳前後で柴田貞太郎は二十五歳余りだ」と報じたが、実年齢（満年齢）は竹内が五十六歳、松平が三十一歳、京極は三十八歳、柴田は三十九歳だ。

イラストのほうはA3判余りの大型紙面の中央の三分の二を占めており、非常に目立つ。烏帽子に狩衣、あるいは紋付袴にちょん髷、帯刀というサムライ十数人が前をヒタと凝視している迫力満点の構図だ。このイラストによって「サムライ日本人」はフランスで初めて本格的に御目見えしたといえる。それまで噂に聞いたり、遠目に見たりしていた日本人を克明に観察でき、「猿」でもなければ、「アンティノウス」ほど美男ではないものの、シャム人とも中国人とも異なる知的で威厳のある好感の持てる顔が並んでいた。

イラストの下にある説明文は、左から「MATSDAIRO – YWANINO-KAMI, SECOND AMBASSADEUR. CHIBATARO – SACATARO, SECONDE SECRETAIRE D'AMBASSADE. KITAKANO-OUTCHI-SHIMOD – SUOUKI-NO-KAMI, PREMIER AMABASSADEUR. INTEROGOCK-NOTONO-KAMAI, PREMIER SECRETAIRE D'AMBASSADE OFFICIERS. INTERPRETE.（第二大使・松平石見守、第二書記・柴田貞太郎、第一大使・竹内下野守、第一書記・京極能登守、士官たち、通訳）」と、わかりやすいようにフランス式の肩書きで紹介している。

『イリュストラシオン』はこのスクープ記事の中で、「第一大使は大変寡黙な性格である。われわれが彼の傍で過ごすことができた数時間、彼の唇が開くことは稀だった。第二大使の松平石見守についても同じことは言えない。彼は第一大使が少ししか話さない分だけ話した。二人の書記は質問されない限り、不在も同然だった。彼らの性格は極めて穏やかに見えた」と述べ、正使・竹内下野守の寡黙ぶりと副使・松平石見守の多弁ぶりに注目しているが、この印象は極めて的確だ。

新聞『イリュストラシオン』（1862年４月26日付）に掲載された使節団のイラスト

イラストの中の竹内下野守は眉太く、口元を引き締め、いかにも正使らしく、威厳に満ちた泰然とした表情だ。一行の中では五十六歳と最年長者。幕府勘定方（会計担当）の出身で身分は低かったが確実な仕事ぶりに定評があった。沈重かつ洞察力もあり、視野も開けた有能な幕臣として知られていた。しかも温厚な人柄で統率力もあったので最高指揮を委ねられた正使には最適だった。

明治維新後、福地桜痴のペンネームで活躍した福地源一郎は通訳として参加したが、「温良の徳、自《おのずか》ら容貌に露《あらわ》れ、物に騒がざる君子風の良吏」（『大君の使節』）と述べ、上司として最高の評価を行なっている。箱館（北海道・函館）奉行時代にはロシアと国境問題で揉めていた北辺防備や蝦夷地の開拓などを手がけているので、使節団の任務の一つがロシアとの間で係争中の樺太の国境線問題の解決が含まれていたことも正使として適任だった。

ただ、帰国後は攘夷の嵐が吹き荒れる中、一行はヨーロッパでの見聞の口外は一切禁止された。まして、正使だっただけに風当たりは強く、勘定奉行を辞任するなど一時は不遇をかこった。大阪奉行に推薦されたが着任せずに隠居し、帰国五年後に死去した。

正使、副使、御目付の人選は、幕府にヨーロッパへの使節団派遣を熱心に勧めた初代駐日イギリス公使オールコックの意見を参考に外国担当の老中・安藤信正が行なった。まず、正使、副使、御目付、組頭を決め、以下は外国奉行支配組頭の柴田貞太郎が外国方の配下を中心に人選した。

難航したのは副使の人選だ。最初に白羽の矢が立った桑山左衛門尉《さえもんのじょう》元柔《もとやす》が選に漏れたのは七十歳の高齢に加え、「片目が藪睨み」（『大君の使節』）だったことにオールコックが難色を示したからだという。日本初のヨーロッパ使節団として各国元首に拝謁するには難があると「ひそかに安藤に告げたのだという」（同）。次に白羽の矢が立った水野筑後守忠徳《ただのり》は一八五八年の五ヵ国条約調印の責任者として外交の第一線で活躍しており、条約内容も熟知しているので適役と思われたが、神奈川奉行時代の一八五九年に横浜で発生したロシア海軍士官暗殺事件で率先して働かなかったとの理由で見送られた。

結局、外交経験が少ない若い松平に落ち着いた。旗本の中でも名門の出身に加え、日本人には珍しくハキハキと発言するため外国公使の間で評判が良かった。「my old boy（私の旧友）」と呼んで好意を示していたオールコックがまず、諸手を挙げて賛成し、ベルクールもトゥヴネル宛に「いささか口数は多いが、その廉直な性格と妥協の精神……よい印象……若くて、聡明で、機敏なひと」（同）と書き送った。もっとも松平が果たした最大の功績は、従者の市川清流と野沢郁太が道中、丹念にメモを取り、それぞれ幕末の貴重な資料として『尾蠅欧行漫録』と『遣欧使節航海日録』を遺したことだろう。二人が主君の許可なしにメモ取りに精を出したとは考えにくいからだ。

フランス人に「不在も同然だった。彼らの性格は極めて穏やかに見えた」といわれた二人の書記の一人、御目付・京極は旗本で但島の豊岡（兵庫県）の由緒ある家柄で、一八六〇年以来、御目付を務め、外国掛を担当していたので、「御目付」役にすんなりと決まった。諭吉が《京極は御目附と云う役目で、ソレには又相応の属官が幾人も附て居る。ソレが一切の動向人を目《め》ッ張子《ぱりこ》》で見張ると指摘したように、小人目付高松彦三郎らを率いて役目を忠実に果たした。

もう一人の「書記」で使節団の人選もまかせられた使節団の団長格でもある組頭・柴田は五ヵ国条約締結の年の八月に外国奉行支配組頭になり、横浜開港の交渉に当たり、開港を実現させた実務派だ。攘夷派による外国人殺傷問題や込み入った通貨問題で外交団との交渉の窓口になって苦労しているので、イラストで見ると年齢より老成した風貌だ。

苦労人らしく御目付に見張られて自由な行動が取れない諭吉ら洋学者組の気持ちも理解していた。帰国後は箱館勤務の外国奉行として外交団との交渉などに当たり、一八六五年には横須賀製鉄所開設準備の特命理事官として再度渡仏した。この時に「アタッシェ、ランベール」が柴田に会いにきたのも面倒見の良い人柄を慕っていたからだろう。

福地源一郎は当時二十一歳。長崎の儒医の息子で土地柄もあり外国に早くから興味を持ち、十五歳で蘭学を学ぶという早熟ぶりだった。一八五七年には江戸に出て森山多吉郎の下で英語を学び、外国奉行支配通弁御用雇として翻訳の仕事に従事し、六〇年には早くも御家人（徳川将軍家に直接仕える直参のうち知行一万石以下の者）に取り立てられ、帰国後には旗本に昇進した。

明治維新後はジャーナリスト、作家、劇作家で大活躍したほか伊藤博文と意気投合して大蔵省に入り、伊藤の渡米にも同行した。帰国後も岩倉使節団の一員として欧米を視察した。諭吉と並んで「天下の双福」とも呼ばれ、その才人ぶりが讃えられ、諭吉の死去に際しての弔文は名文の誉れが高い。ただ、使節団当時は諭吉が二十七歳と六歳も年上で年齢が離れていたうえ身分も御家人と陪臣だったこともあり、親しい関係ではなかったとみられる。福地が通訳として正使らがチュイルリー宮殿でナポレオン三世に謁見した際に同行したのに対し、諭吉はホテルの窓から正使らが出発するさまを観察していた。

諭吉が一行の中で最も親しくしたのは〝洋学三人組〟の松木弘安と箕作秋坪だ。帰国後も親密な関係が続いたが、ヨーロッパ旅行中は《何でも有らん限りの物を見ようと計《ばか》りして居る》好奇心に加え、身分も低く、しかも洋書を読む三人は《油断をしない》というわけで、《何か見物に出掛けようとすると、必ず御目附方の下役が附いて行かなければならぬと云う御定まり》だった。もっとも、それでへこたれるような三人ではなく、《鎖国をそのまゝ担《かつ》いで来て、欧羅巴各国を巡回するようなものだと云て、三人で笑たことがあります》と後に回顧したように、若者らしく笑い飛ばして済ました。

松木は薩摩藩出身。後に寺島宗則と改名し、明治政府で外交官となり、外務卿（外務大臣、1873－79年）や文部卿（文部大臣、1879－80年）を歴任して活躍した。蘭学塾や蕃《ばん》書調所《しょしらべしょ》の教授だった関係から使節団に反訳方兼医師として参加した。諭吉より二歳上の二十九歳で、時として、《元気……大言壮語》を吐き、ヨーロッパ旅行中は好奇心に駆られて暴走気味の諭吉に対して物分かりのよい「兄貴分」の役目を果たした。

帰国後、松木がイギリスと薩摩藩との戦い、薩英戦争で英艦に乗り移ったまま一時、行方不明になった時には、《欧羅巴に一緒に行たのみならず、以前から私と箕作と松木と云うものは甚だ親しい朋友の間柄》だっただけに、大いに心配した。《(英人が) 薩摩の方へ (松木を) 還《かえ》せば、……若武者供が直ぐに殺すに極《きまっ》て居る。然《さ》ればと云て之を幕府の方に渡せば、殺さぬまでもマア嫌疑の筋があるとか取調べる……箕作と私と始終その話をして居た》という状態だった。

箕作は三人の中では最年長の三十六歳。美作国（岡山県）の出身で津山藩の藩医で蘭学者・箕作阮甫《げんぽ》の女婿だ。諭吉とは大阪の「適塾」でも一緒だった。江戸では蕃書調所で阮甫の教授助手を務めていた。諭吉が英語習得のために「英蘭対訳字書」を唯一所蔵している同所に入門を願い出た時、即刻許可が下りたのは阮甫が女婿の友人のために一肌脱いだからだろう。もっとも諭吉は同書が貸し出し不能と知り、毎日通うわけにはいかないので一日通っただけで入門をあきらめた。

箕作はヨーロッパから帰国後、ロシアとの国境問題解決のために再度、ロシアに派遣された。明治維新後に自ら開設した三叉学舎からは東郷平八郎や原敬、平沼騏一郎、大槻文彦らを輩出し、教育者として活躍した。明治政府初代文部大臣・森有礼がアメリカから帰国後に啓蒙運動を目的に結成した「明六社（東京学士会院、後の日本学士院）」のメンバーとしても活躍した。諭吉は「日本学士院」の初代院長になった理由の一つも箕作との縁があったからだろう。

『モニトゥール』が、「四人の通訳のうち立広作だけが少しフランス語を話し、また読むことができる。彼のフランス語は使節団のフランス滞在中大いに役立つであろう」と名指しで紹介した立広作は十七歳と使節団最年少だった。北海道・箱館でフランス人神父メルメ・ド・カションにフランス語を学んだ。ベルクールがトゥヴネルに報告したように、立が使節団に加えられた目的は通訳よりはむしろ現地でフランス語を実地教育させるためだった。

カションは一八五八年の「安政の五ヵ国条約」のうちのフランスとの「日仏修好通商条約」

調印で来日したジャン゠バティスト゠ルイ・グロやベルクール、二代目駐日フランス公使レオン・ロッシュの通訳も務めた。箱館時代には箱館奉行だった竹内下野守とも知己があった。『モニトゥール』の記事は立広作を通訳として評価しているが、多少でもフランス語を話す外国人には最大の好意を示すのはフランス独特の母国語偏重の表れだ。フランスは常に外交方針として外交樹立後などに相手国に真っ先にフランス語学校のアリアンス・フランセーズを創設してフランス語教育の普及に努めている。『イリュストラシオン』も「通訳がオランダ語、英語、フランス語の三ヵ国語を話すが、彼らは三ヵ国語の中でフランス語を最も正確に話したのは確かだ」と述べているが、これも母国語偏愛ゆえの意図的な〝誤報〟だ。

正使らとナポレオン三世との謁見の時には通訳として福地と立が同行したが、実際に通訳をしたのは宿舎に出入りし、諭吉らと友人になったレオン・ド・ロニやオランダ人のホフマンとの説がある。ロニはフランス外務省の要請で使節団の通訳や翻訳をしているので、「ナポレオン三世の通訳もした」(ロニの研究家、パリ第8大学社会学教授 リュック・シャイユ)との指摘がある。ロニの子孫ベネディクト・ファブル゠ミュレも同意見だが、証拠の文書などは皆無で確証はない。ホフマンは謁見前にオランダに帰国しているので通訳をした可能性はない。福地は父親宛の手紙で豪華なチュイルリー宮殿に関して書き送っているが、「通訳」をしたことには触れていない。

『ルタン』は早くもこの「謁見」の日、四月十三日には、一行に関して、次のような好意的かつ正鵠《せいこく》を得た報道をした。「一行の大半はわれわれがこれまでに得た情報とは反対に様々な分野の学問への興味を熱心に示した……蒸気や電気の産業的応用に関する最新の結果を知っていた……彼らは驚くべき厳密さで作成された非常に奇妙な地図を持参していた。彼らの大半はヨーロッパの現代史の最も重要な事件を知っていた……われわれがこれまでに彼らから収集した情報の結論は、日本政府がヨーロッパやアメリカのあらゆる重大事件から手ほどきを得ようとし、西欧の文明国の水準とできる限り同等になろうとしていることだ」「一行からは公共民営の各施設について見学の希望が出ている。彼らがフランスの諸施設について適切な評価を下すことができる識見を備えた人たちであることがうかがえる」とも報じ、使節団を「識見を備えた」エリート・サムライ集団と特筆した。

使節団は「二市二港の開市開港の延期」という重要任務に加え、「西洋事情の視察」という使命も帯びていたので、宿舎に到着するやフランス外務省作成の見学先のリストに「希望先」を加える作業を開始した。諭吉も松木や箕作と共に、リスト作成に当たる一方で、初体験した《蒸気車》の運賃や線路の敷設費などの取材に精を出し、江戸から持参した日記代わりのノートに克明にメモした。

諭吉としては、「蒸気車や蒸気機関についての仕組みは書物で学べるが、そんなことは専門家に任せておけばいい。実際に蒸気車を走らせるためには線路を敷いたり、駕籠や馬車同様に料金を支払って乗るわけだから、その辺の実際的なことが知りたい」と考えていた。そして、

「机上の空論ではなく、こういう実務的な知識も開国日本にとっては必要なのだ」と自分に言いきかせた。

エリート集団とはいえ、《シガーとシュガー》を間違えたり、《人参《にんじん》と思て買て来て生姜の粉であった》などの《失策物笑いは数限りもない》状態だった。三使節の一人が便所に行く時は家来がボンボリを持って御供をし、《便所の二重の戸》を開けっ放しにして殿様が用を足す間、《殿様の御腰の物を持て》、廊下で番をしている。その廊下はホテルのいわば《公道》なので、宿泊客らが往来する。《便所の内外瓦斯《ガス》の光明昼よりも明《あきらか》なりと云うから堪らない》という笑うに笑えない〝事件〟も勃発した。日本と、十九世紀も半ばを過ぎ、文明の頂点に達していた西欧との相違はかなり大きく、諭吉もしばしばため息をついた。しかし、諭吉にとっては〝ささいな事件〟で〝衝撃的事件〟に専ら心を奪われた。

5 禁足解禁一日目に訪問したヴォルテール河岸の書店

諭吉は待ちに待った禁足解禁の一日目の四月十四日、早朝から一人で街に飛び出して行った。この日はフランス外務省が用意したプログラムに従って「グラン・ブルヴァール」や「新市場」を見学し、さらに一行が見学を希望した「ドラロック兄弟書店（商会）」に出掛ける日程だったが、見学に先立って駆けつけたのがホテルの従業員に教えてもらった近くの文房具店

「フォルタン」だった。そこでメモ用に懐に入れるのに便利な小型で細長い黒革の手帳を買った。『西航記』と並んで諭吉のヨーロッパ旅行中の行動を記す『西航手帳』として出版され、貴重な役割を果たすことになった。

文房具店のあるプティ・シャン通りは名前の通り、小さい《プティ》通りで、ホテル周辺の整然とした街並みと異なり、細くて薄暗く、周辺の建物も古臭く、「パリ大改造」前の陰気なパリの街並みを想起させた。早朝にもかかわらず店は開き、貧しい服装のパリっ子たちが忙しげに歩いていた。諭吉は「パリは表通りなどの外見は立派だが庶民の生活はどうなのだろうか」と絢爛豪華な第二帝政時代の行方にふと、不安を覚えた。それはしばしば襲われた徳川幕府崩壊の予感とも重なった。

諭吉としては封建制度の極みの幕府を決して良しとしているわけではなかったが、開国後の日本の姿を一応、幕府を基盤にし、その上に様々な改革を実施することを想定していたからだ。幕府が崩壊した後の日本はどういう政治形態になるのだろうか。真剣に考えておく必要がある課題だと思った。

諭吉がいみじくも肌で実感したパリの悲惨な庶民の生活と、そうした中でも反独裁政治の精神と未来への希望を失わないフランス人気質を描いたヴィクトル・ユゴーの新作『レ・ミゼラブル』発売のニュースと長文の書評を『ルタン』が掲載したのは、諭吉らがマルセイユに到着する二日前、四月一日だ。四月三日には大型広告も掲載した。

ユゴーはクーデタで皇帝の座に就いたナポレオン三世を伯父のナポレオン一世と比較して、「小ナポレオン」「裏切り者」と非難してブリュッセルに亡命中だった。『レ・ミゼラブル』もパリに先立ちブリュッセルで三月三十日に出版された。ナポレオン三世がフランスの内外で総じて評価が低いのは、ユゴーのこのナポレオン三世像によるところが大きい。

フランスでは当時から現在に至るまでユゴーは国民的作家として人気があるが、むしろ国民に等しく敬愛されているのは「共和主義者ヴィクトル・ユゴー」のほうだ。フランスのどの地方、どの都市に行っても、必ず「ヴィクトル・ユゴー広場」や「ヴィクトル・ユゴー大通り」があるのは、フランスが「フランス共和国」であり、ユゴーが「共和主義者」だからだ。ユゴーと並んで街路名が多いのはシャルル・ドゴール将軍だ。ドイツ・ナチ占領下のヴィシー対独政府に抵抗して第二次世界大戦でレジスタンスを率いてフランスを自由解放し、「共和制は存続している」と宣言した。

「革命の子・ナポレオン」の熱烈な崇拝者である共和主義者ユゴーの新作は、ナポレオンが英軍に敗北し、ブルジョアの時代が始まったとされる「ワーテルローの戦い」の直後の一八一五年から一八三〇年の七月革命、その後の王政復古までの十八年間を題材にしている。パリの庶民の「ミゼール（窮乏）」な生活が「共和制復活」への希求と共に活写されている。

『ルタン』は書評で、「論議の的になりそうな最初の二巻を前もって読む機会に恵まれた。同書は文明国でほぼ同時に翻訳発売される。読後の強い第一印象を伝えるならこの例外的な大いなる期待に対し、大成功が約束されていると、あえて伝えたい。あらゆる箇所でこの偉大なる作家の質の高さを再発見することになるだろう」と絶賛した。

フランス外務省は極東からやってきた初の「日本の公式代表団」を迎えるにあたり、ナポレオン三世の威光を知らしめる意図やフランスに続いて訪問するイギリスへの対抗意識もあり、この「ミゼール」なパリとは正反対な見学先の綿密なリストを作成した。そこに使節団一行からも見学先の「希望」が付け加えられたうえフランス特有のオペラや夕食会などの接待攻勢もあり、使節団は連日、過密スケジュールに追われることになった。

一行に課せられた任務の一つは「西洋事情の視察」だったが、諭吉をはじめ全員が任務を超えて新知識を仕入れようと向学心に燃えていたので、過密なスケジュールも少しも苦にならなかった。一方、フランス各紙は解禁初日の十四日の「グラン・ブルヴァール、新市場、ドラロック兄弟書店」から二十九日のパリ出発までの約二週間の主な見学先には同行記者を張り付けて一行の一挙一動を競って報じた。

使節団に配布されたリストには、「アンヴァリッド（廃兵院）内の鉄砲博物館」「（旧）オペラ座（プリンス・ポニアトゥスキーの『ピエール・ド・メディシス』観賞）」「セーヴル陶器工場」「ナポレオン・サーカス」「ラリボワジエール病院」、銀食器の生産販売店「クリストフル」「産業博物館」「帝国印刷所」「ジャルダン・デ・プラント（植物園）」「ヴェルサイユ宮殿」「アンヴァリッド内のナポレオンの墓」「動物園、競馬場」「ヴァル・ド・グラース（陸軍病院、現在は全軍の病院のほか政府高官などの医療に当たる）」「医学校」「中央電信局」などがびっしりと記されていた。

好奇心いっぱいの諭吉もさすがに晩年になって、フランスをはじめとする欧州旅行を《到る処に歓迎せられて、海陸軍の場所を始めとして、官私の諸工場、銀行会社、寺院、学校、倶楽部《クラブ》等は勿論、病院に行けば解剖も見せる、外科手術も見せる、或《あるい》は名ある人の家に晩餐《ばんさん》の饗応《きょうおう》、舞踏の見物など、誠に親切に案内せられて、却《かえっ》て招待の多いのに草臥《くたび》れると云う程の次第であった》と白状している。

フランス外務省が初日の見学先に選んだ「グラン・ブルヴァール」は、パリ八区のマドレーヌ寺院を起点にパリ十一区のバスティーユ広場まで西から東にかけて横断するパリ右岸の大通りだ。当時は「市中の壮観、士人男女衣裳華美ナル、実ニ宇内ニ冠絶シタル最上の楽土」（『尾蠅欧行漫録』）という世界一の首都パリを代表する華やかな大通りで、パリっ子の人気の散歩ルートだった。フランス外務省がホテルにも近いこの地域を選んだのは、ナポレオン三世の皇妃ウージェニーが発信元の華やかなモードを含めて、「パリ」と「ナポレオン三世による第二帝政時代」の絢爛豪華なフランスの風俗を知らしめるには最適と考えたからだ。

「パリの市場」は十二世紀から存在する、フランス全土からパリに集まる生鮮食料品の市場だ。使節団が訪仏したころは「パリ大改造」の一環として十棟に増築中だった。「グルメ」の国フランスを知るには好都合の場所だ。「パリの胃袋（エミール・ゾラ）」と呼ばれ、パリ二区の中心街にあったが一九七〇年にオルリー空港に近いパリ郊外ランジスに移転した。正式名は「ランジス国際市場」だ。中央集権国家フランスらしく「国家利益市場（ＭＩＮ）」の称号もある。

諭吉は、「散歩」や「市場見学」については、「こんなものか」とあまり興味が湧かなかったが、一行が「見学リスト」に加えた「ドラロック兄弟書店」には勇んで出掛けた。この書店訪問は他の外国の代表団には見られない行動だったとみえ、新聞各紙が注目して報じた。

老舗日刊紙『フィガロ』（１８２６年―、当初は週2日発行）は「外国人としてはそれほど悪いことではない」（4月20日）とわざわざコメント入りで報じた。『フィガロ』は現存しているフランスの活字メディアの中では最古だ。紙名は十八世紀の劇作家ボーマルシェの代表作『フィガロの結婚』の主人公の名前から取った。当初は風刺新聞だったので才気煥発、諧謔《かいぎゃく》に富んだ劇作家の作風にあやかったわけだ。

『フィガロ』はそれまでは使節団に関する報道合戦を傍観していたが、「各紙が日本の使節団の話をするので」と断って、まず前年十二月にフランスを訪問したシャム使節団について、「威厳と礼儀作法に対する疑わしい思い出を残した」と述べ、パリに到着するやエナメル靴を買ったり西洋風の服装に着替えたシャムの一行を皮肉たっぷりに批判。そのうえで、日本の使節団について「非常に威厳があり、かつ真摯で全く非難の余地なし」と極めて好意的にコメントした。もっとも同時に……「使節団は第一大使と第二大使を除いて約三十人だが、同国の習慣によって実質的に十五人だ。各自に〝影〟がいるからだ」「彼らは『ルーヴル・ホテル』で生サカナを食した。しかしシャンパンも飲んだ」（4月20日）などとも報じ、「異国人」ぶりも強調している。

使節団には出発前に、「蕃書調所が中心になって、『カラームル、キュンスト辞書』や『ボムホフ英語蘭語対訳辞書』などの辞書のほかに、『倫理書』『性理書』『経済刑法書』……人文学、自然科学から諸制度解説にいたる広範囲な書籍の購入依頼」（『大君の使節』）がなされていた。諭吉は「咸臨丸」での渡米時にウェブスター辞書を購入し、パリの次に訪問したロンドンでも、《唯英書ばかりを買て来た》のに対し、パリではフランス語をマスターしていなかったこともあり、個人的には書籍購入はしなかった。しかし、この書店の品揃えの豊富さには感嘆しないわけにはいかなかった。入り口を入ると広いホールがあり、その上の天井は吹き抜けになっていた。なんと広い本屋だろう。一階にも二、三階にも古今東西の書籍が専門毎に分類されて書棚をぎっしりと埋めており、それだけで圧倒された。大型の煌めくシャンデリアが薄暗い室内を照らし出しており、諭吉は夢の世界にいるような気分になった。

この「書店」の住所はこれまで「福澤諭吉」研究の先達の努力にもかかわらず、日本では不明だったが、セーヌ河左岸のパリ七区ヴォルテール河岸二十一番地であることが判明した。一八六二年版の『パリ商店録』には店名と共に住所が明記されている。

それにしても何という奇縁だろう。「独立自尊」を説いた諭吉は後に「日本のヴォルテール」と呼ばれたが、その諭吉がパリで最初に訪問した書店が「ヴォルテール河岸（全長308

メートル、幅21メートル）」にあったとは。ヴォルテール（１６９４－１７７８年）はフランスの十八世紀の啓蒙思想家かつ哲学者でフランス革命の精神的指導者といわれる。諭吉をヴォルテールにこれまた奇しくもそろって比したのは、フランスの日本学の碩学クロード・メートルと明治を代表するジャーナリスト徳富蘇峰の二人だ。

　クロード・メートルは、諭吉について、「伊藤・大隈・井上等の人物より欧羅巴で知られること遥かに少ない」と断ったうえで、「彼の日本の改革に當って演じた役割は恐らくより重要なものであった。彼程當代の人間の理想を正確に表現し、同時に之に対しこれ位深奥な影響を及ぼした文人を外に求むれば恐らくヴォルティルにまだ遡らねばならないであろう」（Bulletin de l'Ecole Française d'Extrême-Orient, II; P.299-301）と結論した。これは一九〇一年に死去した諭吉への追悼伝記を執筆した宮森麻太郎の著作『A life of M. Y. Fukuzawa』（１９０２年）の書評として書かれたものだ。

　一方、徳富蘇峰は「君の眼孔の果して千里の遠きを照らす夜光の炯眼なる恰《あたか》も梟鳥《ふくろう》の暗中に物を視るが如し……蓋し君の明治世界に於ける感化の大なるは、他に比する可なきものなし。若し之ありとせば、それ唯だ第十八世紀の下半に於て、仏国の人心を支配したるヴォルテール其人あるのみ」（『福澤諭吉君と新島襄君』明治21年＝１８８８年）と諭吉の炯眼ぶりをヴォルテールと同様だと看破している。同志社大学の創設者であり、教育家かつ宗教家の新島襄と諭吉を比較して論じた文章の中だ。

「ヴォルテール河岸」がセーヌ河左岸の道路の一端に誕生したのはヴォルテールの遺骸が死後十四年目、フランス革命中の一七九一年にパリ市内のパンテオン（万神殿、偉人が合祀されている）に移された時だ。同時に、ヴォルテールが死去した時に住んでいたマラケ河岸の東側三百八メートルの道路にこの偉大な思想家の名前が付けられた。ヴォルテールが死去するまで住んでいたアパルトマンは「ドラロック兄弟書店」から三軒先の「ヴォルテール河岸二十七番地」（フランスの番地は左側が奇数、右側が偶数）だ。

当時、「ドラロック兄弟書店」があったヴォルテール河岸21番地

ヴォルテール河岸は現在、高級骨董店や画廊が立ち並ぶ、静かな通りだ。高価な商品なので買うつもりはなくとも、骨董や絵画に興味のあるパリっ子がひっそりとウインドー・ショッピングを楽しんでいる。「ドラロック兄弟書店」があった二十一番地の建物の一階にも高級骨董店「ヴェルデルメルシュ」と「アルテロ」の二軒がある。「ヴェルデルメルシュ」は使節団も見学したフランス名産のセーヴル焼きの年代物の名品だけを扱っている陶器専門の骨董店だ。三代目当主ミシェル・ヴェルデルメルシュは、「日本の代表的な陶器の柿右衛門を真似た」というセーヴル焼

きの年代物の丸形の大型花瓶を自慢げに見せてくれた。同店は祖父の代の一八八〇年に開業し、父親が当主時代の一九一四年、第一次世界大戦が勃発した年にこの場所に移転した。「父はわれわれが移転する前にはロシア人が経営する画廊があったと話していた」と証言したが、それ以前に関しては「残念ながら知らない」という。

「アルテロ」の女主人ニコル・アルテロは二代目で、「今は人手に渡ったが、自宅だったこの建物の二階で生まれた」という。父親が一九三四年に同番地で開業し、陶器をはじめシャンデリアなど室内装飾品の高級骨董品を扱っている。開業以前はポーランド人が経営する画廊だったという。ヴェルデルメルシュ氏はロシア人と証言したが、あるいはポーランド人とロシア人は同じ人物だった可能性が高い。

ポーランドが共和国として独立したのは第一次世界大戦終了直後の一九一八年だ。それ以前はロシア、プロイセン、オーストリアに国土の大半が分割されていた。ノーベル物理、化学賞の二度の栄冠に輝いたフランス人マリ・キュリーはポーランド生まれだが、少女時代の一八七〇年代には学校にロシアの視察官が定期的に訪れて、ロシア語の教科書を使用しているかどうかを調べた。第一次世界大戦勃発当時、フランスはロシアの同盟国だったのでヴェルデルメルシュの父のようにポーランド人をロシア人と思っているフランス人がいても不思議はない。

ニコル・アルテロはまた、「隣の店が開業した時に二軒の店に分かれた」との興味ある証言もした。つまり使節団が訪問した当時、「ドラロック兄弟書店」は間口がこの二軒の骨董店分の広さがあった大型書店だったのだ。使節団の希望を受けてフランス外務省が見学先に指名したのも蔵書が充実している大型書店だったからだ。新聞各紙があえて住所を報じなくても「ドラロック兄弟書店」の所在はよく知られていたにちがいない。店は一階だけではなく二階や三階も使い、書籍と図面など種類別に分類したコーナーがあったろう。

「ヴォルテール河岸」が命名されたのは一七九一年だが、この界隈の建物は十七世紀に建てられた古い石造りのがっちりした立派な建物が多い。セーヌ河を挟んだ対岸のルーヴル宮（現ルーヴル美術館）やチュイルリー宮（現在はチュイルリー庭園だけが遺されている）に近いところから貴族が争って館を建てたからだ。五階建てだが天井が高いので通常の六階建ての建物の高さに相当する。

諭吉らが訪問した書店の建物も「原型は変わっていないと思う」と証言するのは「九番地」の高級骨董店「ギャラリー・カモワン・デュマシイ」のマネージャー、ジョスリンヌ・ルブランだ。同店の入り口を入ると真正面に二階に上がる大理石の階段があり、その上の高い天井は吹き抜けだ。同店の案内書によると建物が建造されたのは一六六五年なので「使節団」が訪仏した当時はすでに存在していた。

ルブランは「代々の住人が手入れをしたり内部を改造したと思うが建物の基本的構造は変わっていないはずだ」と証言した。「天井が高く、（商品の）豪華なシャンデリアや背の高い大型の書棚などを置くのに適している。そこが気に入って一九八〇年にここに入居したので天井の高さなどは改造しなかった」という。「ドラロック兄弟書店」も同規模の天井の高い広大な店内を誇っていたのだ。

　諭吉は後に《西洋学術の大趣意は、万物の理を究めその用を明にして、人生の便利を達せんがために人々をして天稟の智力を尽さしむるに在り》(『西洋事情』)と書き、英哲学者ベーコンや仏哲学者デカルトなどの《賢哲世に出て、専ら試験の物理論を唱えて古来の空談を排し》というのに加え、伊天文学者ガリレオの地動説や英物理学者ニュートンの万有引力の原理など十三世紀から十九世紀にかけての学者たちも要領よく、明快に紹介した。こうした《学術》への関心を深めたのもパリで初日に訪問したこの大型書店の各種専門書の山を前に、強い刺激を受けたからでもある。

　この九番地には一八六二年当時、ノーベル文学賞作家アナトール・フランスの父親が経営する書店「フランス」があった。作家の自宅はマラケ河岸十九番地にあったが、少年時代の大部分を過ごした父親の店について、「この素晴らしいヴォルテール河岸の魅力的な思い出を大切にしている」(『パリ道路歴史辞典』)と懐かしんでいる。「ヴォルテール河岸」の隣の通りは作家を記念して「アナトール・フランス河岸」と命名されている。

「ドラロック兄弟書店」とヴォルテールが死んだアパルトマンの間にある「ヴォルテール河岸二十三番地」には現在、「ヴォルテール河岸ホテル」がある。そこの石の壁に掲げられたプレートには、「ボードレール、ジャン・シベリウス、リヒャルト・ワーグナー、オスカー・ワイルドが出入りした」と記されている。使節団が訪問したころにパリで活躍した面々なので、諭吉らと道ですれ違った可能性が大いにある。ボードレールが諭吉に出会っていたら、日本人を「猿だ」とは書かなかっただろう。むしろ、この端正で知的な面影の若者がかもし出す青年らしい気迫と覇気に魅せられたはずだ。

「ヴォルテール」の名前を冠した道路は他にパリ十一区に「ヴォルテール大通り」（2850メートル、幅30－40メートル）、「ヴォルテール・シット（小道）」（240メートル、幅4メートル）、「ヴォルテール・アンパス（袋小路）」（45メートル、幅4メートル）がある。この三つの大小の道路は一八五七年に開通し、ナポレオンの養子でナポレオンのモスクワ戦線などにも同行した勇猛な軍人で王子の称号を持つウージェヌの名が付けられていたが、まさに諭吉らがパリを訪問した一八六二年（正確には使節団が帰国の途についた後の12月7日）にいずれも「ヴォルテール」の名前に改名された。パリ市内に大小四ヵ所も名前を冠した道路があるのはフランス人がいかにヴォルテールを崇拝し、国家の記念碑的存在として尊敬している証拠といえる。

「ヴォルテール大通り」は二〇一五年十一月十三日のパリ同時多発テロ事件の実行犯の一人が近くのレストラン街を襲撃した後に自爆した場所としても歴史に記されるだろう。ヴォルテール自身、「テロ」に関連して宗教的寛容の意義を示唆した著書『寛容論』が脚光を浴びており、ヴォルテールがいまもってフランス人の知的かつ精神的な支えとなっていることを証明している。

一方、諭吉が松木や箕作と三人で四月二十五日に訪問した書店については「医師・松木弘安は使節団の同僚二人と共にマラケ河岸の民間技術に関する工業書店を訪問した。学者たちはこの専門店で織物、博物、工業化学、機械技術、科学技術に関する書籍を大量に購入した」（4月26日）と「マラケ河岸」と場所のみが報じられ、店名についての言及はない。二度目の書店訪問で松木の名前をフルネームで報じたのも日本人に敬意を表してのことだ。

マラケ河岸（全長284メートル、最小の幅21メートル）も現在は高級骨董店や画廊、珍本などを扱う書店がある静かな通りだ。一五五二年に道路として開かれた当時は運搬用の水路として使われ、ガラの悪い水夫らがたむろしていたので、「モーヴェ（悪いの意味）がなまってマラケ河岸になった」（『パリ道路歴史辞典』）。その雰囲気が一変したのは、一六〇六年にフランス王妃マルグリート・ド・ヴァロア（別称王妃マルゴ）が広大な館（現国立美術学校）をセーヌ通りとの角地に建てたからだ。

王妃は死去するまでの九年間、ここに住んだ。小説などに登場するこの絶世の美女は近親相姦や毒殺などの血みどろの劇的事件に彩られているが、晩年は肥満し、美女の面影は失われていた。ギリシャ語、ラテン語に通じ、知的で教養のある面は変わらなかったので館には哲学者や文学者が多数出入りして高度な「サロン」を形成した。王妃に倣って同地に館を建てる貴族や知識人も多かった。

アナトール・フランスの生家も同河岸にあり、建物の四階のアパルトマンには一時期、作家ジョルジュ・サンドと詩人アルフレッド・ド・ミュッセが住むなど王妃亡き後も知的でロマンチックな雰囲気は継承された。一八六二年当時、マラケ河岸にあった書店は三番地の「ミュファ書店」、五番地の「ラビット書店」、七番地に版画絵画を扱う「ダンロス出版」、九番地に「ルグーバン・ジュヌ」と「ポティエ書店」、十五番地に「ラクロワ書店兼出版社」、二十三番地に「クレロ地図店」（『パリ商店録』）の七店だが、諭吉らが訪問した「工業書店」にどれが該当するのかは不明だ。

一八三三年ごろのマラケ河岸を描いたエッチングがカルナヴァレ美術館（パリ3区）にある。セーヌ河に浮かぶ多数のいかだや小型船と共に暖炉用の小型煙突が屋上にあるパリ独特の建物が立ち並ぶ河岸の光景が描かれている。近くのフランス学士院のクーポール（円天井）のほかに、遠景にはノートルダム大寺院の南北二つの塔や真ん中の尖塔も見える。

諭吉は技術書にはあまり興味がなかったが、ここでも大量の書物に圧倒されながら外に出てふと見上げると、目前にこのフランス学士院の特徴あるクーポールが迫って見えた。「あの円天井の建物は何なのだろう。時間のある時に訪ねてみよう」と好奇心がまた頭をもち上げた。

6　念願の病院を単独訪問

諭吉はヨーロッパ旅行に備えて、原書などを読んで出来る限りのことを調べてきたが、フランス人やイギリス人にとっては自明の理で、《字引にも載せないと云うような事》が外国人の日本人には《一番六《むず》かしい》ので、現地で一刻も早く、実際に見聞したかった。

フランス外務省が作成した使節団の見学リストに関しても、中には《一通りの事なら自分で原書》を調べれば《容易に分る》という場所が何ヵ所かあり、密かに時間の無駄だと思い、不満を募らせていた。《理化学、器械学……エレキトルの事……印刷の事、諸工業製作の事などは必ずしも一々聞かなくとも宜しい》と考えていた。《専門学者》でもない者がそういう説明を聞いて、《深い意味の分る訳けはない》からだ。

その点、諭吉は合理主義者かつ現実主義者だった。それより、外に知りたいことが《沢山》あった。《例えばコ、に病院と云うものがある、所でその入費の金はどんな塩梅《あんばい》にして誰が出して居るのか》などということは医学関係の原書にも説明がなかった。

諭吉にとって禁足解禁二日目、四月十五日に単独で見学した「ラリボワジエール病院」(パリ10区アムブロワーズ＝パレ通り2番地)はそういう意味では非常に満足がいった。見学先がこの病院になったのは、二日後の十七日に、「使節団の医師と高官が外務省医師エルブ・ラヴァール氏の案内でラリボワジエール病院」(『モニトゥール』4月18日)を訪問することになっていたからだ。

使節団の医師は松木、箕作のほかに高嶋祐啓、川崎道民の四人だ。諭吉は医師でも高官でもないので、見学者リストからは外されていたが、「病院訪問」のニュースを松木と箕作から聞き、ランベールやロニを通してフランス外務省に頼み込み、例外的に見学させてもらうことに成功した。

諭吉には目的達成のためには強引ともいえるほど熱心にコネやツテを探す一種の才能があった。というより、何がなんでも達成しなければならない「使命感」に突き動かされてのやむにやまれぬ行動だった。「咸臨丸」での渡米を果たしたのも徳川幕府の使節団がアメリカに軍艦で渡るという《日本開闢《かいびゃく》以来、未曾有の事を決断》したことを知ったからだ。

それでまず、《時の軍艦奉行木村摂津守》が《身分相当に従者を連れて行くに違いない》とカンを働かせたが、木村はもとより、《去年大阪から出て来た計《ばか》りで、そんな幕府の役人などに縁のある訳けがない》。唯一のツテは蘭学者の端くれとして出入りしていた《日本国中蘭学医の総本山》ともいうべき幕府の蘭学者・桂川甫周だ。その桂川と木村とが親類であることに気が付き、桂川に木村宛の推薦状を懇願の末に書いてもらい、木村の家に直接行って直訴してアメリカ行きを果たした。木村はこうした諭吉の若者らしい果敢で熱心な行動力と探求心があるところが気に入って、アメリカから帰国後に幕府の外国方の翻訳官に推薦してくれた。

この日も朝十時の約束が待ち切れずに駆け付けた「病院」では、松木らが「薬局、研究室、病室を順次見て回り、その間終始熱心にメモを取った」(『モニトゥール』4月18日)ように、同じ見学コースを回って同様にメモも取ったが、むしろ、かねてから知りたかった病院の経営問題について納得がいくまで質問を浴びせ、案内の医師を辟易させた。もっとも医師は親切に経営に詳しい者を連れてきて、諭吉の質問に対応してくれた。宿舎に帰ると、残りページが少なくなった江戸から持参したノートに取材結果を次のように書き留めた。

《巴理府に病院大小十三所あり。本日観るものは最大なるものにあらず。院中二部に分れ、一部は男子を居き、一部は婦人を居く。各部分て九室となし、一室に三十二床あり……附属の医官各八名より十五名、最も大なる病院には三十名あり。介抱人は男女両様ありて、男子は病男に属し、婦人は病婦に属す。病人五十人に介抱人十名に附るを定則とす。又た「ノン」と名くるものあり……神に誓ひて若干年間病者を扶けんことを自から約し》（『西航記』4月15日）。パリ市内に大小十三ある病院の中では最大ではないが男性と女性の患者が別棟に入院しており、ノンと呼ばれる尼僧が世話をしていることに注目した。キリスト教が主要宗教のフランスをはじめヨーロッパでは尼僧が通常、ボランティアとして看病に当たった。

諭吉が最も感銘を受けたのはパリの「病院」の概念がキリスト教の寛容と慈悲に加えてフランス革命以来、国民に浸透している「自由、平等、博愛」を土台にした「貧者の施設」という発見だった。フランスなどヨーロッパで「病院」がしばしば「Hospice（救済施設、施療院）」と呼ばれたのも、病人はもとより衣食住に困るホームレスなど「貧者」のための救援施設だったからだ。もっとも「病院」によっては一台のベッドに病気の程度も性質も異なる複数の病人が寝かされることが多々あり、不衛生極まりない状態だった。金持ちが自宅に医師や看護師を呼んで治療を受けた背景にはこうした事情があることも知った。

パリには当時、諭吉がメモしたように大小十三の病院があったが、中でもフランス最古の病院「オテル・デュ」（開業651年）をはじめ、「サン・ルイ病院」（同1270年）、「サルペトリエ」（同1656年）、「コシャン」（同1780年）などが知られた存在だった。「ラリボワジエール病院」（同1854年）はもとより、これらの病院はすべて現存し、公立病院として国民の健康の重要な管理者の役目を果たしている。

「ラリボワジエール病院」は《最大なるものにあらず》だが、これらの病院に比較すると最も新しかった。なによりも従来の「施療院」的な病院のシステムを一変させ、ベッド一台に原則的に一人の病人を寝かせ、諭吉が特筆したように男女も別室どころか別棟に入院させた。近代看護教育の母といわれ、病院建設にも一家言あったイギリス人看護師ナイチンゲールも一八五九年に同病院を訪問して賛辞を送っている。遠路はるばるやってきた日本の使節団が訪問するのに十分にふさわしい病院だった。

建設計画はルイ十六世時代に遡る。コレラの大流行で新病院建設が決まり、未開発地域に加え病院がなかったパリ北部に白羽の矢が立ったが、革命勃発や建設資金不足で中断。一八三二年に再度、コレラが大流行（パリだけで死者3000人）したことと、大富豪の伯爵夫人エリザ・ド・ラリボワジエールが遺言で病院建設費として多額の寄付を約束したことが重なり、計画が軌道に乗った。建築家も権威あるローマ賞受賞者マルタン＝ピエール・ゴーティエに決まり、パリっ子が「貧者のヴェルサイユ」と皮肉を込めて呼んだ豪華病院（1万2400平方メートル、後に5万5000平方メートルに拡大）がやっと貧しい地区に完成した。

諭吉はロンドンでは「キングスコルレージ（キングス・カレッジ）病院」（5月6日）、「サン・メアリー病院」（11日）、「キングスコルレージ（キングス・カレッジ）学校、盲唖院」（19日）、「ショーロジ病院（セント・ジョージ病院）」のほか「唖院、癲《てん》院」（20日）を見学。オランダ・ユトレヒトでも「学校、病院」（7月16日）を訪問し、ベルリンでは「病院」（7月25日）と「養唖院」（26日）、ペテルブルクでも「医学校」（9月3日）と必ず病院や病院制度の取材を日程に入れている。

一行には四人も医師がいたので、彼らの要請もあって病院訪問が多くなったとみられるが、医師でもない諭吉が異常ともいえるほど、「病院」に強い関心を持ったのは恩師・緒方洪庵の影響がある。諭吉が二十歳の時に入門し、《始めて規則正しく》蘭学の本格的手ほどきを受けたのは洪庵が主宰する大阪の「適塾」だった。洪庵は蘭学者であると同時に天然痘治療などに貢献し、近代医学の父といわれた。種痘を行なう「除痘館」、つまり一種の「病院」も経営するなど医業を実践していた。

諭吉と同様に「適塾」に学んだ箕作は、諭吉や松木らと共にハーグ（オランダ）でライデン大学を訪問した時に洪庵翻訳のクリストフ＝ヴィルヘルム・フーフェラント（1762－1836年）の代表作『扶氏経験遺訓』をライデン大学総長に献呈した。フーフェラントは寿命学の生みの親で、プロシャ国王フレデリック（ドイツ読みでフリードリヒ・ヴィルヘルム）三世の初の侍医だったほかゲーテやシラーの診察もした。ジェンナーの方法を用いて天然痘の予防やチフスの治療にも貢献している。

諭吉は洪庵が「除痘館」の経営に苦労していたこともあり、「病院」が「貧者の救済」と「経営」をいかに両立させているかという点が最も《知りたかった》。それで取材した要点を箇条書きにしてみた。

《第一　都下の富人、病院に金を投ずる者あり。第二　都下の芝居見世物其他都て遊楽を以て利を得るものは、得る所の金十分の四を病院に納めしむ。第三　都て病院（に）入て病を療するもの、貧者は全く院の養を受ると雖共、貧困未だ甚しきに至らざれ共自から医を招くべき力なき者も亦院に入る。此の如き者は一日二「フランク（フラン＝フランスの通貨の単位）」或は四、五「フランク」を出し病院に納む。第四　政府より典庫《シチクラ》を設け、都下の人、金を窮する者は、……期限に至り金を償ざれば乃も其物をせりうりし、譬へば典質の時百「フランク」を貸したるもの、せりうりにて百三十「フランク」となれば、百の息銭六「フランク」を引き、残り二十四「フランク」あり、之亦病院の入費となる》（同）

諭吉がなるほどと納得がいったのは、病院経営が富人、すなわち金持ちの寄付を主体としており、かれらの遊興費にも課税してそれを病院経営に回すなどの工夫がされている点だ。入院資格も基準を設置し、貧者の中でも自宅に医師を呼べないが比較的余裕のある者には入院費を納めさせていた。相互扶助、連帯の精神が貫かれており、この点は日本の医療制度でも見習うべきだと思った。

帰国後に上梓した『西洋事情』では、このメモを基に「病院」についてはさらに詳しく、次のように説明した。

《病院は貧人の病《やみ》て医薬を得ざる者の為めに設るものなり。……英国及び合衆国にこの法最も多し。私に建るものは、社中より王公貴人、富商大賈《ふしょうたいこ》に説て寄附を請い、病院既《すで》に成る後も尚《な》お年々定たる寄附の金高を集めて長く病院を持続す。又病院に入る者も、極貧の者は全く費を出さゞれども、稍々《やや》産ある者は貧富に応じて医療の費を払う。各国の首府、都会には病院あらざる所なし》。「病院」が各国の首都はもとより都会に必ず存在することも強調し、「病院」が一種の文明国、先進国の条件であるとの認識を示した。

『西洋事情』では、「貧院」「唖院」「盲院」「癲院」「痴児院」の項を設けて設備や人間性を尊重した治療方法、同様に寄付で成り立っている経営方法などを詳細に説明した。

洪庵は父親を早く亡くした諭吉にとって《実父同様》の存在でもあった。入門一年後に腸チフスで人事不省に陥るほど重篤になった時には親身になって看護をしてくれた。おかげで一命を取り留めた。それに諭吉の《死物狂い》の勉強ぶりを陰で支えてくれもした。

諭吉は、この腸チフスで生死の境をさ迷った時のことを時々、振り返ることがある。洋学者の原点でもあるからだ。《殆んど昼夜の区別はない、日が暮れたからと云て寝ようとも思わず頻《しき》りに書を読んで居る。読書に草臥《くたび》れ眠くなって来れば、机の上に突臥《つっぷ》して眠るか、或は床の間の床側《とこふち》を枕にして眠るか、遂ぞ本当に蒲団を敷いて夜具を掛けて枕をして寝るなど、云うことは只の一度もしたことがない》という文字通り、寝食を忘れて猛勉強中に襲われたのが病魔だった。やっと回復期に向かい、《坐蒲団か何かを括って枕》にしていたので枕をして寝たいと思って探したところ見つからない。そこでハタと、それまで一度もきちんと枕をして寝たことがなかったことに気がついた思い出がある。

諭吉に関する後世の一般的なイメージは「一万円札の肖像画」のもたらすインパクトの強さや創立した慶應義塾に関して、一部になんと、〝ブルジョア学校〟というような間違った印象を持たれているせいか、営利に聡い資本経済至上主義者とか物質主義者、あるいは人間味のない冷たい現実主義者との見方があるが、実像はまったく正反対だ。特に若い頃の諭吉は服装などはまったく気に留めない勉学一筋の貧乏学生だった。

諭吉の父・百助は漢学者でもあったので諭吉も少年時代にあらゆる漢書を読破し、《漢学者の前座ぐらい》になっていた。《天稟《てんりん》、少し文才があったのか知らん》と少年時代に会読《かいどく》講義（複数の者がその書を読んでその意味を講義する）で良い成績を収めていたことも誇りにしている文系、思索系の人間である。

諭吉には思想家、教育家などの肩書きがあり、そのことは多くの著書が示している。「日本のヴォルテール」と言われるゆえんでもある。一方、忘れてならないのが、『時事新報』を創刊した「新聞記者・福澤諭吉」として先を視る先見性や鋭敏な洞察力だ。「病院」の経営に関して看破した相互扶助の精神や基本は、現在の健康保険や社会保障制度にもつながっている。

フランスをはじめ遣欧使節団の一員として見聞した事物をいち早く、明快に説明した『西洋事情』が二十万部を超す大ベストセラーになったのも、日本人が見たことも聞いたこともない初物、つまり〝特ダネ〟が満載されていたからだ。

百助はまた、子供を儒教主義で育て、大阪の蔵屋敷で諭吉ら《幼少の小供に勘定》を教えているのを知って、子供に金勘定を教えるとは何事かと激怒する純粋な人だった。諭吉自身、《金勘定》の象徴、一万円札の肖像画に採用されたことを知ったら、非常に名誉に思う反面、ちょっとした違和感を覚えたはずだ。「適塾」時代、洪庵の計らいで無料の下宿人、つまり《食客生》として過ごした時期もある。

諭吉は父親の死後、家督を継いでいた長兄も早世したため、いったん「適塾」を辞して帰郷するが、兄の病気と母の病気で高額な治療費を支払ったために借金が約四十両残った。この借金返済のために諭吉は相続した家督――父親が苦労して集めた蔵書や頼山陽の掛物など家にあるもの一切合財を母親と相談しながら売り払った。「適塾」に戻った時には文字通り、《赤貧洗うが如し》の状況だった。

そんな諭吉を洪庵は月謝、下宿代無料の《食客生》として受け入れた。元々、《学業の進歩が随分速くて、塾中には大勢書生があるけれども、その中ではマア出来の宜い方》の頭脳明晰で勉強家のうえ、《清浄潔白……遂《つい》ぞ茶屋遊をすると云うような事は決してない……仮初《かりそめ》にも弱い者いじめをせず、仮初にも人の物を貪らず、人の金を借用せず……品行は清浄潔白にして俯仰《ふぎょう》天地に愧《はじ》ず》という気性はもとより、好奇心に溢れ、覇気に富み、大酒飲みという欠点も含めて闊達ないかにも若者らしいところが気に入って息子のように可愛がった。人の上に立つ素質もあったので、諭吉を早々に「塾長」に取り立てもした。

諭吉は生涯、上下関係などにこだわらず、お世辞も言わず、他人をやたらに尊敬することもなかったが、洪庵だけは終世《緒方先生》と敬称付きで慕った。洪庵は諭吉らがヨーロッパに出発した一八六二年に幕府からの度重なる要請で「奥医師兼西洋医学所頭取」として江戸に出てきていたので、諭吉はヨーロッパの病院事情を「土産話」にするつもりでもあった。洪庵は諭吉らが帰国した約半年後の一八六三年七月に医学所頭取役宅で突然喀血して死去した。五十三歳だった。諭吉はこの時、《取るものも取敢《とりあ》えず即刻宅《そっこくうち》を駈出して、その時分には人力車も何もありはしないから、新銭座（現港区浜松町1丁目）から下谷《したや》（現台東区北西）まで駈詰《かけづめ》で》洪庵の自宅に駆け付けた。

諭吉が「病院」への関心が高かったのは父が四十四歳、諭吉に蘭学を勧めてくれた兄が三十歳で早世した点も見逃せない。諭吉は晩年、「散歩党」と称して、健康管理のために弟子たちと毎朝、自宅周辺を散歩した逸話が知られているが、この「散歩という習慣の淵が一八六二年のヨーロッパ体験にあった」（慶應義塾大学名誉教授　前田富士男）との指摘もある。

また父兄の早世で母が苦労したという背景もある。諭吉が支度金四百両のうち中津で独り暮らす母・順に百両を送ったのも、父親が早世後、女手一つで諭吉ら五人の子供を育てた母に対し、《亜米利加から帰てマダ国へ親の機嫌を聞きに行きもせずに、重ねて欧羅巴に行くと云うのだから、如何《いか》にも済まない》と思ったからだ。諭吉は親思いの心優しい青年でもあった。《金をやったからと云てソレで償える訳けのものではない》とは思いつつも元気でいる証拠の意味あいもあった。なにしろ、咸臨丸での旅行は日本人初の海外旅行だったこともあり帰国後、帰郷しなかった諭吉に対し、《亜米利加で死んで、身体は醢《しおづ》けにして江戸に持て帰たそうだ》といった心無い流言がまことしやかに囁かれ、母親を大層心配させた。

その母は《世間並には少し変わって居た》。《下等社会の者に附合うことが数奇《すき》で、出入りの百姓町人は無論《むろん》、穢多でも乞食でも颯々《さつさつ》と近づけて、軽蔑もしなければ忌がりもせず言葉など至極丁寧》な平等主義者だった。この母親に育てられた諭吉は当然ながら平等主義者であり、当時としては稀な男女平等主義者であり、真のフェミニストでもあった。

江戸時代はもとより明治時代に、夫に従順であることや犠牲的精神を美徳とする男尊女卑という強固な日本の伝統の中で、女性尊重、家族尊重を訴えた『女大学評論』『新女大学』を後に執筆したのも、この母の影響が大きい。

明治の元勲たちには愛人がおり、中には複数の愛人をかかえ、妻妾同居のツワモノもいたが、〝男の甲斐性〟として容認されていた。諭吉は生涯、妻・錦に忠実だった。錦との間には九人の子供をなし、幕府の「軍艦受取委員」として再度、渡米（1867年）したおりには多数の英語の原書と共に、乳母車を土産として購入した。諭吉が一部で不人気で反感を買う理由はこうしたフェミニストぶりにもありそうだ。

乳母車購入に関しては、「乳母車が日本の人力車製作の参考にされたと伝えられるように」（前田富士男）、「乳母車は本来、『散歩・遊歩用ベビーカー』」（同）との見方もある。いずれにしても、諭吉の進取に富んだ気性がうかがえる。

諭吉の好奇心は念願の「病院」訪問を終えた今、はち切れんばかりに膨れ上がっていた。そして、その好奇心を十分に満たしてくれそうな白い石壁が陽を受けて燦然と耀くパリの整然とした街並みが目の前に広がっていた。

7　奇人ロニとの出会いと新聞記者・諭吉の誕生

諭吉は時々、ホテルで見かけるフランス人通訳が気になった。頬から顎にかけて顔半分を覆う立派な髭を蓄えているが年齢は自分と同じくらいだろうか。片言の日本語で使節団の誰彼なく捕まえては話している姿を見かけ、オランダ語や英語を習い始めたころの自分の姿を見る思いがした。諭吉とも英語交じりの日本語で何度かホテル生活や新聞各紙の報道内容について話したり、さらに諭吉の質問や要請に答えてくれたが、あくまでも通訳としての立場で本格的に話したことはなかった。

その日、諭吉がロビーで『竜動新聞《ロンドン》』など新着の英紙を探して読んでいると、その男がいくつかのフランスの新聞を片手に突進してきて、いきなり英語で質問した。これまでの会話から、「この男ならいつも新聞を読んでいるから、この問題にも関心がありそうだ」と見当を付けたのだろう。その夜、諭吉は《佛蘭西の人「ロニ」なる者あり。支那語を学び又よく日本語を云ふ。時に旅館に来り談話時を移す》（『西航記』）と江戸から持参したノートに記した。次いで、《本日語次、魯西亜《ロシヤ》のことに及び》（同）と続けた。

諭吉がヨーロッパ旅行で出会った多くの人の中で、最も親しくなったロニについて初めて言及したのはパリ到着から十日後の四月十七日だ。ロニも諭吉への親愛の情を示すためにこの日、諭吉の黒革の手帳に「羅尼」と漢字で自分の名前を記した。

諭吉の生涯の仕事は二つに大別される。私学・慶應義塾の創立と『時事新報』の創刊だ。『時事新報』における「新聞記者・諭吉」の活躍は『西洋事情』や『学問のすゝめ』『文明論之概略』など多数の著作での影響と共に、日本が封建制度から曲がりなりにも民主主義を土台にした議会制度へとソフトランディングすることに大いに役立った。「海外ニュース報道を売り物にした」（鈴木隆敏編著『新聞人福澤諭吉に学ぶ』）『時事新報』で日々、報じた記事や論文を通して二百五十年余りの鎖国に閉じ込められていた日本人に毎日少しずつ、砂地に水がしみこむように西洋の最新ニュースや知識、考え方を伝え、覚醒させたこの「新聞記者・諭吉」の役割は見逃せない。啓蒙家「日本のヴォルテール」の原点でもある。

その「新聞記者・諭吉」の眠っていた魂を目覚めさせたのが、このレオン・ド・ロニ（正式名レオン＝ルイ＝リュシャン＝プリュノル・ド・ロニ、1837―1914年）だ。ヨーロッパ旅行中、諭吉の貴重な情報源であると同時に助手の役目も果たした。もっともパリでは使節団全員が大なり小なり世話になった。パリで当時、ただ一人、「日本語」を解したフランス人だからだ。

この日、ロニは複数のフランスの新聞記事を示しながら「ロシアの対馬占領事件」について、これらの記事が伝える通り、日本が全島を譲渡したのか否かの真偽を質した。フランスをはじめヨーロッパでは、ロシアが軍艦ポサドニック号を浅茅《あそう》湾・尾崎に停泊させ、一時期、滞留した「ロシア軍艦対馬占拠事件」（1861年3―9月）を日本がロシアに「対馬全島譲渡」として大々的に報じていた。

そこで諭吉が「全島譲渡」を否定し、「一時的な一部占領」であることを伝えたところ、ロニが翌日、《新聞紙（『ルタン』）》を持参して、諭吉が昨日説明した通り、ロシアへの全島譲渡は《全く虚報》であることを記事にしたと告げた。ロニ自身が一生懸命、日本語に翻訳してくれた記事は、「新聞各紙はロシアが極東南部の非常に重要な政治拠点である対馬の譲渡を獲得し、日本海をロシアの巨大な湖に変えた、と報じていた。ところが、われわれはこの重大なニュースが何の根拠もないことを、われわれの中国特派員によって知らされたところだ」（4月14日）との内容で、諭吉が前日に説明した通り、ロシアへの「全島譲渡」をまったくの誤報と否定していた。

ロニは末尾の「レオン・ド・ロニ」の署名を示しながら、短い記事だが一面に掲載されたのは特ダネ、つまり誰も報じたことがない真実を真っ先に伝えたからだ、と胸を張った。そして、『ルタン』には時々、中国情報など面白いニュースがあると寄稿していることも明かした。

『ルタン』のこの日付から判断すると諭吉がロニと「対馬問題」について論じたのは四月十三日ということになるが十四日は禁足解禁一日目で朝から外出し、十五日は待望の「病院訪問」、十六日には《暹羅《シャムロ》の使節》が昨年十二月にパリに来たことを記すなど、「事件」が重なった結果、やっと十七日にロニについてと、この「対馬問題」をメモする時間の余裕ができた。《暹羅》に関する情報、《使節三名、士官十二人、従者十五人》(『西航記』)もロニから仕入れた。

諭吉は使節団の任務の一つがロシアと樺太との日露境界線問題だったこともあり、ロシアの動きは注意深く追っていた。「対馬占拠事件」に関してもイギリス艦隊が吹崎湾に測量を名目に派遣されてロシアを牽制したことも知っていた。諭吉自身、駐日アメリカ公使タウンゼント・ハリスと駐日フランス公使ベルクールがロシアの占拠は「不法」との認識で一致した、と表明した手紙を翻訳していたので、米英仏がこの事件に重大な関心を抱いていることも承知していた。

しかし、遠く離れたヨーロッパで日本とロシアの国境紛争問題が広く新聞を通して一般に流布されていることを知り、衝撃を受けた。攘夷派と開国派とで〝内ゲバ〟などやっている状態ではないことを実感し、島国日本の井の中の蛙状態に危機感を抱いた。同時に日本が置かれている国際的立場の危うさや微妙さを改めて痛感した。

諭吉はペテルブルクではロシア問題に通じているため、使節とロシア側の樺太の国境問題を交渉する《談判の席》に特別に出席したが、ロシアの強硬な姿勢を前に、《一切万事便《たよ》る所なし》の思いを新たにした。国際情勢を無視した《日本の不文不明の奴等が殺《から》威張りして攘夷論が盛になればなる程、日本の国力は段々弱くなる丈《だ》けの話で、仕舞《しまい》には如何《どう》云うようになり果てるだろうかと思て、実に情けなくなりました》と後に、吐露している。諭吉が遣欧使節団の一員としてヨーロッパでの見聞、体験から得たものの一つが、「反攘夷」の強い確信だ。

諭吉はこの時、ロニから便宜上、『ルタン』の「中国特派員」に仕立て上げられたことで、「新聞記者」という職業に初めて強い興味を持った。まず、「本日」話したことが「翌日」には報道されている「速報性」に瞠目した。ロニからは使節団の詳細なニュースが連日、『ルタン』や『モニトゥール』らの紙面を飾っていることも知らされていたが、「新聞記者」の本来の任務が単に「事件の報道」だけではないことにも目覚めた。

《君の新聞紙ノ社中ニ加ハリタク思ヒマス》（8月15日）とロニにペテルブルクから書き送ったころは様々な日本に関する誤報を正したいと思い、本気で『ルタン』の「江戸特派員」になるつもりだった。「咸臨丸」の船上でジョン万次郎に英会話を習った要領で、フランス軍艦での帰途三ヵ月を利用して、『ルタン』の特派員に必須な《フランス語の習得》（『西航記』8月3

日）をするとロニに伝えもした。

諭吉はこの衝撃的な体験から、《新聞紙》について『西洋事情』では次のように解説した。《新聞紙は会社ありて新らしき事情を探索し之を記して世間に布告するものなり》とまず、新聞の役目が《新らしき事情》、つまり「ニュース」の報道であると指摘。その内容は《その国朝廷の評議、官命の公告、吏人の進退、市街の風説、外国の形勢、学芸日新の景況、交易の盛衰、耕作の豊凶、物価の高低、民間の苦楽、死生存亡、異事診談、総て人の耳目に新らしきことは、逐一記載して図画を附し明詳ならざるはなし》と述べ、神羅万象、広範囲な新しい情報を提供することだと説明。条件としては《新聞紙は毎日出版するものあり》と日刊紙であることを規定し、《報告は速《すみやか》なるを趣意とし》と強調して、「速報性」を挙げた。

次いで、《その大議論に由ては一時人心を傾け》と述べ、「ロシアの対馬占領事件」のような誤報に関しては真実を報道する「正確性」や「信憑性」が重要な任務であると指摘。さらに《政府の評議も之が為め変革することあり》と述べ、政府の意見や見解さえ、それが間違っていたら言論の力によって正すべきだとの報道機関としての真の「使命」、つまり「レゾン・デートル（存在理由）」を強調した。維新後に創刊された『時事新報』はまさに、「速報性」に「正確性」、そして日本のオピニオンリーダーとしての報道・言論機関である「新聞」の「使命」を日本で初めて果たした。

諭吉が創立した慶應義塾の記章がペンを二本交差させた図柄であるのは偶然ではない。諭吉がいかに「ペンの力」、つまり「新聞」を含む言論の力を重視したか、そして、「ペンの力」を遍《あまね》く国民に知ってもらいたいと祈願した証左だ。「ペンは剣より強し」、すなわち軍事力を含む国家権力はもとより何者の支配や圧力からも解放された「表現の自由」を基盤にした「新聞」をはじめ出版物の「ペンの力」こそ、開国後の日本、すなわち今後の新生日本にとって不可欠な重要な指針として掲げるべきだと考えたからだ。

諭吉は明治維新直後、明治政府から機関新聞の発行を依頼され、いったんは断ったものの政府に国会開設の意思があることを知り、新聞でキャンペーンの形で協力できると判断して引き受けたが、最終的には政争の道具にされることを嫌って手を引いた。『時事新報』の創刊を決意したのは、この苦い経験の後だ。

ロニはフランス北部リール市近郊ロースで生まれ、当時満二十五歳だった。洋学者の中ではフランス語を唯一解した立広作が十七歳、太田源三郎二十七歳、福地源一郎二十一歳、松木弘安二十九歳、箕作秋坪三十六歳だったので二十七歳の諭吉と太田が年齢的に近かったが、なによりも関心の持ち方やものの見方がジャーナリスティックなところが諭吉とロニを急速に近づけた。

ロニも使節団帰国後に日本語新聞『よのうはさ』を二回（1868年、1870年）発刊したように、「新聞」には元来、強く惹かれていた。両号とも一号で廃刊の憂き目を見たのは読者が少なく、イギリスの会社の広告まで掲載したが経営的に成り立たなかった。最初の『よのうはさ』（リール市立図書館保管）は小型のタブロイド版で、日本語で誇らしく「新聞著述業羅尼」と署名している。二度目は『世のうはさ』（国立東洋言語文化研究所（INALCO＝東洋語特別学校の後身）図書館BULQ保管）と題字に漢字を入れている。日本をイメージしたのか細長い短冊型だ。

この「対馬事件」以来、諭吉にとって、ロニは「ジャーナリスト同士」であり、「西洋事情」を知るうえでの有能な「助手」であり、そしてフランス、いやヨーロッパ旅行で出会った「唯一の友人」となる。諭吉はペテルブルクまで使節団を追ってきたロニについて、敬愛を込めて、《欧羅巴の一奇士》の称号も贈った。《使節荷蘭《オランダ》え逗留中、羅尼、政府の命を受け、日本人を見る為めハーゲ（ハーグ）に来り、留ること二十日許《ばかり》、母の病を聞き巴理え帰り、今度又た日本人を尋んとして別林《ベルリン》に来りしに、余輩巳《すで》に同所を出立せり。由《よっ》て又た別林より伯徳禄堡《ペートルビュルグ》（ペテルブルク）に来れり。別林より伯徳禄堡までの道程八百里（約３２００キロ）。火輪車にて此鉄路を来るに入費四百フランク。唯余輩を見ん為めに来る。欧羅巴の一奇士と云ふべし》（『西航記』8月17日）。

諭吉はロニが六月二十一日にハーグにやってきて一行を驚かし、約二十日間滞在した後、母親の病気の知らせで次の訪問地ベルリンでの再会を約束してパリに戻ったことを逐一、メモした。ロニは一行が出立した後にベルリンに到着したためペテルブルクまで追ってきたのには呆れたが、嬉しくもあったからだ。ロニの日本と日本人に対する熱中ぶりに自分の西洋に対する関心の深さを重ね、自分の姿を見る思いがした。ロニがハーグやベルリン、ペテルブルクにきたのは《政府の命》を受けた公務で、ベルリンからペテルブルクまでの運賃四百フランも公費だったこともロニから聞いていたが、ベルリンであきらめずに八百里の鉄路をものともせずに追いかけてきたその熱意に感服したからでもある。

ロニが十一歳で移動したパリは一八四八年二月革命の真っ最中だった。ロニがある夜、バリケードに登って騒いでいるのを知った両親は共和主義者だったので革命には反対ではなかったが、息子がブラブラしているのはよくないと考え、ロニが本好きということもあり、「製本屋に奉公に出し、次いで植字工にした」（松原秀一『レオン・ド・ロニ略伝』）。知識欲旺盛だったロニは働きながら夜学に通う一方、父親からも数学、生物学、植物学を習い、十五歳で「東洋語特別学校」に入学し、中国語を専攻した。中国語に興味を持ったのはパリの「ジャルダン・デ・プラント（植物園）」内の「自然史博物館」で開かれていた植物学の講座の教授から中国語の存在を教えられたからだ。ついで日本語にも興味を持ち、使節団がパリに到着したころは日本語に熱中していた。

諭吉はロニの日本語の能力に関して、《よく日本語を云ふ》（『西航記』）と贔屓目に評したが、諭吉らの訪仏から五年後の一八六七年に「パリ万博」視察のため訪仏した徳川昭武（徳川慶喜の異母弟、最後の水戸藩主）一行の補佐役だった外国奉行・栗本鋤雲は「語音佶屈《きっくつ》、かつ助詞を解せざるを以て、十中、僅かに三四を諦聴せり」と述べ、会話は片言程度だったと指摘している。

日本語はシーボルトの日本語に関する書籍などを参考にほとんど独学で勉強したところは独学派の諭吉と似ている。つまり進取の気性に富み、即実行型というわけだ。初の日本語に関する論文『日本語学習に必要な主な知識概要』（1854年）や日本語研究書『日本語考』（56年）、『日本語辞書』（57年）を続けて上梓。『日本語考』の表紙はロニの自筆の日本語で刷られている。三使節らは帝国印刷所（4月19日）で日本語の活字を見せられて驚くが、日本語導入はロニの提案による。使節団が帰国後に発表した『日本文集』（1863年）には諭吉の短歌《植て見よ花のそた々ぬ里ハなし　こころからこそ身ハいやしけれ》も掲載されている。花がどこにでも咲くように身分に貴賤はないという諭吉らしい民主主義の真髄を詠ったものだが、ロニに短歌とは何たるかを教えるために作った陳腐な作なので、教科書に使われたと知ったら赤面しただろう。

リール市立図書館の一角には「ロニ文庫」があり、手作りの日本語の教科書『日本語の授業』（全5巻、1863年）をはじめ、「日本語の蔵書約三百冊と中国語の蔵書約五百冊」（市庁舎図書館副部長　ラール・デルリュ＝ヴァンデンブュルケ）が所蔵されている。ロニは遺言で図書館からこれらの文献の持ち出しを禁止したので破損や散逸を免れ、諭吉の漢文で書かれたブルーの表紙の『西洋事情』の初版（慶應2年刊、江戸、尚古堂、岡田屋嘉七）も大事に保管されている。

フランス外務省古文書館保管の使節団関係の書類には、これまで不明だったロニが「通訳」を命じられた経過を示す文書がある。「民族学会」会長ポール・ド・ブールゴインが外相トゥヴネル宛にロニを強力に推薦した四月十日付の手紙だ。「困難なコミュニケーション解消の条件を満たす人物として学会の会員レオン・ド・ロニ氏を推薦したい」と述べ、ロニの経歴を詳細に紹介したうえで通訳としての能力を保証している。

ロニの当時の仕事ぶりを示すロニ自身が作成したスクラップ・ブック（慶應義塾大学所蔵）も遺されている。仏外務省の公用便箋に「明朝月曜十時までに黒服、白ネクタイでオテル・デュ・ルーヴルにお出でいただきたいとのダウル氏からの要請を伝える」（4月20日）と書かれたロニへの出頭要請状もある。翌二十一日には三使節らがヴェルサイユ宮殿を訪問したので、この歴史的にも建築的にも重要かつ広大な宮殿と庭園の見学には日本語が話せる通訳兼アテンドが必要と判断し、ロニに急遽、呼び出しがかかったのだろう。

仏外務省会計課からの「明日午後一時頃、当執務室にお出でを願う。貴殿の語学に関する総力を挙げて、日本の文書を判読していただきたい」との呼び出し状も貼られている。日付はないが、ハーグから使節団の外国奉行支配調役並、岡崎藤左衛門が送った「文書」の翻訳の依頼とみられる。仏外務省古文書館には岡崎がロニ宛に文久二年戌六月六日（1862年7月2日、ハーグ滞在中）に送った「口上覚」と題された日本語の手紙が保管されており、末尾には正使・竹内下野守ら三人の署名があるので三使節の意向を受けて岡崎が書いたことがわかる。候文で書かれた日本語は、「ミニストル」と「ポルトガル」のカナ以外は漢文調のうえ達者な筆跡なので、筆者には判読しかねたがロニのフランス語訳に助けられた。

冒頭で「貴殿からいつ我々が貴殿の国に戻り、どのくらいの期間パリに滞在するかとのお尋ねだが」と述べているので、ロニから使節宛に送られた手紙の返書であることがわかる。フランス外務省は帰途の軍艦を用意する必要があったので一行の帰国日程を早めに確認したかったのだろう。正使・竹内ら三人の署名入りで文久二年閏八月十二日（1862年10月5日）付で、パリを出立するにあたって、乗り物を用意してもらったことへの外相トゥヴネル宛の感謝状もある。この手紙もロニの仏語訳付きで保管されている。ロニがいなかったらこれらの日本語の手紙を解読できずに、フランス人は「美しいカリグラフィ（書道）の芸術作品」（仏外務省古文書館司書　フランソワーズ・オウジョグ）として鑑賞する以外なかったろう。

ロニが諭吉らとどれだけ親密な関係を築いたかはスクラップ・ブックに貼られた手紙が証明している。諭吉の手紙は単独が六通、松木弘安らと連名で二通だ。最も多いのは松木で単独で八通、諭吉らとの連名が二通。箕作秋坪も単独で三通、連名二通、太田源三郎も単独一通、連名も一通が遺っている。

諭吉のロニ宛の最初の手紙はロニがハーグに到着した時だ。日本語を勉強中のロニのために漢字とカタカナで書き、読みやすいように漢字にはカナを振った。《先日ヨリ度々《タビタビ》貴翰《オテガミ》ヲ送《ヲク》ラレ難有《アリガタク》存《ゾン》ジマス。今日コノ京《ミヤコ》へ御着《オツ》キノヨシ私ドモニ於テ甚《ハナハ》タヨロコビマス　何卒《ナニトソ》少シモ

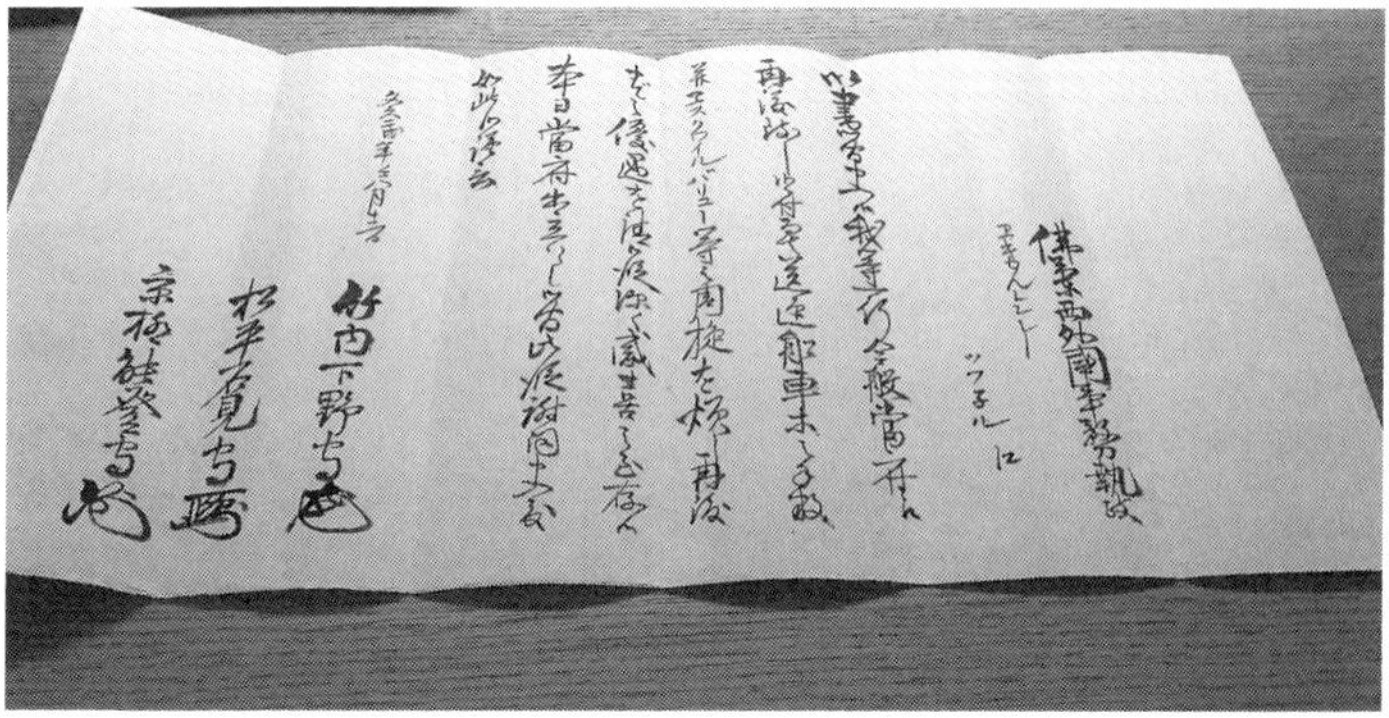

フランス外務省古文書館に保存される三使節の手紙

早ク御目ニカ、リ存シマス　……色々用事アリテマイルコトアタワズ甚タ残念ニ存マス（Sorry）　謹言　六十二年　六月十八日（西暦）羅尼君》。

諭吉はロニがハーグに到着したその日のうちに再会したかったが用事が多く、諭吉らのほうからロニの宿泊先には行けなかったので、そのことを知らせて詫びたかった。漢字で《福澤諭吉》と署名し、「残念」の単語はロニにはちょっと難しいと思ったので英語で「Sorry」と書き添えた。

諭吉は八月三日にもロニとベルリンで再会できなかったことを残念がり、パリでの再会を期して、《今日マデ待《マチ》タレドモ遂《ツイ》ニ君ハ来ラズ最モ残念ナリ只《タダ》此後パリスニテ再ビ君ヲ見ルコトヲ楽《タノシ》》と書き送った。まるでラブレターのようになったのはロニの母親の病気を気遣いながら、父親が早世後、女手一つで子供を育てた敬愛する母・順を懐かしんで書いたからだ。

フランス艦船での帰途三ヵ月間に、フランス人船員らからフランス語を習うことを伝えたのはこの手紙の追記だ。《仏蘭西ノ船ニテ日本へ帰ルトキハ三月バカリノ間ニ仏蘭西ノ人ト同居スベシコノ間仏語ヲ学ント欲ス願クハ君此コトニ就キ余ヲ助ケ給ハルベシ》。ペテルブルクからは《私ドモハ日々君ノコトヲ話シ忘ルルコトナシ実ニ欧羅巴中唯一人ノ良友good frie(n)dト思ヘリ》とロニが「良友」であることを強調し、そして、この手紙の「追記」で、「君の新聞紙ノ社中……」という「特派員希望」も書き添えた。

リスボン到着の十月二十日にはロニからの手紙が届いていたのに感激し、「親愛なる日本の恋人」と呼び、《you will keep always the same feeling（同じフィーリングを常に維持するように）》とも書いた。十二月十八日の《On board of the French steamer « Europen »（フランス艦船《ヨーロッパ》の船上にて）」が最後の手紙だ。「松木医師宛にアレクサンドリアに送った手紙に同封されていた《charming note（素敵な文書）》を受け取りました」と記した。「charming note」とは諭吉がロニと他一名の推薦で「アメリカ及び東洋民族誌学会」の会員になった会員証だ。ロニからの友人であり同志でもある諭吉への貴重なフランス土産だ。

諭吉は結局、船上でも帰国後もフランス語を習う機会がなかった。『ルタン』の「特派員」になる代わりに日本国内で「西洋」を発信することを本分として心血を注いだ。ただ、春秋のパリでロニと共に訪問した「植物園」（4月26日）や「書庫（国立図書館）」、「インスチチュー・デ・フランス（フランス学士院）」（9月26日）については『西洋事情』でも多くの行数を割き、ロニとの友情の証とした。

一方、ロニは使節団帰国後の一八六三年に母校・東洋語特別学校で「無給」の条件で日本語を教えはじめ、一八六八年に日本語クラスが新設された時に教授に就任し、一九〇七年の定年まで働いた。訪日経験はないが、この功績によって一八八三年（明治16年）に勲四等旭日小授章を授与された。生涯に日本や中国、仏教に関する二百点余りの論文を発表したが祖国では学者としての評価は低く、熱望したフランス学士院会員にもコレージ・ド・フランス教授にもなれなかった。地道で綿密な仕事を要求される学者より「記者」的センスのほうが強かったからだ。民族学者・松本信廣によると、正統日本学者の先駆者であるクロード・メートルは諭吉を「日本のヴォルテール」と高く評価する一方で、日本語学者としてのロニは評価外だった。

第2章
パリの取材に奔走

1　時代の寵児ナダールが使節団を撮る

正使・竹内下野守らがナポレオン三世との謁見に出向いた四月十三日の午後、禁足解禁を明日に控え、諭吉が逸る心を抑えながら足早に広いホテルのロビーを通りかかると何となく騒がしい。真ん中の吹き抜けの外光が差し込む真下辺りで使節団の一行や宿泊客が遠巻きに囲んでいる中を覗いたら、三使節が狩衣に烏帽子という正装姿で中央の椅子に座り、「謁見」に同行した医師・川崎道民や通訳・立広作らが紋付袴姿で使節を囲んで威儀を正して並んでいるではないか。

大型のボックス型の写真機が脚立の上に設置され、その傍に長髪気味の巻き毛に口髭を蓄えた小太りの男が写真機を覗き込んだり、使節らのところに小走りにやってきて位置を確認したりしている。鋭い眼光が印象的だ。それで、すぐに写真撮影であると同時に、「あれが、噂のナダールか」と気が付いた。

この時の写真撮影については、「御三使が謁見のため帝城へ行かれる。おのおの狩衣、烏帽子、鞘巻の太刀をつけ、緑の正装を身につけた……午後二時過ぎに旅館に帰られる。写真師が来て、御三使および属官数人の写真をとった」(『尾蠅欧行漫録』)との記録がある。

『イリュストラシオン』(4月26日)が正使・竹内下野守と副使・松平石見守との単独会見を

報じた時、記事の冒頭で売り物のイラストについて、「読者に届けるイラストはナダールの写真から取ったものである」とわざわざ断り、画家の描いた単なるイラストではなく、かの著名な写真家フェリックス・ナダール（1820－1910年）が撮影した「写真」を下敷きにしていることを強調したが、その「写真」こそ、この時に撮影したものだ。

パリには時として時代の寵児が彗星のように登場するが、ナダールもその一人だ。二十世紀の技術革新時代の先駆けでもあった「写真」という新技術を武器に、肖像画に代わる肖像写真を得意とする「商業写真家」という新しい肩書きを引っさげて登場し、歴史に長く、その名を刻むことになる。

そのナダールの写真館は偶然にも使節団の宿舎「オテル・デュ・ルーヴル」とは目と鼻の先、パリ二区キャプシーヌ大通り三十五番地にあった。現オペラ座の近くだ。同地に引っ越してきたのは使節団が訪仏する二年前の一八六〇年だ。それまでは少し離れたサン・ラザール駅近くのパリ八区サン・ラザール通り百十三番地のアトリエで風刺画を描く一方で写真を撮っていた。

ナダールはフランス中部リヨン（パリ生まれの説もある）の大学で医学を専攻したが、同地で印刷業と出版業で成功した父親の死去後、十九歳で学業を捨て、働きはじめた。ただ、好奇心の強い夢見る文学青年でもあったので高校《リセ》時代を過ごしたパリに出て、当時のパリ独特の社会文化現象であった〝ボヘミアン（自由で気ままに生きる芸術家たち）〟の仲間入りをし、評価が高まりつつあった詩人のシャルル・ボードレールやジェラール・ド・ネルヴァルらと親交を深めた。

彼らに刺激されて文学を志したが売れず、絵心もあったところから風刺新聞の専属風刺画家として働きはじめたところ、大成功を収めて財をなした。医学部時代に人間の骨格や内臓の形やその位置などを勉強したので、人物の基本的描写が正確だったうえ鋭い観察眼で人物の特徴をつかむのがうまかった。

ナダールが風刺画家として売れっ子になったころ、フランス人、ジョゼフ＝ニセフォール・ニエプス（1765—1833年）が一八二四年ごろに発明したとされる写真技術が改良され、普及も進んだ結果、肖像画に代わって肖像写真を撮ることが流行した。この現象に好奇心旺盛なナダールはさっそく飛びつき、アトリエの一部を写真館に改造して、まず友人たちの肖像写真を撮り始めた。

ボードレールやネルヴァルはもとより小説家のユゴー、オノレ・ド・バルザック、アレクサンドル・デュマ（父）、ギ・ド・モーパッサン、ジョルジュ・サンド、彫刻家のオーギュスト・ロダン、画家のウジェーヌ・ドラクロワ、女優のサラ・ベルナール、作曲家のリヒャルト・ワーグナー、フランツ・リストなど、ナダールが撮影した肖像写真のリストは長い。現在でも辞典や教科書、全集などに使われている十九世紀後半にパリで活躍した歴史的著名人の大半の肖像写真はナダールが撮影したものだ。ボードレールは「生命力の最も驚くべき発現」と述べて、友人の写真の宣伝に一役買った。

こうした著名な芸術家たちがモデルを務めたお陰もあり、ナダールの評判はたちまち広がり、フランスの政治家や名門貴族、富裕層はもとよりロシアをはじめ近隣諸国の王侯貴族らが争ってナダールの才能に敬意を表しにやってきた。彼らの大半は写真が発明される以前は有名画家に肖像画を描かせた人たちだ。

使節団一行の中にもナダールの名を知らないまでも、ヨーロッパに行ったら写真なるモノを撮ろうと心密かに決めていた者もいた。日本初の写真店は使節団が派遣される二年前の一八六〇年にアメリカ人オリン・フリーマンが横浜で開いたのを嚆矢とする。翌六一年に日本人・鵜飼玉川がフリーマンから機材いっさいを購入して江戸・薬研堀（東京・東日本橋付近）に写真店を開いたばかりだったので写真は日本ではまだまだ珍しく、撮影代も高額だった。パリでも当時は「労働者の一週間の給与の二倍もした」（写真資料館館長　ジャン＝ダニエル・パリゼ）が、日本よりは安かった。

諭吉も「咸臨丸」で渡米した時に初めて写真を撮り、サンフランシスコの写真館には何度か通った。中でも思い出に残るのは、アメリカ人少女とのツーショットだ。この写真は気に入ってもいたが、帰途の船中で若い仲間に披露した時の逸話もあり、思い出深いものになった。

初の渡航という重い任務を終えた気軽さと長旅の退屈しのぎに帰途の船内で若い仲間が初めて接したアメリカ人女性について品定めなどをしていたので、諭吉もついつい仲間に入り、《お前達は桑港《サンフランシスコ》に長く逗留して居たが、婦人と親しく相並んで写真を撮るなぞと云うことは出来なかったろう……朝夕口でばかり下らない事を云て居るが、実行しなければ話にならないじゃないか》と述べて、この写真を見せ、《大《おお》いに冷かして遣《やっ》た》からだ。

諭吉はふだんは《花柳に戯《たわぶ》れるなど、云うことは仮初《かりそめ》にも身に犯した事のないのみならず、口でもそんな如何《いかが》わしい話をした事もない》という堅物で通っており、同行の同輩たちからは煙たがられていた。それが、若いアメリカ娘と並んでいる写真を見せたので、若者たちは大いに驚いたり悔しがったりした。

このアメリカ娘は実は写真館の十五、六歳の少女だ。諭吉が《前にも行たことのある》写真館に行ったところ、普段は一行などで賑わっている店が、その日は雨が降っていたせいか客は諭吉一人だった。そこで店にいた少女に一緒に写真を撮ることを提案し、めでたくツーショットに成功したというわけだ。

『イリュストラシオン』が三使節らのイラストを「ナダールの写真」を下敷きにしたものと強調したのはナダールが時代の寵児だったほかに当時、写真を下敷きにしたイラストも珍しかったので自慢に値したからだ。同紙は使節団のマルセイユ到着を「マルセイユ発」のクレジット入りでイラストを入れて報道（4月12日）したが、このイラストは画家が描いたものだ。礼服に勲章を夥《おびただ》しくぶら下げたフランス代表と使節団の先頭に立った日本代表が陣笠を手に挨拶している構図だ。周囲を礼服姿の十人前後のフランス人と儀仗兵が取り囲み、背景には万国旗を掲げた大型輸送船「ヒマラヤ」が描かれている。盛大な歓迎式典が行なわれたことがわかるが、日本人は着物とちょん髷、陣笠などの服装で見分けがつくものの顔は西洋人風で八頭身だ。

同紙は四月十九日にも三使節らのナポレオン三世との謁見もイラスト入りで報じたが、これも画家が描いたイラストだ。三使節ら日本人は王座に座っているナポレオン三世と皇妃ウージェニーに向かって軽く頭を垂れている後姿なので容貌などは不明だが、これまた八頭身で周囲のフランス人高官たちと背丈も変わらない。

ナポレオン三世と皇妃ウージェニーに謁見する使節団のイラスト（『イリュストラシオン』1862年４月19日付）

イラストが売り物のもう一つの週刊紙『ルモンド・イリュストレ』もやはり四月十九日号でこの謁見の模様を八ページ目に全面（同紙の紙面はほぼＡ３判の『イリュストラシオン』より小型で大きめのタブロイド版）を使って掲載した。これは『イリュストラシオン』とまったく同じイラストだ。重要行事なので各紙がそれぞれ画家を派遣せずにチュイルリー宮専属の画家か、あるいは各紙が代表画家を送って描いた〝代表取材〟の作品だ。

使節団がパリの後に訪問したロンドンではち

ょうど使節団が到着した翌五月一日が万国博覧会の開幕式だったので、三使らは賓客として式典に招待された。その様子を伝えた『ロンドン・ニューズ』のイラストも画家が描いている。これまた日本人の顔が西洋人同様に彫りが深く、服装もドレス風で八頭身に描かれており、日本人を描いたイラストに関してはフランス人とイギリス人の技量に差がないことを示している。フランス人の画家のほうがさすがにモードの国だけあって、着物の描写がより正確だ。

『ルモンド・イリュストレ』は『イリュストラシオン』に対抗して同じ四月二十六日発行で三使節らの「写真家ナダールの写真から取ったイラスト」を掲載した。使節団各自の名前は紹介されていないが、容貌などから判断して正使を中心に前列左から副使・松平石見守、御目付・京極能登守、組頭・柴田貞太郎の首脳陣が座り、右後方に三人のサムライが立っている。『イリュストラシオン』のイラストより三使らの顔が本人によく似ており、まるで写真そのもののようだ。『イリュストラシオン』と異なるのは全員が武士の外出着・紋付羽織袴姿であることだ。背景の大型シャンデリアや壁に掲げた大型の風景画の木々までが詳細に描かれている。

使節団のイラストは七ページ目の全面を使って掲載されており、十ページ目には「日本使節団」の見出しで紙面のほぼ三分の二を使ったかなり長い記事がある。「四人の日本使節を謹んで紹介する……いや三人だ。実際には四人いるのだが三人と紹介されているからだ……四人目が多分、最も権力があるようだ。四人目は日本語では単に〝影〟と呼ばれている」と指摘し、正使、副使、御目付の三人以外に四人目の〝影〟すなわち、組頭・柴田貞太郎の役割について説明している。

「三使節にぴったりと寄り添い、彼らの発言を監視し、彼らの行動を書きとめ、一言で言うなら三使節の知的部分と筆記する部分を構成している」とし、フランスとは異なる日本の階級制度の複雑怪奇さを強調している。この記事を読んだら実直者の柴田は多分、恐縮しただろう。記事では〝ハラキリ〟についても、「様々な規則に則って躊躇なく内臓を捧げるアート」と述べ、いざという時に備えてサムライが常に「刀と小剣」を差しているとの説明もあり、日本への強い関心がうかがえる。さらに使節団のパリでの行動を紹介し、「使節の最初の訪問先の一つは写真家ナダール氏のアトリエだ」と述べ、この写真がナダールの写真館で撮影されたことを明らかにしている。

そのうえで、「ナダールはこの東洋からの賓客を迎えるためにあらゆる芸術的贅を尽くした」と述べ、豪華ホテル並みに変貌した写真館の様子を詳しく描写。「このイラストはナダール氏によって実施された（三使撮影の）プリント写真（複数）をイラストとして描き、それを銅板に刻んだ」と説明。『イリュストラシオン』と同様に、ナダールの写真を下敷きにしたことを強調している。

この写真に関しても、「今日、午後二時すぎ、御三使は写真店に行かれた。午後四時すぎ旅館にもどられる」（『尾蠅欧行漫録』4月22日）との記録があり、正使、副使、御目付らがナダールの写真館に行ったことが確認されている。

それにしても遠来の客であり、随員が次々と写真を撮りにやってきた上得意であったとはいえ、ナダールも三使節らの訪問に随分と気張った歓待をしたものだ。『ルモンド・イリュストレ』は『イリュストラシオン』に約十年遅れて一八五六年に創刊した後発週刊紙のかなしさで、使節の単独会見はものにできなかったものの、イラストでは「変貌した有名写真家ナダールのアトリエ」を初めて読者に紹介することができ、満足したはずだ。

『ルモンド・イリュストレ』は使節団がパリを出発後の五月三日にも「日本のサムライの従者の典型的な服装」と「副使・松平石見守とそのサムライたち」というイラスト二枚を掲載したが、後者については、「ナダールのプリント写真による」とし、やはりナダールの写真を下敷きにしたイラストであることを明記している。もっとも、この「松平石見守」の顔は組頭・柴田貞太郎にそっくりだ。

同紙は「日本人の顔は良く似ているのでホテルの従業員には未だに見分けがつかない」(4月26日)と報じたが、同紙も日本人の顔の区別がつかずに間違ったのだろう。イラストには前列真ん中に〝松平〟が座り、後列に八人のサムライがいる。右端の三人は三使節らのイラストに描かれていたのと同じ人物なので、このナダールの写真は三使節らの撮影の後、苦労人の柴田が写真館に居合わせて遠くから撮影風景を眺めていた五人を呼んで、一緒に記念写真を撮ったのだろう。

ナダールは使節団に、発明されたばかりの気球に自身で乗ってみせるというサービスもした。

「二十三日……一行は競馬場でゴダール氏（技術者）と一行の写真を撮影したことのあるナダール氏指揮による気球の上昇を見学し、仰天した」（『モニトゥール』4月25日）との報道がある。一行はこの日、マルセイユですでに動物園を見学した三使節らを除いた大半がパリ郊外ブローニュの森内の動物園と競馬場を見学した後、「四方四尺（1尺＝約0・3メートル）、高さ四尺ばかりの……カゴ……のなかに壮年の男子二人が向き合って……悠々とゆっくり登ってゆく……東の方の空はるかに飛び去った」（『尾蠅欧行漫録』4月23日）という光景を目撃した。初めて見る空中を飛ぶ駕籠のようなものが遥か東の空に消えていくさまに仰天したが、この「壮年の男子」の一人が彼らがお世話になった「写真師ナダール」だと知ったら、一行はもっと驚いたであろう。

諭吉らしい長身の青年の写真はこれらのナダール撮影の写真には見当たらない。サンフランシスコでは何度か写真館に通い、アメリカ人少女とのツーショットを遺している諭吉だが、パリのナダールの写真館には通わなかったのだろうか。

2　近代の象徴「鉄道」と「商社」に興味

「ああ、なんとパリというところは面白いところか」と諭吉はしばしば嘆息した。アメリカとはまったく異なるヨーロッパの最初の訪問国フランスの事物には心を奪われ通しだった。サンフランシスコでは何度か写真館に通ったが、パリではなかなか足が向かなかった。三使節から従者に至るまで写真館、それもヨーロッパ中の賓客が一度は足を運ぶ、いわば〝パリ名物〟の「ナダールの写真館」が宿舎のすぐ近くにあるというのに行く暇がなかった。というより、なぜか行く気にならなかった。

諭吉は「個人写真を好み、撮影しては挨拶代わりに方々に送ったりもしている」（慶應義塾福澤研究センター准教授　都倉武之）といわれ、この発明されたばかりの写真技術に深い関心を寄せていた。時代に先駆けて辞書もろくにない時代にほとんど独学でオランダ語、ついで英語をマスターした新しもの好きで進取の気性に富んだ諭吉らしい逸話だ。生涯に遺した個人写真は「三十枚以上にのぼる。同時期を生きた人物の中では、無類の写真好きといってよいだろう」（同）とも指摘されている。

サンフランシスコでは初物だった「写真」への興味はすでに薄れ、それより目に見る物、耳に聴く物、すべてが初物のほうに関心が傾斜していた。それに、経験済みの「写真」で無駄な出費をしたくなかった。幕府から支給された支度金四百両のうち百両は中津の母に送ったが、元来、《金の要らない男で、徒《いたずら》に金を費すと云うことは決してない》うえ、《尋常一様の旅装をした丈《だ》け》だった。《余《あま》った金は皆携えて行て竜動《ロンドン》に逗留中、外に買物もない、唯英書ばかりを買て来た》。諭吉としては、これらの英書を一人占めするつもりはなく、《是れが抑《そもそ》も日本へ輸入の始まり》、つまり英書を誰でもが《自由に使われるように》したかった。英書の私設図書館というわけだ。

ナダールがホテルにやってきて三使節らの写真を撮影した四月十三日には、撮影風景を他のホテルの客と共に遠くから眺めただけで満足した。下級武士で通訳でも医師でもない諭吉は当然ながら、「謁見」には随行しなかったので随行員の一部が連なったこの写真撮影にもお呼びはかからなかった。この日はロニと「ロシアの対馬占領問題」について話し合い、翌日は「新聞」というその後の人生を決定する大発見があり、極めて充実した日を過ごした。

三使節らがナダールの写真館に出向いた二十二日には、初めて乗った《蒸気車》に関して、やっと満足がいく回答を得たところだったので、《今日聞く、「シュエズ」より「アレキサンデリヤ」の鉄道》（『西航記』4月22日）と詳細に記した。

まず、《「カイロ」を界となし、「カイロ」以南は仏蘭西の商社に属し、以北は英吉利の商社に属す》と鉄道事業でも英仏が拮抗していることに注目した。この《カイロ以南は仏蘭西》は実はロニかランベールが諭吉の要請に従って問い合わせた先方の調査間違いだ。エジプト政府はフランス人レセップスにスエズ運河掘削権を与える代わりに、イギリスにはアレクサンドリア—カイロ間とスエズ—カイロ間の鉄道建設権を与えて均衡を図った。もっとも、フランス人としてはイギリスへの対抗上、フランスの「商社参加」を意図的に間違って伝えたのかもしれない。

諭吉は初めて蒸気車に乗ったスエズからカイロまでの間、窓の外を飛び去る《概ね皆砂山にして満目林樹なし》（『西航記』3月21日）という木一本生えていない砂漠の殺風景な光景を眺めながら、「なんと迅速なことか」と駕籠はもとより馬車とは比較にならないほど高速な蒸気車のスピードに少年のように酔った。《鉄道》が敷かれたら、江戸から故郷・中津までも一日で行けると考え、心が弾んだ。《蒸気車》があったら、無沙汰を重ねている母親・順にも「しばしば会いに行ける」とも考えた。

そして、スエズからカイロまで《鉄路七十二里（1里＝約4キロ）……途中止ること二次》（同）と二回しか止まらずにカイロに到着したことや、この間《五時二ミニュート》（同）とかった五時間二分で到着したことを正確に記し、近代が《蒸気車》に代表される「スピード」の時代であることを敏感に察知した。

車中では取材できなかった運賃についても、《マルセイルスより巴理までの道程六百六十里……まで蒸気車の賃　上等の車一人　六十キロの荷は坐右に置くべし　九十六フランク　中等〃　七十五フランク　下等　〃　六十フランク（欄外に）急飛（急行）は上等計にて、下二等なし。賃は同じ》（『西航記』4月23日）とメモし、一等、二等があり、料金が異なることにも注目した。

《蒸気車》について、さらに《マルセイルスより巴理までの道程六百六十里……此間の鉄路を造るに、地形の険易に由て入費等しからず》（同）とメモ。山岳地帯などの地形の険しいところは鉄路一里に六十三万フラン、地形が平易なところは一里九万フランから九万五千フランと工事費も書きとめた。日本で《鉄道》を敷設するとなると、中央が山岳地帯の日本では工事の難航が予想されたからだ。

『西洋事情』では、《蒸気車》について、《蒸気車とは蒸気機関の力を藉《か》りて走る車輛なり》と定義。《車一輛に蒸気を仕掛け、之を機関車と名く。機関車一輛を以て他の車二十輛乃至《ないし》三、四十輛を引くべし》と《蒸気車》の走る仕組みと構造を説明。《車輪の当る所に巾二寸（1寸＝3・03センチ）厚《あつさ》四寸許《ばかり》の鉄線二条を填《うず》めて、常にこの上を往来す》と線路を具体的に説明し、「鉄道」の語源の説明にも代えている。《その迅速なること蒸気船の比類に非らず》と高速性の特徴を強調して、まだ見たことも聞いたこともない一般の日本人に《鉄道》の威力を強調した。

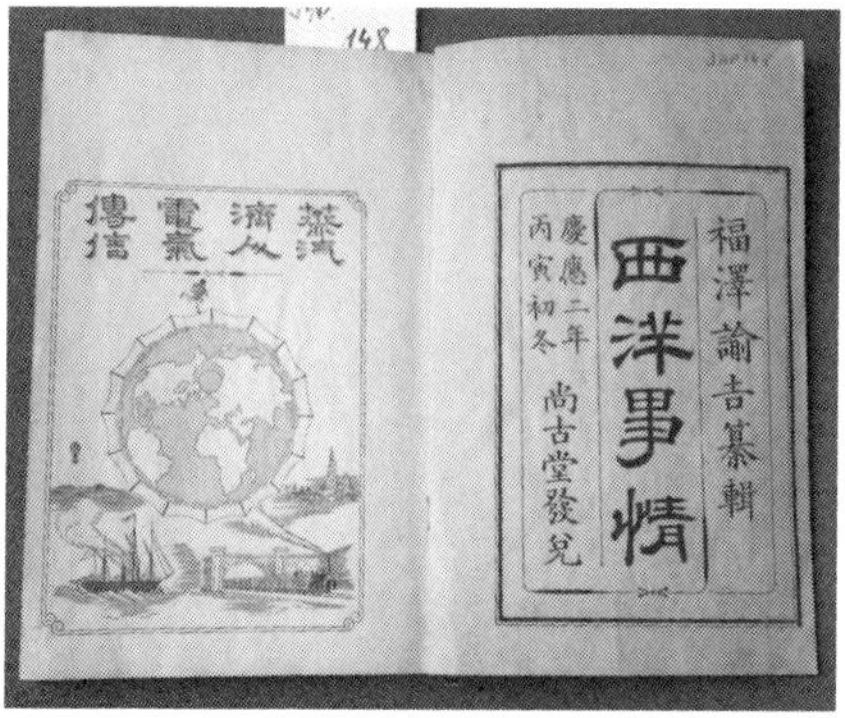

ロニ図書館が保存している『西洋事情』の初版本

ヨーロッパでも蒸気船に比較して同様に蒸気機関を使う蒸気車の実用化が遅れたのは、海原という自然が相手ではなく、「鉄路」の敷設という大工事が加わったからだ。諭吉もこの海路陸路の相違を重視し、蒸気車の試運転に成功したのは《千八百十二年（実際は1814年）、イギリス人ジョージ・ステフェンソン（ジョージ・スティーブンソン）蒸気車を造て石炭を運送せり》（『西洋事情』）などと歴史にも興味を示した。

フランスで鉄道が開通したのは一八三七年八月二十四日、「パリ－サンジェルマン（パリ郊外）間」だった。翌年には「フランス南部ニーム－アルル間」も開通し、四三年には「パリ－ルーアン間」開通、四五年には北部鉄道会社が創立された。四二年五月八日にはパリ－ヴェルサイユ間の事故で約百人が死亡している。諭吉たちがパリを訪問したころは鉄道はすっかり市民の生活に欠かせない存在になっていた。

日本に鉄道が誕生したのは、諭吉らがパリを訪問してから十年後の一八七二年（明治5年）だ。日本ではまだ十分に機能していなかった《商社》すなわち「株式会社」ではなく、国家経営の国鉄になった。フランスでは反対に、鉄道の規模が大きくなり、スピードが増すに従って民営では経営が追いつかなくなり国有化されて現在に至っている。

《蒸気車》に関してはパリで購入した黒革の手帳『西航手帳』にも何度か詳細なメモが登場し、諭吉がいかに、この近代文明の利器に魅せられたかが分かる。いかにも諭吉らしいのは、《蒸気車》を単にスピードのある乗り物としてではなく、その出現がもたらした波状効果的な意義を重視している点だ。

《蒸気車の法、世に行われてより以来、各地産物の有無を交易して物価平均し、都鄙《とひ》の往来を便利にして人情相通じ、世間の交際俄《にわか》に一新せり》（同）と《蒸気車》が経済の発展に貢献していることも指摘した。これまた諭吉らしいところだが、《西人《せいじん》云う、近来は西洋諸国の人、旅中にて父母妻子の病を聞き、遠路の故を以てその死期に及ばざる等の如き迂遠の談を聞かずと》（同）と述べ、《蒸気車》のおかげで肉親の死期に間に合うなどの利点をあげている。父兄を早くに失い、病弱の母が遠方にいる諭吉としては、この《西人》の言葉は胸に響いた。

諭吉はフランスで最初に上陸したマルセイユでは港内が広く、《各国の商船両岸に林列……商船の碇泊多き時は千四、五百隻》（『西航記』）を目撃し、《交易繁盛》であることに注目するが、途中二泊したリヨンは港町でないにもかかわらず《交易甚だ盛な》（同）ことは《鉄道諸方え通じ》（同）ているからだと発見し、こうした観点からも《鉄道》の重要性と必要性を主張したかった。

また、港町マルセイユに比較してリヨンが《市街壮麗》（同）であるのもフランスの最大の輸出産業である絹織物やラシャを生産しており、文化が進んでいることが要因の一つだということも知った。フランスとの条約文には蚕病の流行でこの絹産業が打撃を受けていたため、フランスが禁制解除事項の第一項で、「日本の繭、蚕卵」などの名目の明記を拒んでいたことも思い出し、「なるほど」とこれまた、納得がいった。さらに、洞察力に富んだ慧眼・諭吉らしいところだが、運輸が産業及び経済に直結しているだけではなく、その国の文化文明の土台になっている点にこそ絢爛豪華なフランスの原点があるのだと納得した。

リヨンでは一泊の予定が二泊になった。その理由がキリスト教の国フランスでは「安息日」の日曜は、《蒸気車を出さず》（同）からだと知り、「なんと面白い習慣か」と思った。この習慣は諭吉が訪問した約百五十余年後も「労働法」に「一週間七日のうち就労日は六日として、一日を休養日に当てる。その休養日は日曜とする」と明記されている。さすがに公共交通網やレストランなど飲食業は例外としたが、デパートやブティックは閉店なので、観光客を固く閉まった入り口の前で呆然とさせた。二〇一五年にやっと、あまりにも時代遅れで、「観光大国フランス」にとって不利であるばかりか、最近は「有給休暇年五週間」や「週三十五時間労働」とあいまって、「フランス人は働かない」という評判の悪さの要因にも数えられているため、例外的措置として観光地域などの日曜営業が限定的に認められた。さらに二〇一六年には「週三十五時間労働」も対象にする「労働法改正法」が成立するなど、フランス社会もやっと一種の〝開国〟を迎えている。

鉄道の敷設には《巨萬の金を費す》（同）だけに、その経営も気になり、《政府より其費を出さず。所謂《いわゆる》鉄路商社の建造る所》（同）と、政府すなわち国営ではなく民営という回答を見出した。そして、「鉄道経営」に必要な莫大な経費を生み出すために、スエズ運河の造営工事同様に《商社》（同）、つまり「株式会社」の存在にも注目した。

スエズ運河の場合、《掘割を造て紅海と地中海とを相通ぜんことを企て、仏の南社其謀主となり、各国の商社と謀りて二年前より功を初め》（『西航記』4月22日）と記し、紅海と地中海をつなぐ大工事であることを強調。そのうえでフランスが各国に呼びかけて二年前から工事を開始したことを指摘。《商社》についても、《商社と名くる者は、二、三の富商相謀《あいはかり》て一商事を起し、其事を巨大にせんと欲するときは、世上に布告して何人を論ぜず金を出して其社中に加はることを許し》とまず個人では無理なので数人の金持ちが結束して会社を起こし、必要に応じて広く一般に呼びかけ、つまり株主を募集して大事業を達成すると説明。日本人にとって、まだ概念さえない《商社》、つまり「株式会社」を具体的に解説した。

《商社》に関しては、『西洋事情』ではさらに平明に、《商人会社》、すなわち「株式会社」について日本人にわかりやすいように詳細に説明したのも将来の日本経済の基盤になると確信したからだ。これまた未来の「経済大国・日本」の姿を予見しての諭吉らしい視点だ。

《西洋の風俗にて大商売を為すに、一商人の力に及ばざれば、五人或《あるい》は十人、仲間を結てその事を共にす。之れを商人会社と名づく……商売の仕組、元金入用の高、年々会計の割合等、一切書に認《したた》めて世間に布告し、「アクション」と云える手形を売て金を集む》（『西洋事情』）。大事業を実施する場合には個人の財力では不可能なので、数人が結束したうえで世上に《アクション》、すなわち株を売って資金を募集するという「株式会社」の仕組みを具体的に説明した。

さらに、《例えば商売の元金百万両入用なれば、手形百万枚を作り、一枚の値を一両と定め、自国他国の人に拘《かか》わらず、この手形を買うものには商社より年々四、五分の利息を払い、且《かつ》その商売繁昌して利潤多ければ、右定《さだめ》たる利息の外に別段の割合を与うべしとの約束を為す》。

ソロバンと大福帳で商いをしていた大阪商人も、浦賀沖に登場した「蒸気船・黒船」の登場に太平の夢を破られ、不眠症に陥った江戸っ子もまだ見ぬ《蒸気車》や《商社》の仕組みに胸をときめかせながら、『西洋事情』を貪り読んだのも納得がいく。

諭吉が《蒸気車》や《商社》について、こと細かな数字などを挙げたのは開国・日本が将来、「鉄道」の敷設や「株式会社」を造る場合、少しでも参考になればと思ったからだ。高邁な思想を説くことも結構だが、ヨーロッパ旅行の見聞から目の前に差し迫った西洋化が必要だと痛感した。

この辺の現実主義的かつ実利主義的なところが、机上の空論を振り回すことが多い学者らには気に入らないところで、諭吉を軽視する要因にもなっている。諭吉を「西洋の近代的社会契約論に起源を有する西洋の概念の受け売り」とみなし、単なる「西洋かぶれ」のように批判する結果にもなっている――。そう残念がるのはニューヨーク州立大学デヴィッド・A・ディルワース教授だ。

もっとも、諭吉から取材攻勢をしばしば受けるロニやランベールのほうは自分自身も知らないことばかり質問されるので、諭吉の顔を見ると逃げ出したいほどだった。質問を受けるたびに外務省に問い合わせ、さらに外務省が鉄道会社などに問い合わせるなどしたので回答を得るまでに時間がかかった。

3 「各国政治・学政・軍制は別而心懸可申事《べっしてこころがけもうすべきこと》」

諭吉はパリ到着の直後、禁足状態の中でホテルの窓から見た光景を《楼窓より臨めば毎朝帝宮護衛兵の交代するを見るべし。巴理府常備兵八萬人ありと云》（『西航記』4月9日）と書き、真っ先にパレ・ロワイヤル（王宮）や首都パリの警備状況に注目した。一見華やかなパリの街が厳重に防衛されている状況に衝撃を受けた。

パレ・ロワイヤルには諭吉らが到着する二年前までナポレオンの末弟ジェロームが住み、死後はその息子のプリンス・ナポレオン（ナポレオン公子）が住んでおり、ナポレオン三世にとっては親族の住む重要な拠点だった。特にナポレオンの思い出に直接繋がるジェロームはクーデタの際に、その威風堂々たる乗馬姿で登場し、甥のクーデタと皇帝就任を正当化するのに大いに貢献した。

諭吉が警備に特に注目したのは、日本に開国を迫ったいわゆる「黒船来航」（1853年）でアメリカが蒸気船二隻を含む艦船四隻で一種の威圧外交を行なったからだ。蒸気船はもとより艦船など所持しない日本には「恐怖に訴える方が友好に訴えるより多くの利点があるだろう」と提督マシュー・ペリーが海軍長官ウィリアム・アレクサンダー・グラハムに進言した結果だ。諭吉はフランスの堅固な守備態勢を見て当時を思い返し、各国が自国の防衛に力を注いでいることに改めて留意した。

徳川幕府も開国に向けて、そのことは十分に心得ており、一行に対しては江戸を出る時、大老・安藤対馬守（信正）と久世大和守（広周《ひろちか》）から「各国政治・学政・軍制は別而心懸可申事（べっしてこころがけ申すべきこと）」との訓令があった。学問一筋だった諭吉はそれまで、それほど軍制には関心がなかったが、訪欧の途上、海路や陸路で次々に寄港したイギリス領の植民地統制を目のあたりにするにつれ、関心が高まった。日本が欧米の属国にならないためには軍制を整える必要性に目覚めた。

最初の碇泊地・香港では船員などから取材して、《英国番船（リーニー）三隻、蒸気艦二隻、「ゴンボート（砲艦）」二十隻、商船三十隻。仏蘭西の軍艦は碇泊するものなし。唯だ商船四隻あり》（同）と記した。軍艦の一種である「ゴンボート」については詳細に調べ、《大中小三等あり。第一等ゴンボート、蒸気機関八十馬力、乗組五十人。第二等ゴンボート、機関六十馬力、乗組四十人。第三等ゴンボート、機関四十馬力、乗組三十五人。大砲……三門或は四門》備えていることなどを書き加えた。英領香港には当然とはいえ、フランスの軍艦が碇泊していないことも確認。イギリスが香港を拠点にアジアへの進出を狙っていることを肌で感じ取った。

香港の住民の風俗が極めて貧弱で、《英人に使役》されるだけの隷属状態にも衝撃を受け、《香港の土人（地元民）は風俗極て卑陋《ひろう》、全く英人に使役せらるゝのみ》と記した。《港内に小舟数千あり…… 甚《はなはだ》粗なり》（同）であることにも気づいた。住民が小舟に乗って魚を釣ったり食物雑貨を売って生計を立てているだけではなく、陸上に家がなく家族全員が狭い舟で生活している窮状も目撃した。

一方で香港ではイギリスの新聞を入手して、《近日英米の間戦争あるべし》（同）との記事から南北戦争を巡ってアメリカが南軍支援のイギリスと一戦交える可能性があることを知った。旗色の悪い南軍が綿花などで共通利益のあるイギリスに支援を要請したことで怒った北軍が南軍使節の搭乗する英艦を襲撃しており、再度の攻撃を用心した英艦オージン号がイギリス国旗を降ろして日章旗を掲げて航海するかもしれないという緊迫した事態になっていた。オージン号がジョン・ヘイ提督以下乗員約三百人。五百五十馬力で砲十六門という本格的軍艦であることも改めて認識し直した。

香港に一週間もの異例に長い期間、逗留したのも、諭吉同様に香港でこのことを初めて知った提督ジョン・ヘイが英米対決の危機はすでに遠のいていたが、正確な情報を入手するために錨を下ろして飛脚船を待って出航を見合わせたからだ。諭吉も《英国の飛脚船を待て開帆せんとす》（『西航記』2月8日）と記した。一週間待っても《飛脚船》が到着しなかったのでヘイが情勢不明のまま出航したことを知った諭吉は多少、不安を感じた。

諭吉以外の一行はシンガポール入港（2月17－18日）の二日前になって、オージン号が米艦待機を警戒して完全武装した時に初めて緊迫した情勢を知り、「悄然」（『尾蠅欧行漫録』）とした。敏腕記者・諭吉はすでに事情に通じていたので船中が灯火を消し、《火薬庫より弾薬を出し、大砲の覆を撤し小銃を集め》（『西航記』2月15日）るなどして敵の攻撃に備えて戦闘態勢に入った時も、冷静に事態を観察し、一行ほどには驚かなかった。それより国際情勢の過酷さと日本の立場の危うさに慄然とした。軍事情勢がすなわち、国際情勢であることにも目覚めた。

香港では下級武士・諭吉には一日しか上陸許可が下りなかったが、出発前から日程に入っていた《病院》と《英兵宿営局》の見学に行った。《病院》は三ヵ所あり、その一つを見学したが、サンフランシスコで視察した規模とそれほど変わらず、最も知りたかった経営状態などを質す時間もなかった。むしろ、その帰途に訪問した《宿営局》に《常備兵三千人》が駐屯していることを知り、決して広くない香港の警備が厳重であることに改めて着目した。

次の寄港地、シンガポールでも人口十万人のうち地元民（シンガポール人）が三万人に対し、イギリス人などヨーロッパ人が二万人もおり、《英国の政治に服従》している状態を知る。ほかに出稼ぎ状態の中国人も五万人いたが、地元民の中でも《勇悍で才力ある》ものは中国人より優位な状況にいることに多少、安堵した。

ホテルにやってきて諭吉らに詳しい中国情報をもたらした《日本の漂流人音吉》もその「勇悍で才ある」ものの一人だった。船員だった音吉は船が難破して一年二ヵ月も漂流した後、米カリフォルニアに到着し、その後、その勇気と才力を生かしてイギリスに行って英国籍を取得。事業で成功するなどして当時はシンガポールで豊かに暮らしていた。同胞が外国で成功している姿には大いに励まされ、慰められもした。

エジプト・スエズ港に朝六時に到着（3月20日）した時も、《港内水浅》（『西航記』）のため、直に着岸できないことや、スエズが《土耳古《トルコ》の所轄》で、港内にもトルコの《軍艦数隻》が碇泊している一方、《英仏常備の軍艦も各々両三隻》碇泊していることを目敏く認め、エジプトの宗主国がトルコであることに真っ先に着目した。同時にここでも英仏が張り合っている様子に目を見張った。

諭吉はカイロでは使節団一行と同様にカイロに点在するピラミッドやモスクをはじめ、マホメット礼拝堂やムハンマッド・アリー朝の始祖の墓があるムハンマッド・アリー・モスクなど多数の歴史的建造物を見学し、それらの《壮麗》な遺跡に感嘆したが、一方で、《貧人》が多く、《市街》が《繁盛》しておらず、住民が頑迷で《怠惰》で仕事もなおざりであり、しかも植民地の例に違わず、法律が極めて過酷なことも知る。《常備兵》が十万人いるが、住民は《兵卒》になることを嫌がり、《自から眼》を傷つけ、《指》を切断して、兵役を免れているという現状にも憂鬱な気分になった。

《往々盛大の古跡あり。然れども當今は皆零落して見るに足らず》（『西航記』3月21日）とエジプトの栄枯盛衰を書き留めながら、日本の将来に思いを馳せた。開国後の日本がエジプトのように外国の支配下に置かれ、人心が荒廃し、磊落した国になってはならない、いや、日本人は勇気もあり才力もあるのだから、そうはなるまい、と思った。ただ、そのためには、自分は将来、何をしたら良いのだろう。勉学にいっそう励み、書き物などを通して、こうした西洋の実情を知らしめることが自分に与えられた役割かもしれない、と密かに考えた。

帰国後に、《欧羅巴、亜米利加の諸国は富んで強く、亜細亜、阿非利加《アフリカ》の諸国は貧にして弱し。されどもこの貧富強弱は国の有様なれば、固《もと》より同じかるべからず。然るに今、自国の富強なる勢いを以《もっ》て貧弱なる国へ無理を加えんとするは、所謂《いわゆる》力士が腕の力を以て病人の腕を握り折るに異ならず、国の権義に於て許すべからざることなり》(『学問のすゝめ』)と主張したのは、欧米の強国が日本をはじめアジア、アフリカの弱者である国を力、つまり軍事力によって制覇することは決して許してはならないことだ、との信念があったからだ。オージン号で寄港したおりに目撃した英領下の住民たちの姿が瞼の奥に焼きついていたからでもある。

使節団一行はカイロから陸路、アレクサンドリアに移動し、同地から今度は《全く軍艦にも非ず、兵卒を乗せて各処に転送する為めに備へる官船》(『西航記』3月24日)、つまり輸送船「ヒマラヤ」に乗り換えて、地中海の島マルタを目指した。

カイロを出発する時にヨーロッパの最初の訪問国をどちらにするかで英仏が外交的綱引きを展開したことにも興味が湧いた。《議未だ決定せざるに由て、「テレガラーフ(テレグラフ)」にて両国に報じ、其政府の決議を聞んとすれども、其回答を待つには益々時日を費すが故に、マルタに行て之を待つべしと決せり》(同3月31日)と、わざわざ本国の訓令を仰いだが、マルタに到着後も英仏の綱引きが続き、やっと《両政府の回報》が来て、まずパリに行くことが決まった。ところがフランスが直後にこの決定を覆すなど二転三転した末に最終的にパリ行きが決まった。

諭吉はこの綱引きから、「日本の使節を最初に迎えるか否かは英仏にとって外交的に重要な問題なのだ」と悟り、「外交とは何か」について考えるきっかけにもなった。

マルタ中西部ラバ・マルタにある国立古文書館が保管している港湾局の入港記録には、「ヒマラヤ」の入港と共に、「日本人大使三人将校十九人、従者十四人、日本使節団の世話人一人」（1862年3月28日）が到着したとある。一方、『ロンドン・タイムズ』は「三使、従者四人」（4月3日）が上陸したと報じており、マルタには三使節とその従者が上陸し、下級武士・諭吉らは船から一歩も出なかったことが記されている。

もっとも諭吉は甲板から早速、島の様子を観察した。それで例によって船員を捕まえては質問を浴びせたが、彼らは知らないことは上官などに聞いて、正しい数字などを教えてくれた。東洋の果てからやってきた遠来の客が珍しかったこともあるが、諭吉の熱心な探究心に敬意を表したからでもある。

おかげで、まずマルタが《島の西北に大小二島》で成り立っていることや《土地広さ八里方（1里＝約4キロ、マルタの面積は316平方キロで概ねあっている）》、《人口共計十四万余》などの概要を知ることができた。ここでも諭吉が注目したのは甲板からも目撃できる丘の上に聳える《砲台》だ。その《砲台》が多数築かれたのが、仏領から《英の所領》になって以来であることを知り、イギリスの防衛に対する用心深さに再度、留意した。

また、イギリスが《砲台》だけではなく、同時に《陸軍を備へ海軍局》を設けたことにも注目した。しかも陸軍は《英の本国より兵卒を送り》常備兵が四千人もおり、《地中海常備の軍艦常に出入して港内に碇泊せるもの七、八隻より少きことなし》という完璧な防衛体制を敷いている状態やマルタが地中海に於て《最も要害の地》であるため、マルタを厳守するために、いざという時に備えて食糧を四千人分、七年間分を常備していることを知り、いまさらながらに七つの海を制覇する「海洋大国・イギリス」の海軍力と地政学的戦略に脅威も感じた。

マルタは現在もヨーロッパの玄関口として重要な役割を果たしている。アフリカや中東から地中海を渡ってヨーロッパ大陸を目指す難民が最初に到着、というか漂着するのもマルタかその先のイタリアやギリシャである。マルタやギリシャへの難民到着数やどこの国からの難民かなどによってアフリカや中東の政治情勢も察知できる。

諭吉の軍事情勢への「探索」もパリ到着後には一段と拍車がかかった。到着二日後の四月九日には宿舎の窓から、首都防衛の様子を垣間見たが、その後も、《仏軍兵士の数500,000有事時350,000無事時二十歳より七年の間士卒たるの法》（富田正文／長尾政憲『西航手帳解説』72葉）と仏軍が有事の時は平時の三十五万から五十万に増員され、二十歳から七年間、徴兵されることも記した。また、《兵士は四十五歳を限》で《老後は三百フランクを受く　但しホテルありて此に行くべし、行かざれば右の高を請るなり》（同）《老後は大抵平生給料の半高》（同70葉）などと兵士の老後が国家によって保証されていることも書き留めた。

「兵制」に関しても詳しく取材した成果を帰国後、『西洋事情』に次のようにまとめた。《往昔欧羅巴の諸国は封建世禄《せいろく》（封建制下の世襲俸禄）の制度を以て臣下を養い、各国の帝王互に相攻め、国内の貴族互に相闘い、専ら武を重んじて文を勉めず、字を知るものは唯僧徒のみ》とまず、ヨーロッパもかつては封建制度、世襲制度で互いに戦闘を繰り返し、その結果、文字を知る者は僧侶のみという状態だったことを指摘。《凡そ国内の人、騎馬の戦士に非らざるより以下の者は、之を軽蔑すること甚し》と日本とあまり変わらない士農工商制度だった事実を説明。

　そのうえで、フランスを中心に、《千三百年代、火器を発明して之を戦争に用ゆるに至て、欧羅巴の兵制一変せり……古来世禄の制度次第に止み……兵備の改正のみに非らず、国政の一大変革と云うべし》と十四世紀に火器が出現したことで兵制にも大きな変化が起きたことを指摘。《千四百五十年、仏蘭西王第七世チャーレス（シャルル七世）、英国と戦て勝ち、後患《こうかん》を恐れて国中の貴族に命じ平時の時も兵卒の備をなさしめたり。之を常備兵の初とす。これより各国にてもその法に効《なら》い、今日に至るまで皆常備兵あり》と十五世紀にフランスでイギリスとの戦いに備えて常時兵を置くようになったと《兵制》の成り立ちを説明した。

　また、兵制を貴族階級だけでなく、「国を守る」という自覚を国民に持たせるために、《天下の兵制を一新したる者は、千八百年代の初、仏蘭西《フランス》帝拿破崙《ナポレオン》なり》とナポレオンが一八〇〇年代に兵制を一新させたことを指摘。《兵制》について、《国内の人を尽《ことごと》く兵武に用い、国民自《みず》から国の為めに戦うの趣旨を以て法を立て、将士を愛し兵卒を恵み、有功の者を賞するには一《いっ》擲《てき》千金を亦《ま》た惜む所なし》と解説し、国民皆兵を基本にした徴兵制度の目的が他国への侵略や攻撃ではなく、祖国防衛であることを強調。またナポレオンがこうした任務を帯びた兵士を大事にするべきだとの信念から勲功に報いる制度を創設して、兵士を労ったことも特筆した。

現代に続くフランスの最高栄誉賞のレジオン・ドヌール勲章は一八〇二年にナポレオンが戦時、平時に関係なく、また軍人、民間人の区別なくフランス国家に対する勲功を表彰することを目的に制定された。

諭吉はロンドンに滞在中、中津藩の有力者で、諭吉のほとんど唯一の理解者でもある島津祐《すけ》太郎《たろう》に「先づ当今の急務は富国強兵に御座候」とする手紙を送った（5月9日）。《富国強兵の本《もと》は人物を養育すること専務に存候》とし、「人物養育」の重要性を主張すると同時に、手遅れにならないように《一日も早く》と何度も念を押した。『学問のすゝめ』『文明論之概略』でも同様の趣旨を盛んに説いている。この諭吉の「富国強兵」論をもって、諭吉を「軍国主義者」のごとくに指摘するムキがあるのは残念だ。

諭吉の「富国強兵」はヨーロッパ旅行での見聞で養われ、開国後の日本の基盤とするべき民主主義と共に日本の独立自尊を守護するための外交の強化、つまり外交を支える意味での堅固な軍制、換言すれば「抑止力」としての国防を意味している。あくまでも外交の一環だ。しかも諭吉が《富国強兵》を唱えたのは開国前後の日本が外国の脅威にさらされていた時期である。

諭吉が「武器」や「戦争」そのものには関心が薄かったことは、見学リストにあった「鉄砲博物館」の記述がないことや、借金返済のためとはいえ、父親が遺した《能《よ》く出来た》天正《てんしょう》祐定《すけさだ》二尺五寸も四両で売っていることからもうかがえる。

《天稟気《うまれつき》の弱い性質で、殺生が嫌い、人の血を見ることが大嫌い》という体質のせいか「病院」に比較すると、外科が主体だった「医学校」の見学についての記述も少ない。ロシアに滞在中に見学した外科室でも《石淋（腎臓や膀胱に結石の生じる病気）を取出す手術》で大量の血が流れたのを見て《気が遠く》なるなど、《血》を見ることも嫌いで、暴力とは縁のない人間だった。

上野で彰義隊ら旧幕府軍と薩摩・長州藩中心の新政府軍が戦った上野戦争中、大砲の轟音が響く中、三田・新銭座の慶應義塾でウェーランドの「経済書」の講義（1868年5月15日）をした逸話も諭吉の本質を的確に示している。もっとも現実主義者の諭吉は上野から三田まで大砲が飛んでくることは不可能と知ってのことでもあった。かといって、単なる事なかれ主義者、平和主義者ではない。

フランスをはじめヨーロッパではそもそも「平和主義」への幻想は少ない。一九三八年に英仏独伊四ヵ国首脳がドイツ・ミュンヘンに集まりドイツによるズデーデン併合について協議した「ミュンヘン会議」への歴史的反省が背景にはある。軍事制裁などの強硬な対抗策でヒトラーの割譲要求を断固拒否せずに融和政策を取った結果、英仏組みし易しとヒトラーに侮られ、その後のドイツ・ナチによるヨーロッパ席捲とユダヤ系住民の迫害、虐殺をやすやすと許すことになった深い反省があるからだ。

島津は文明開化主義者で「外国語使い」「通詞」などと蔑視無視されがちな諭吉の言葉にほとんど唯一真剣に耳を傾けてくれた上司だ。周囲の無理解の中で英明で決断力がある上司の存在がどんなに心強いかはサラリーマンなら理解できるはずだ。諭吉はヨーロッパ旅行中、取材で忙しく、ほとんど日本宛に手紙を書かなかったが、この一通はやむにやまれぬ心情に駆られて書いた。

諭吉にはもう一人、英断を下せるありがたい上司がいた。諭吉は「日仏修好通商条約」が調印された一八五八年に二十五歳で大阪の適塾を出て、江戸に出てきたが、中津藩の江戸の《奥平の邸《やしき》から、御用がある》と呼び出しがかかったからだ。江戸藩邸の《岡見彦曹《おかみひこぞう》と云う蘭学好《ずき》》が江戸藩邸に蘭学の塾を開き、諭吉を教師に雇いたいとの意向があったからだ。岡見は江戸留守居役で佐久間象山に砲術を習うなど進取の気性に富んでおり、島津同様に諭吉が単なる「外国語使い」でないことに気が付いていた。

三使節が四月十五日に外相トゥヴネルと一回目の会談をした後、一部随行員を伴って「鉄砲博物館」を見学したが、「軍事大国・フランス」の外務省としては三使節に是非とも真っ先に見学してもらいたい場所だった。三使節に続いて翌十六日には一行も同館を訪問したが、諭吉はこの日は《去年十二月》に訪問したシャムの使節団のほうに興味があった。ロニから聞かされた通り、《使節三名、士官十二人、従者十五人。従者の内工匠数人ありて、巴理在留中、諸器械局に入り伝習したりと云》（『西航記』4月16日）と人数などを書きとめた。この《工匠》が《諸器械局》で《伝習》したことが、特に「われわれの日程にはない気が利いたこと」として気になった。一行の希望者がセント・ヘレナ島から帰還したナポレオンの遺骸を収めた墓がある「アンヴァリッド」を見学した日も（4月22日）、諭吉は「鉄道」の取材に熱中した。

4　外交の重要性に目覚める

諭吉は時々、条約改正の交渉はうまく行っているのだろうかと危惧した。三使節はパリ到着翌々日の四月九日に外務省で「外相エデュアール・トゥヴネルと会見した」（『モニトゥール』4月10日）ことはパリでもニュースになった。この時はいわゆる表敬訪問で交渉は十五、十六、十九、二十二日の四回行なわれたが進捗状況は芳しくなかった。フランス側はトゥヴネルのほかに江戸で「条約」に調印したジャン゠バティスト゠ルイ・グロと随行員ド・モージュも参加した。

フランス外務省は以前はセーヌ河右岸のマドレーヌ寺院（8区）近くのラ・コロナード宮にあったが、十九世紀という外交が一気に活発化した時代にフランスの威光を内外に知らせる意味もあって、ルイ・フィリップの王政復古時代の一八四四年に外務省をコンコルド広場を渡ったセーヌ河左岸オルセー河岸に建設することが決まった。一八四八年の二月革命で工事を指揮した外相ギゾーが辞任した結果、工事も中断し、ナポレオン三世時代の一八五五年にやっと完成した。

諭吉も外務省の前まで行って、古い建物の多いパリでは築約十年と新築で洒落た三階建ての建物を眺め、フランスが「外交」に力を入れていることを確認した。エリゼ宮（大統領府）やマチニョン館（首相府）、ブルボン宮（国民議会＝下院）がフランス革命前に建てられた貴族の館を転用していることを考えると、「官庁」という目的を持った建造物という意味からもフランスでは新しい建物といえた。

日仏初の会見の場については、「第三室の壁のうえに……老兵と壮兵の十五人の写真である……つぎの一室には……左の方の壁……国王ルイ＝ナポレオン（ナポレオン三世）の、右の方には皇妃の写真をかかげている……二、三室すぎたところに、賓客と主人が会見する部屋がある」（『尾蠅欧行漫録』）との記述がある。外務省の間取りは左側の手前から「ユイシエ（守衛）の控えの間」「会議の間」「大使の間」「時計の間」があり、その先に「大食堂の間」があり、「建設以来、変わっていない」（第二帝政時代に詳しい歴史家　イヴ・ブリュレ）。

市川渡が指摘する三室目は「大使の間」に当たるが現在、「十五人」の肖像画が掲げてあるのは「会議の間」だ。「これは近ごろ調印した条約の絵であろう」（同）との記述通り、この十五人はクリミア戦争終結に関する一八五六年のパリ会議の出席者たちだ。フランスはロシアを相手にイギリスと共にバルチック海峡に艦隊を派遣し、近代史上、初の大規模戦争といわれた三年に及ぶ戦争で勝利国側に名を連ねた。絵画の中央には会議議長を務めたフランス外相アレクサンドル＝コロナ・ワレンスキが座り、その周囲には帝政ロシアのツアー（皇帝）の副官オルロフ、イギリス大使カウレイ、サルディニアの国家元首カヴール、オスマン帝国（トルコ）の国家元首アーリ・パシャらの顔が見える。当時の人気画家エデュアール＝ルイ・デュビュフェが描いたこの絵は銅版画にもなっており、フランス外交の栄光を示す証拠品としてフランス外交史には必ず登場する。

フランス外務省「大臣の間」

「大使の間」と廊下を挟んだ右側の庭園に面したところに「大臣の間」がある。建物の中央に位置し、外務省内で最も快適な部屋とされる。ミッテラン社会党政権時代の一九八九年以来「大臣の執務室」になった。執務机はルイ十五世の外相ヴェルジェネスが使った机の精巧なコピー（本物はルーヴル美術館が所蔵）を使用している。執務机の上にはナポレオン一世とルイ十八世の外相を務めたタレーランが特注した金製のインク壺が置かれている。

「大使の間」の先にあるのが、外務省で最も豪華な部屋といわれる「時計の間」だ。「日本からはるばるやってきた賓客ということで、使節とトゥヴネルの会見はこの部屋で行なわれたはずだ」

使節団とトゥヴネル外相が会見した外務省「時計の間」

（イヴ・ブリュレ）。市川の記述とも、ほぼ一致する。当初、「皇帝の間」と呼ばれただけあり、天井のアーチは金をふんだんに使用した唐草模様で縁どられ、幼児を中央に描いた十一のカルトゥーシュ（巻紙を広げた形を模し、中に金言や紋章を書き込む）は四季や四大陸も表現している。

部屋の中央に設えられた青銅造りの暖炉の真ん中には第一次世界大戦後にこの部屋の名称の由来となった凝った細工の時計がはめ込まれ、暖炉の上には二人の天使が仰ぎ見る石膏の「ラ・フランス」の像、つまり女性名詞のフランスを表す女性の全身像が立っている。天井にはキマイラ（ライオンの頭、ヤギの胴、ヘビの尾をして火を吐く怪獣）と子供のグループを象った四つの大型シャンデリアが煌めき、室内を煌々と照らしている。各部屋は当時の著名な画家や室内装飾家が各部門を担当し、それぞれが腕と高予算を競って仕上げているが、この部屋は「皇帝の間」にふさわしく、一段と豪勢だ。

この「時計の間」はフランス外交の表舞台としての栄誉にも輝いている。一八八九年には第一回「国際度量衡総会（ＣＧＰＭ）」（２００５年現在加盟国51、准加盟国17）が開かれ、一九一九年には第一次世界大戦終結の「講和会議」も開催された。一九二八年には「パリ不戦条約」

の調印が行なわれ、アメリカ、イギリス、フランス、ドイツ、イタリア、日本など十五ヵ国が署名（後にソ連などが加わって63ヵ国加盟）した。一九五〇年五月九日には時の外相ロベール・シューマンが欧州統合の基本となった歴史的演説も行なった。

市川渡はこの部屋に皇帝と皇妃の「写真」が飾ってあったと記しているが、現在、皇帝と皇妃の二人の肖像画は二階にある「ナポレオン三世の間」に掲げられている。ウージェニーの肖像画は二枚展示されており、いずれも胸元が広く開いたローブデコルテから自慢の美しいなで肩を惜しみなく見せている。二階は王族など賓客用の部屋や大臣の個室などがある。

諭吉は十九日の交渉内容についてはフランス側のメモの一部を翻訳したので知ったが、双方の提案の差が大きすぎると思った。フランス側が外国代表団の安全保証やキリスト教禁止令の廃止、在日フランス公使館の負傷者への賠償金（２０００ドル）、領事使用人の中国人遺族への援助金（１０００ドル）、繭、蚕などの輸出解禁、フランス産酒の輸入税の五パーセント削減を交換条件に「三年延期」を認めるなど厳しい条件を提示したのに対し、日本側は、出発時に訓令された通り、「（可能なら）十年延期」を提示していた。

ナポレオン三世の肖像が掲げられる外務省「ナポレオン三世の間」

条約改正に関しては、一八六一年五月十

五日に将軍・徳川家茂からフランス皇帝（ナポレオン三世）宛に「多数の不都合な理由により」新潟、兵庫の二港の開港と江戸と大阪の二市の開市の「何年間かの延期」を要請する書簡が送られてもいた。「詳細は外務担当の老中」がお伝えするとして、同日付の久世大和守（広周）と安藤対馬守（信正）の連名による二港二市の「七年延期」が書面で要請された。

フランス側が「賠償金」や「援助金」を要求したのはフランス公使ベルクールの着任（1859年9月）前から公使館が攘夷の対象になり、被害を受けたからだ。ベルクール着任直後の十一月五日には副領事従者の中国人が仮公使館のあった横浜の外国人居留地で殺害され、年明け早々の一八六〇年一月三十日には公使館が放火された。同年九月十七日にはベルクールのイタリア人従者が二人の武士に片腕を斬られている。こうした事態にベルクールは外相宛の公文で、「神奈川に滞在して百日になる……日本の治安の悪さが改善されない」（1859年11月1日）などと何度か被害状況を訴えた。

日仏の考え方の相違は三使節がナポレオン三世と謁見した時の挨拶にも反映している。正使・竹内下野守は、「皇帝閣下、大君（徳川幕府将軍）の命令により、われわれは本日、皇帝閣下による式典に出席する光栄に預かりました。フランスと日本との間の条約の締結以来、両国関係はますます発展の途にあります。その結果、われわれの主君はわれわれに皇帝への親展を託すことになりました。同時にわれわれの主君はわれわれに主君の真摯なる誠実さとこの条約維持への願望を皇帝に表明するように要請しました」とまず、渡欧のいきさつを説明。次いで、帰国時にフランスの軍艦が用意されていることなどを丁重に謝した。『モニトゥール』（4月16日）をはじめ、フランス各紙が正使の挨拶全文を伝えたのも、短いが非のうちどころがない外交演説だったからだ。

これに対し、ナポレオン三世は「貴殿たちがわが国で受けられる饗応や享受される自由によって、歓待というものが文明化された国民の最高の美徳の一つであることを納得されますように」との高飛車な返礼を行なった。『イリュストラシオン』がこの言葉について、「まったく状況に合致した言葉だ」とコメントしたのは、一行がこの謁見の日まで宿舎に禁足状態で、《日本の鎖国をそのまゝ担いで来》たようなものだったほか、血生臭い攘夷事件がフランスはもとよりヨーロッパで広く伝えられていたからだ。

アメリカ公使ハリス襲撃未遂事件（1856年8月21日）、日露国境線策定の交渉団・東シベリア総督ニコライ・ムラビヨフ配下の海軍少尉と水兵殺害事件（1859年8月18日）、イギリス公使オールコックの通訳・小林伝吉殺害事件（1860年1月29日）、オールコックが横浜・東禅寺の仮公邸で襲撃された第一次東禅寺事件（1861年7月5日）に次いで、使節団が訪欧中にもイギリス公邸を標的にした第二次東禅寺事件（1862年6月26日）が発生するなど英米ら他の国の被害状況はフランス以上だった。

使節団が渡欧中には「生麦事件」（1862年9月14日）も発生した。横浜・生麦村で薩摩藩主の父・島津久光の行列に英人商人リチャードソンら四人が大名行列に乗馬のまま突っ込み、リチャードソンは無礼打ちで死亡、他の二人が負傷した事件は条約の治外法権問題と横浜在留の外国人が日本の作法や文化をまったく無視した粗暴な態度を取るという重大問題を含んでおり、攘夷の土壌をますます広げ、イギリスと薩摩藩との戦争にまで発展した。

外国人側にも大いに問題があった。「開国派」の諭吉も横浜の「外国人」の粗暴な行動には何度か怒りを覚えた。ロンドン滞在中に日本在住のイギリス人が英議会に送った「建言書」を読み、わが意を得たりと帰国後に回想している。「建言書」はオールコックが開国したばかりの日本で《乱暴無状》を働き、《恰《あたか》も武力を以て征服したる国民に臨むが如し》に振る舞っているのを《種々様々の証拠を挙げて》非難していた。

証拠の一つとしてオールコックが日本国民の霊場として尊拝する芝の山内に《騎馬にて乗込》むという《言語に絶えたる無礼》を挙げて糾弾していたので諭吉は《大に胸が下った》と振り返っている。イギリス人が批判したそのオールコック自身も横浜在留の外国人については「ヨーロッパ人の人間の屑」と非難したほどだから、彼らの傍若無人ぶりは推して知るべしだ。

ところで、一八五八年十月九日（安政5年9月3日、翌59年9月22日に批准）に調印された「安政の五ヵ国条約」のうち、フランスとの「日仏修好通商条約」（22条、「税則」7則4種が添付）の日本側の原本は「日英修好通商条約」、「日米修好通商条約」の日本側原本と共に日本外務省に保管されていたが、他の条約書類と共に東京帝国大学（現東京大学）史料編纂所に貸し出し中の一九二三年九月一日、関東大震災による火災で同大学書庫が被災した結果、三ヵ国の条約書原本は蒸し焼き状態になった。その他の条約書は焼失した。この蒸し焼き状態の三ヵ国の条約文のうち日仏修好通商条約文は最も破損が激しく、表紙を含めて全ページが縮みあがっており、ページをめくることもできない状態だ。

フランスの外交関係の書類は現在、新設されたパリ郊外ラ・クールヌーヴの外務省古文書館に収納されているが、条約調印百五十周年当時の二〇〇八年には外務省内の巨大な金庫のような鋼鉄の厚い扉で遮断された古文書室に保管されていた。この原本を見る機会に恵まれたが、カタカナを付した日本語とフランス語、そして「誤訳、誤解、誤読、誤認がないように」（当時の外務省古文書担当部長　イザベル・ナタン）、両国が理解可能な第三国語のオランダ語訳が付記されているので、総計七百四枚の大書だ。

毛筆で書かれた日本語の条約文は墨の匂いが立ち上りそうな鮮やかさで、資料としての存在は知っていたが実際に見るのは初めてというイザベル・ナタンも思わず、「なんて美しい筆跡だろう！」と感嘆の声を上げた。筆頭署名者の水野筑後守（忠徳）以下、永井玄蕃頭（尚志）、井上信濃守（清直）ら幕臣六人の署名者の筆跡からも江戸文化の頂点に立つ当時の教養豊かで折り目正しい徳川幕府の武士の気概が読み取れると同時に、開港開市に対する並々ならぬ決意も伝わる。

フランス側の署名者ジャン＝バティスト＝ルイ・グロが日本語訳では、「ジャン」が「シユワン」、「グロ男爵」が「ゴロノカミ」となっているのはご愛嬌だが、グロはスペインやエジプト、ギリシャとフランスとの係争事件で活躍した後、英仏連合軍が清（中国）に勝利したアロー戦争終結に際してはフランス外交団の首席として出席。清と英仏に加えてアメリカ、ロシアの四ヵ国が天津で調印した「天津条約」（1858年）に署名するなど、「抜け目のない交渉者で困難な任務の専門家」（イヴ・ブリュレ『皇帝の外務省、ナポレオン三世下の外務省物語』）との評判がある熟練外交官だ。

グロは日仏修好通商条約調印後の一八五八年十月二十二日の離日に当たり、時のフランス外相ワレンスキに「我々が今あとにした驚くべき国……我々が全く好感を持ったこの知的で勤勉で精神的な人々」と報告し、日本人を絶賛している。グロは日本から公式の土産品として絹の掛物四十三軸のほか、「エルギン卿（日英修好通商条約署名者）も手に入れなかった程の珍しい書籍、地図、その他の品物など」（日本研究家　スザンヌ・エスマン）を贈られたが、もちろん、グロのこの日本礼賛は高価な土産への〝お返し〟ではない。グロの日本人に対するこうした高い評価が交渉時などの態度にも表れ、日本側の琴線に触れたのだろう。

一方で、フランスをはじめ「条約」調印国が攘夷の主要因である日本の「天皇」と「将軍」による二重権力構造に戸惑っていたことも事実だ。日本語（活字版）の序文は「仏蘭西皇帝と日本大君とは信誼を結ひ両国の人民交易を通して其交際の永く替らすして両国の為利益ある交易の條約を定んと欲して」とあり、日本の国家元首は「大君《タイクン》」、つまり将軍となっている。オランダ語の訳文も「日本国の大君（将軍）」ならカタカナでも「タイクン」と書かれている。

ところが、フランス語の序文では「フランスの皇帝と日本の天皇」となっており、日本の国家元首は「天皇」になっている。従って「両国」も、「両帝国」と明記されている。

フランス外務省の公文書によると、一八五九年九月二十二日の批准に当たり、日仏で次のようなシーンが展開された。ベルクールが、条約文のフランス語の序文では「フランスの皇帝と日本の天皇」となっているところが、批准用に清書された文書では「ミカドの帝国の全権代表タイクン」と書き直されているほか署名者が源家茂（徳川家茂）と漢字で書かれ、その下には麗々しく印璽《いんじ》が押されているのを発見。この印璽について質したところ、通訳の森山多吉郎が「この形態は日本国ミカド（天皇）による批准と変わらない」と回答。さらにベルクールが大君の「源家茂」の署名が自ら筆を取った「自筆」かどうかを確認したところ、森山は大君によって承認された「正確な複製」と答えた。

そこで、ベルクールが批准書ではフランス語の「日本の天皇」を「日本の大君」に書き換えるよう要請し、幕府も合意した。さらに、ベルクールは「ノート」として、欄外に日本が「ミカドの帝国」であり、「ミカド」という名前も初めて登場したことを記した。また、清書する前のオリジナル文では、「（前の文字が）かき消された場所にタイクンという言葉が書かれていた」と書き添えた「ノート」を付記した。二重権力構造によって批准が無効になることを恐れたからだ。

ベルクールはまた、領事及び商業部門代表宛の公文（1860年1月23日）で、アメリカの駐日公使ハリスと意見交換した時、ハリスが披露した逸話も報告している。ハリスは幕府の代表と下田で日米修好通商条約の基本について協議したが、この時、ハリスが商業目的の開港問題で幕府代表と「新潟のほかに港が存在するか否か」を質したところ、「あることはあるが、これらの港は大君に属さず、他の大名たちに属している」と答えた。

そこでハリスが他の大名たちと協議して幕府とは「別個に条約を結ぶことにする」と宣言すると、「それは不可能だ。大名とはいえ大君の許可なしには何もできないからだ。大君自身もミカドの裁可が必要だ」と答えたので、「ではミカドと協議する」というと「それはできない。大君はミカドの実質的な代表だ。大君とのみ、つまり大君の政府とのみ条約を結ぶことができる」と答え、結局、堂々巡りに終わった。

このハリスとの会話から、ベルクールは次のような結論も引き出して報告している。「それぞれが鎖でつながれた大名、大君、ミカドの相互影響による神秘的なゲームが展開している……日本政府のこの受身の抵抗こそ彼らの基本的な要素だ！」。

ベルクールが「ミカド」と「大君」の二重権力構造を日本独特の対外政策上の意図的戦略と皮肉まじりに分析しているところは、いかにも手練手管に長けているフランス外交官的な発想で、深読みも甚だしい誤解だが、お手上げ状態で頭を抱えている様子がわかる。

この問題は他の条約国でも当然ながら問題視され、オールコックは「ミカドは他の大名同様に条約を認めていない！」（1862年3月）と驚きと不安をこめて書き遺している。

この二重権力構造については、フランスの日刊紙『モニトゥール』も文久遣欧使節団がパリを出発後の総括記事「使節団来訪」（1862年5月7日）で、「日本を統治する二人の君主についてては、すでに多くのことが語られているが、今ここに二人の君主の異なる権限について想起することは無駄ではないはずだ」と指摘。「第一のミカドは神秘的で見ることができないが国民の崇拝の対象で公務は指揮していない……第二の君主は江戸に住んでいる。政治権力を行使」とご丁寧に両者の住み分けに言及し、フランス側でもこの問題が一般レベルで話題になっていたことを示している。

イラスト週刊紙『ルモンド・イリュストレ』も〝使節の影〟つまり組頭・柴田貞太郎の役割について説明した記事の中で、「統御に関する偏狭は日本政府の力でもある。ご存じのように日本はKoubo-sama（公方様）に託された一時的権力とダライ・ラマ（天皇）のような精神的権力に分割されている」（4月26日）と述べ、日本の権力構造の特色として解説しているほどだ。

ベルクールら外国勢のこの二重権力構造への不安はアメリカとの日米修好通商条約に署名した大老・井伊直弼の暗殺となって的中する。井伊直弼はベルクールがこの「神秘ゲーム」について書き送った二ヵ月後の一八六〇年三月二十四日（安政7年3月3日）に水戸藩浪士グループに朝廷の「勅許」を得ずに勝手に調印したとして暗殺された。ベルクールの着任半年後だ。米英仏らの圧力で勅許が下されたのは一八六七年だ。

実は徳川幕府もこの二重権力構造を危惧しており、天皇への遠慮もあってフランスが保管している日本語の「条約」の表紙には日本語で「仮条約」と筆で明記してある。日本側の条約文にこの文字があったのかどうか——。

一般的に「安政の五ヵ国条約」と呼ばれる条約に関しては「不平等条約」と指摘されている。確かに、日本は関税自主権を失い、片務的な関税率や治外法権などを課されている。第六条ではフランス人が日本人に対して犯罪を犯した場合は「仏蘭西領事の前で仏蘭西法によって裁かれる」と治外法規も明記されており、約二百五十年間の鎖国・日本の国際的無知を利用したような条項も多々ある。

もっとも、明治のジャーナリスト徳富蘇峰は日本側の交渉者の顔ぶれが違っていれば、「あるいはより以上のもの（条約）ができたかもしれぬが、それよりも十中の八、九は、より以下のものができたかもしれない」と述べ、条約の内容に及第点を与えている。蘇峰としては、一連の五ヵ国条約の基本となった「日米修好通商条約」の担当者で、時に恫喝外交を行なった駐日アメリカ公使ハリスをはじめ各国公使らと、様々な悪条件を抱えながら交渉に当たった幕府の交渉人としての能力を褒めてやりたかったのだろう。

実は「不平等条約」と指摘されるようになったのは明治維新以降だ。「勝てば官軍」で、徳川幕府が音頭をとった条約に対する明治政府の反発があったとの指摘がある。もっとも前任者の実績は全て否定か抹殺することから始めるというのは、古今東西を問わない時の権力者の常套手段ではある。

一方、外国側にとっても、この条約は「不平等」だった。フランス側が条約改正交渉で主張したように、外交官以外の外国人は日本の国内旅行が原則禁止されており、外国人商人を中心に自由往来ができずに支障をきたしていた。外交官さえもが実質的には自由に往来できないどころか攘夷の脅威に晒されていた。

同様の条約はその後、ポルトガル（1860年）、プロシャ＝ドイツ（61年）、スイス（64年）、ベルギー、イタリア、デンマーク（66年）、スペイン、スウェーデン、ノルウェー（明治維新後の68年）、オーストリア・ハンガリー（69年）とも結ばれた。

諭吉はヨーロッパから帰国後、《外国交際》について次のように書いた。マルタ島で英仏どちらの国が使節団を最初に迎えるかで綱引きをしたことに加え、条約改正が難航したことで、日本人には開国まで馴染みのなかった「外交」と「条約」の重要性を身にしみて感じたからだ。《西洋の諸国はその風俗言語各々異同あれども、新たに開《ひらけ》たる支那、日本の風俗と西洋の風俗と相異なるが如くならず。その各国交際の模様を譬えて云えば、日本の諸侯の国々にて互に附《つき》合《あい》するが如し》（『西洋事情』）と近所付き合いに例えて《外交》を説明。《各国の人民此彼《しひ》相往来して、商売は勿論、婚姻をも取結び、その君主も互に好《よしみ》を結び、吉凶相賀吊（弔）し緩急相救うの風なり》と互いに吉事を祝い、凶事には弔い、危急の時には助け合うと具体的に説明。そのうえで、《然れども元と何れも独立の国にて制度一様ならざるが故に、その争端を防ぐ為め各国互に約束を結で、懇親を固くし交易を便にするもの、之を条約と名づく》と「条約」を定義し、「外交」の基盤をなす主要素が「条約」と解説した。

5 「ハウス・ヲフ・コムモン」の真髄に触れる

諭吉にとって、ロニは通訳、ガイド以上の役目を果たしてくれたが、もし、ロニがいなかったら、《ハウス・ヲフ・コムモン》に関する興味を持たずに春のパリを後にしたのではないかと考え、ロニに改めて感謝した。パリ滞在も残り少なくなった四月二十四日、一行が夕食時に前日の二十三日に見学した動物園や競馬場、気球について興奮も冷めやらずに話している間、諭吉はロニが口にした《ハウス・ヲフ・コムモン》なるものについて考えを巡らせていたので、好物のワインも控えめに飲んだ。

夕食後、部屋に引き揚げてから、呼吸を整えて、《巴理にハウス・ヲフ・コムモン＝共和議事堂の義＝なる者あり。国政の大に関する所なり》（『西航記』4月24日）とまず一気に記し、国政について最も重要な決定機関であると定義した。次いで、国民を各地域毎に《各二萬五千人》に分け、各地域から一人を選出して《デピュト＝衆民名代の義＝となし》（同）と選出方法を示し、その《デピュト（議員）》が《ハウス・ヲフ・コムモン》という場所に行って《国政を参り議す》と仕組みを説明した。

この《デピュト》は《貴賤貧富》を問わず、《唯人望の属する所を以て其任に当る》と階級を問わず人望があれば誰でもが等しく《デピュト》になれるという《ハウス・ヲフ・コムモン》の最大の特徴を書き留めるころには筆が走り出していた。そして、この《デピュト》の論議するところは《即ち国民の意》と書きながら、これこそが「咸臨丸」で渡米した時、アメリカ人たちが口にしていた「民主主義」という思想の基本ではないかと気が付いた。また、《全く政府の吏人と異なり》とも付け加え、役人とは役割を別にすることも書き添えた。

さらにロニから聞き質した《仏蘭西国中にデピュト三百四、五十名あり》とフランスにおける《ハウス・ヲフ・コムモン》の《デピュト》の定員、つまり国民の代表者の人数を記し、《政府にて事を施行するときは必ず先づハウス・ヲフ・コムモンと商議せざるを得ず》と具体的に国政の最高決定機関であることを繰り返し説明した。そのうえで、《毎年第一月より第五月に至るまでは巴理に会し、ハウス・ヲフ・コムモンに於て国政を議す》と会期も明記。最後に《デピュトを撰ぶには貴賤貧富を論ぜず》と重ねて書き、「門閥は親の仇」をフランスが革命以来、実施していることに感動した。《年三十歳以下の者と嘗て法を犯せる者は此撰に當ることを得ず》と議員の立候補条件も記した。

諭吉はここまで一気に書きながら、《デピュト》が《衆民名代》、つまり国民の代表として政治を行なうという民主政治こそ、漠然と思い描いていた開国後の近代日本の政治のあり方だとの確信を持ち、体中が熱くなってきた。そして、江戸を出発する時に感じた今回のヨーロッパ訪問で何かとてつもないことに出会うという予感は、この《ハウス・ヲフ・コムモン》の真髄である「民主主義」と出会うことでもあったのだと思い当たった。そう、諭吉は自分ではこの時、気が付かなかったが、「啓蒙思想家・福澤諭吉」が誕生した瞬間でもあった。

　諭吉がこの時、生み出した《選挙》という言葉はその後、訳語として定着する。また「議員と役人」の区別にいち早く着目し、国民が選出した「議員」は「役人」の上、つまり「国民」が「お上」の上なのだという新たな発見もした。徳川幕府による一種の独裁政治が続く中、諭吉がいかに《ハウス・ヲフ・コムモン》に強烈に魅了されたかは、この簡潔にして明快、しかも力のこもった文章から十分に知れる。諭吉はこのメモから発展させて、《政治》に関し、『西洋事情』で次のように解説した。

《政治に三様あり。曰く立君＝モナルキ＝礼楽征伐（適正な秩序を維持するための礼法・文化と軍備体制）一君より出ず。曰く貴族合議＝アリストカラシ＝国内の貴族名家相集て国政を行う。曰く共和政治＝レポブリック＝門地貴賤を論ぜず人望の属する者を立てゝ主長となし国民一般と協議して政を為す》と説明し、三様の政治形態の中で国民を代表する議員が構成する《ハウス・ヲフ・コムモン》による《共和政治》が最良との考えを明確に主張。さらに、《欧羅巴政学家の説に、凡そ文明の政治と称するものには六ヶ条の要訣ありと云えり》として民主主義政治の条件として六ヶ条を挙げた。

　まず、第一条に、《自由任意》を挙げ、《固《もと》より門閥を論ずることなく、朝廷の位を以て人を軽蔑せず、上下貴賤各々その所を得て、毫《ごう》も他人の自由を妨げずして、天稟《てんぴん》の才力を伸べしむるを趣旨とす》と述べ、《門閥》や《上下貴賤》の別なく、《人を軽蔑せず》、個人の《天稟の才力》を《自由》に伸ばすことが可能な民主国家の基本精神を挙げた。諭吉が最も感動した民主主義を基盤とした議会政治の真髄である。

第二条では《信教》の自由を挙げた。ヨーロッパはもとより日本でも宗教が政治と結びつき、「信教の自由」を認めずに不寛容になった結果、引き起こされた悲劇が枚挙にいとまがないことは歴史が証明しているからだ。イスラム教を歪曲変節して利用するテロ集団「イスラム国（ＩＳ）」のテロに世界中が苦悩する現在、諭吉はなんと先見の明に富んでいたことか。

第三条では《技術（芸術）文学を励まして新発明の路を開くこと》として、文芸や科学技術の振興を説いた。第四条で《学校を建て人才を教育すること》を挙げ、学校教育と人才の育成が民主主義の基盤であることも指摘。学問や芸術、文学などの人材教育が国家の基本であることを示した。

『西洋事情』の《学校》の項で、《西洋各国の都府は固《もと》より村落に至るまでも学校あらざる所なし》と全国の市町村に学校があることを羨望を込めて書いたのも、公平な学校教育を行ない、広く人材を育てることが民主政治の基盤になると考えたからだ。最も基本となる小学校については《六、七歳、男女皆学校に入る》と説明し、《文字を学び、漸《ようや》くして自国の歴史、地理、算術、天文、窮理学の初歩、詩、画、音楽等を学ぶ》とも述べている。日本がフランスなどの先進国を抜いて常に識字率が高いのも明治維新後の義務教育がきちんと実施された賜物だ。

その《学校》の項目の前に、《文学技術》を説明したのは諭吉が単に読み書きや算数ができても人間生活を豊かにすることはできないことをヨーロッパ旅行で実感したからでもある。《往古希臘《ギリシア》の学一度《ひとた》び衰え、これを恢復したるものは亜喇伯《アラビア》人にて、その科は専ら測量学、医学、理学（科学）を勉めり》と述べ、ロジャー・ベーコン（13世紀の英哲学者）やルネ・デカルト（16－17世紀の仏哲学者）、ガリレオ（同、伊天文学者）、ニュートン（17－18世紀の英物理学者）らの例を引用。《千七百年代の初より現今に至るまで大発明と称すべきものは、蒸気機関、蒸気船、蒸気車、伝信機、牛痘……新器械を発明したること枚挙するに遑《いとま》あらず》と指摘した。「アート」の日本語訳には当初、《技術》が当てられたが、これは「芸術、文化」を指す。

第五条で《保任安穏（保証があり安泰なこと）》として政治の安定こそ社会や経済、ひいては人間生活の安泰の基盤であると指摘している。この項では、《仏蘭西帝所有の金を英国の為替問屋へ預けしと云うも、その制度の固くして頼むべき所あるの一証なり》と説明しているが、当時からフランスが皇帝の所持金さえイギリスに預けるなどフランスに比べてイギリスの金融制度が堅固堅調だったことがわかり、興味深い。

第六条では《人民飢寒の患《うれい》なからしむること》として「病院、貧院」の必要性、つまり国民の健康を保障する社会保障制度の必要性と充実を挙げている。「病院」に対する熱心な取材で得た結論でもある。

これら六ヶ条はいずれも民主国家にとって不可欠な基本的要素である。恐るべき諭吉の先見の明と鋭い洞察力だ。「日本のヴォルテール」と呼ばれるのは単に安易な西洋人との比較、比喩、形容詞では決してないことが納得できる。その点、諭吉をこう評した徳富蘇峰もまた明治最大の知識人といえる。

ただ、秀才青年・諭吉の知性をもってしても、まったくの未知の制度を理解することは容易ではなかった。諭吉は、《政治上の事に就ては竜動《ロンドン》、巴里等に逗留中、色々な人に逢うて色々な事を聞たが、固《もと》よりその事柄の由来を知らぬから能《よ》く分る訳けもない》、としばしば理解に苦しんだことを告白している。この民主主義の基盤である《選挙》についても、《選挙法と云うような事が皆無分らない……選挙法とは如何《どん》な法律で議院とは如何な役所かと尋ねると、彼方《あっち》の人は只笑て居る》という状態だった。

幸いなことに諭吉は徒士目付・福田作太郎から「英国国制」の「探索」を命じられ、ロンドンでは講師から講義を受ける機会を与えられた。その講義録は日本語に訳す暇がなかったので、オランダ語でメモすることが多く、黒革の手帳『西航手帳』の百十五葉から百三十五葉までの二十一葉は、びっしりとオランダ語で記載している。

福田作太郎は使節団一行にそれぞれ課題別の「探索」を指令し、帰国後にレポートを提出させ、使節団の正式な報告書を作成したとみられるが明治維新の際に行方不明になった。明治新政府にこの報告書の歴史的重要性に気が付く慧眼の人がいなかったことは残念至極だ。幸いなことに下書きとみられる『福田作太郎筆記』（全27巻）のうち遣欧使節団関係十巻（東京大学史料編纂所）が保存されている。その中の『英国探索』の「多くの部分に、『西航手帳』の記事とおなじものが見出される」（富田正文・長尾政憲『西航手帳』解読・解説）ので、この項は諭吉が執筆したと考えてもよさそうだ。

諭吉にとっても、このロンドンでの講義は生涯忘れることのない貴重な体験、思い出となった。いわば政治や制度にはシロウトのロニと異なり、講義をした「英国逗留の和蘭人医師シンモン・ベリヘンテ（オランダ人医師シモン・ベリテント、あるいはシモン・ベリンファンテ）」（福田作太郎『英国探索』）はイギリス政府が使節団に正式に推薦した専門家である。諭吉は《政治》の項に《欧羅巴政学家》とだけ記したが、《ハウス・ヲフ・コムモン》についても、諭吉の疑問点に答えて、懇切丁寧に解説してくれた。

諭吉はイギリスの議会制度については上下両院の構成のほかに、特に一八三二年の選挙法改正法で誕生した《10Kandidaat（10ポンド候補者）》（『西航手帳』１０９葉）に興味を持った。それまで下院議員を選出する選挙権は貴族など特権階級のみに与えられていたが、産業革命で増加した中産階級のうち、十ポンド以上の地税納税者にも選挙権が与えられ、多少民主化が進んだからだ。黒革の手帳『西航手帳』には日本語に訳す時間を惜しんで、英語やオランダ語で講義内容を夢中で記した。イギリスの軍事力や死刑、売春制度まで幅広く知ることができ、この講義の時間は諭吉にとって、新知識に浸る至福の時でもあった。

フランスについても、ロニの雑談と異なり、目まぐるしく変わった体制について、克明に講義してくれた。諭吉も《フランス国。一七九三年から今日まで七回の変化》と記し、フランス革命後の共和制宣言から国王処刑、共和制憲法成立、ナポレオンによる総裁政府成立、それに続く第一帝政、王政復古、第二共和制、第二帝政に至る複雑な歴史を理解した。

そのうえで、《一八五一年十二月二日のクーデタ、戒厳令布告、十二月二十一日の国民投票、クーデタの承認、五二年一月、新憲法発布、大統領任期十年、十二月二日帝位》とも記し、第二共和制(1848―52年)時代に選挙で選出されて大統領に就任したルイ・ナポレオンがクーデタによって帝位に就き、ナポレオン三世を名乗って第二帝政時代が誕生した劇的な経緯も微細に知ることができた。

このオランダ人医師について、諭吉は質問に忙しく、経歴などは聞き損なったが、「一八五一年の大統領ルイ・ナポレオンのクーデタによって、パリからロンドンに亡命した急進主義者の一人ではなかったかとみられる」(岩波書店刊、日本思想大系66、『西洋見聞集』所収、松沢弘陽「さまざまな西洋見聞」)と指摘されている。反ナポレオン三世、反帝政主義者であったわけだ。フランスの複雑な政情と歴史に精通していたことも、ベリヘンテがパリにいた証左である。ナポレオン三世のクーデタに関しては多数の知識人が反対して亡命生活を選んだ。国民的作家で共和主義者として未だにフランス国民から敬愛されているヴィクトル・ユゴーはその代表格だ。ブリュッセルに亡命中に上梓したのが、共和制への希求とパリの街への望郷の思いに溢れた傑作『レ・ミゼラブル』だ。

ナポレオン三世は一八四八年二月革命で樹立した第二共和制の新憲法下で実施された大統領選でナポレオンの甥ルイ・ナポレオンとして出馬。過半数を二百万票以上も上回る五百四十万票、得票率七四パーセントを獲得して当選した。ひとえに「ナポレオン」という名前の持つ威光のおかげだ。大統領選に出馬したものの約八千票しか得票できなかった詩人のラ・マルティーヌは、「あの名前には勝てない」と嘆く以外なかった。

一八四八年十二月二十日付の『イリュストラシオン』は一面トップで第二共和制の新大統領ルイ・ナポレオンがエリゼ宮（大統領府）入りするニュースを大々的に報じた。三十三年前のエリゼ宮（皇帝の公邸の一つ）で伯父がワーテルローの戦いに出発する前夜、涙をいっぱい浮かべて、「戦争に行かないで！　同盟軍に殺されてしまう！」と哀願した七歳の少年は、大統領に就任した時はちょうど四十歳、風采の上がらない独身の中年男になっていた。

そして大方のフランス人が予期した通り、一八五一年十二月のクーデタで第二帝政を樹立し、皇帝に就任した。大統領に就任した時の誓いの言葉で「単一不可分」という単語を使ったからだ。この言葉は本来、フランス革命に始まる共和制に忠実であることを表明するものだが、同時に国民的統一も意味する。伯父のナポレオンはこの言葉をクーデタで皇帝に就任した時に使い、皇帝による一種の独裁政治を正当化した。

国民はエリートが考えるよりずっと国の将来に対しての第六感が働く。特にフランス人は何度も体制が変わり、トップがアッという間に変わる度に「王様は死んだ！　王様万歳！」と叫び、身を守ってきた遺伝子がある。しかも第二共和制の憲法第四十五条では、①大統領は四年ごとに初代大統領選が実施された五月の第二日曜日に大統領選を実施する②再選禁止の二項が明記されていた。従って、ルイ・ナポレオンの任期は一八五二年五月に自動的に終了することになっていた。

大統領職を続行したければ憲法を改正するか有無を言わせぬクーデタしか選択の余地はない。次期大統領を夢見て、「一八五二年五月の第二日曜のご利益を祝いあっていた」（カール・マルクス『ルイ・ボナパルトのブリュメール十八日』）議員が憲法改正に反対することは明白だ。ロンドンに亡命中のルイ・フィリップが再度の王政復古の準備をしているとの噂もあった。さらにナポレオン崇拝が信仰化していた軍隊や国民にもクーデタへの潜在的期待があった。クーデタは大統領就任時から、いわば既成の事実でもあった。

クーデタに反対したトクヴィルは議員や大臣として大統領時代のルイ・ナポレオンに仕えたので、次のように一定の評価もしている。伯父のナポレオンが失脚後、外国を転々とし、何度も地位奪還のための反乱を試みては失敗し、放蕩のあげくに母親オルタンスの遺産も使い果たした過去を踏まえて、「彼の前歴やその馬鹿げた過去の行動によって、彼がそうした種類の人物なのだと判断しても不思議ではないが、実際はこうした判断で考えるより、ずっと優れた人物だった」（『フランス二月革命の日々——トクヴィル回想録』）と。

ナポレオン三世は反乱失敗で収監された仏北西部アムの獄中で愛読した十八世紀の社会主義

思想家サン・シモンの産業階級重視の思想に強い影響を受け、社会主義を夢想する理想家の面があった。「破壊屋」と陰口を叩かれたセーヌ県知事・ジョルジュ・オスマン男爵に命じて、曲がりくねった道路が多く、汚濁と悪臭に満ちたパリの街を大通りと広場を増設して明るい陽光が差し込む街に一新させた。光の芸術とも呼ばれる「印象派」の誕生もこの「パリ大改造」の賜物でもある。もっとも「曲がりくねった道路」は革命騒動に都合が良いから「大改造した」との指摘もある。脚が短く胴体が長いため乗馬姿だけは立派だったので、サン・シモン主義への傾倒を皮肉る意味もあって、「馬上のサン・シモン」と渾名された。

トクヴィルは議員選挙でも大統領選でも彼に投票しなかった。政治経験ゼロのルイ・ナポレオンが名前の威力だけで大統領に当選した後に、さらに皇帝の座を狙うと早くも予測したからだ。自分も参加した二月革命でやっと手に入れた第二共和制が脆くも崩壊することを危惧していた。当然ながら一八五一年十二月のクーデタにも反対して逮捕された。以後は公職を辞し、『旧制度《アンシャン・レジーム》とフランス革命』『アメリカの民主主義』など著作の執筆に心血を注いだ。

第二帝政時代はルイ・ナポレオンが「ナポレオン」という名前の威力だけで第二共和制の大統領選制度を利用して皇位に就いた点で、共和政治の産物ともいえる奇妙な体制だった。クーデタは国民投票で追認されたとはいえ、国民議会（下院）、つまり《ハウス・ヲフ・コムモン》には反対派はゼロというまったくの独裁政治だった。

皇帝就任から五年後の一八五七年の選挙でやっと、反皇帝派が当選したのをきっかけに六〇年以降、議会の皇帝に対する上奏権承認、財政権限拡大、議員討論の公開性の回復など「自由帝政」が開始されたところだった。

フランスの歴史家ジャン・ドゥロルムはナポレオン三世とその時代に関し、「理想主義者で夢想家で綿密さに欠け、陰謀家としての長い過去によって虚偽に慣れたナポレオン三世の複雑な性格を反映した第二帝政は対照の強い時代」(『年表世界史』)と述べ、銀行と大経営会社を発展させた土地立法（1856年）などに基づく前例のないブルジョア的繁栄の影で財政的歪みが増長されたうえ、帝政という独裁政権による様々な圧迫が普仏戦争におけるフランスの敗北とナポレオン三世の失脚を準備したと総括している。

諭吉も《共和政治》の代表格として、フランスではなく、アメリカ合衆国を挙げ、《亜米利加合衆国を以て最とす。亜米利加は建国以来既に百年に近しと雖も、嘗《かつ》て国法の破れたることなし》(『西洋事情』)と指摘。ナポレオン三世による帝政のフランスやイギリスやオランダのように王政が依然として続き、旧制度から抜け出しきれない旧大陸ヨーロッパに代わって新大陸のアメリカ合衆国が二十世紀以降の世界のリーダーになることを早くも予見している。

諭吉は新興国アメリカに関しては、大いなる期待を込めて終始一貫興味を寄せていた。《千七百七十六年第七月四日、亜米利加十三州独立の檄文》(同「亜米利加合衆国」)も翻訳、紹介している。この「檄文」にある《天ノ人ヲ生スルハ、億兆皆同一徹ニテ之ニ附輿スルニ動カス可カラサルノ通義ヲ以テス》は『学問のすゝめ』の初編冒頭で、《天は人の上に人を造らず、人の下に人を造らずと云えり。去れば天より人を生ずるには万人は万人皆同じ位にして、生まれながらの貴賤上下なく、万物の霊たる身と心との働きを以て、天地の間にあるように天にあるよろずの物を資り、以て衣食住の用を達し、自由自在、互いに人の妨げをなさずして、各々安楽にこの世をわたらしめ給うの趣意なり》の名文で紹介され、広く人口に膾炙されることになる。

ナポレオン三世については、《欧洲第一の政治家と持囃《もてはや》されてエライ勢力であった》と帰国後、豪華絢爛たるパリでの思い出を振り返る一方で、《策略《はかりごと》を以て天子となり……一頃零落して一銭なしに諸国を流浪せし》(『條約十一ヵ国記』)と説明したのはこの時の講義で得た知識だ。ロニの父親もクーデタによる皇帝就任に反対して亡命しているので、ロニの口調からもナポレオン三世に対する胡散臭さを感じていた。

ベリヘンテが講師に選ばれたのはオランダ語を話すほか英仏の政治事情に精通していたうえ、第三者の外国人として厳しい目でフランスの目まぐるしく変わる体制を見詰め、フランス人特有の為政者たちのエゴイストぶりに悲憤慷慨していたところが、フランスを常にライバル視している英政府に気に入られたのだろうか。

一方、ベリヘンテとしては、このパリで耳にした《ハウス・ヲフ・コムモン》に興味を抱き、質問を熱心に繰り返す極東からやってきた青年に興味を抱き、アジア、特にその中でも文化度が最も高い日本に民主主義の未来を託して講義にも自然と力が入ったのかもしれない。

諭吉が議会制度を《ハウス・ヲフ・コムモン》と英語の名称で記したのはロニやベリヘンテが英語やオランダ語で説明したからだが、フランスの議会制度は議員を選出するという点ではフランス革命が勃発した一七八九年を起源とするものの、議会の名称は時代によって変化した。フランス革命期に使われた最初の名称「Assemblée Nationale（国民議会）」が次に登場するのは一八四八年二月革命で誕生した第二共和制だ。その後も体制が変わるたびに名称も異なり、第二次世界大戦後の一九四六年に発足した第四共和制でやっと復活し、現在の第五共和制でも引き続き使われている。諭吉が転々と変わるフランス議会の名称を使わずに英語の《ハウス・ヲフ・コムモン》を採用したのはその点でも正解だった。

諭吉は前日、一行を「呆然」とさせた「気球」を見逃したのはちょっと残念に思ったが、《ハウス・ヲフ・コムモン》に出会ったことで大いに満足したので少しも後悔はしなかった。もっとも幸運にも四ヵ月後、ペテルブルクの迎賓館に滞在中に偶然、ネヴァ河の上空を飛ぶ気球を観察する機会に恵まれた。夕暮れに何気なしに空を見上げたら、《風船に乗て旅館の上を過る者》が認められた。あわてて望遠鏡で視てみると、船内に二人の人影がみえた。《船の前後に旗を掛け》ており、《南東の方に飛去り》、やがて消えてしまった（『西航記』8月31日）。これがパリの競馬場で朋輩たちが見た「気球」というものにちがいないと思い、諭吉も驚きのために、しばらく呆然と夕闇の中に佇んでいた。

諭吉はパリで是非、宿舎の「オテル・デュ・ルーヴル」とはセーヌ河を挟んでほぼ反対側の左岸にある《ハウス・ヲフ・コムモン》、つまり、「国民議会＝下院」を見学したいと考えた。ロニはもとよりランベールにも何度か頼んだが、なかなか外務省からの返事がこなかった。たしかに「自由帝政時代」とはいえ、外務省が議会の見学、それも諭吉のような下級武士のために便宜を図るわけもなかった。ロニは「ナポレオン三世による第二帝政時代ですからね……」と言葉を濁すばかりだった。そうなると余計、見学したくなるが、さすがの諭吉もパリの出立日が近づくにつれ、これ以上、ねばっても無駄かと諦めの境地に達した。

6 ジャルダン・デ・プラント（植物園）を訪ねる

諭吉はパリでの交渉が行き詰まり、フランス外相トゥヴネルから三使節が「ひとまず交渉を打ち切ってロンドンに行かれたら」と勧められていると知り、パリを出立する前に「ジャルダン・デ・プラント（植物園）」を見学することを思い立った。〝洋学三人組〟の松木と箕作が他の医師など数人と数日前に訪問したこの「広大な庭」が、「なかなか面白かった」と言っていたからだ。

松木らの通訳として同行したロニに「見学」を相談したら、「あそこは私が中国語を学んだ古巣です。次の土曜日（4月26日）には〝公務〟がありませんから一緒に行きましょう」と快諾してくれた。ロニは医師でも高官でもない諭吉がしばしば見学リストから外されるのを気の毒に思っていた。

ロニが毎日、諭吉のところに持参する『ルタン』には、「昨日（4月19日）数人の医師と士官」が「植物園」を訪問したニュースが掲載されていた。同紙はその時の情景を、「あらゆるものがかれらの興味を強く引いた……一人の医師は（植物園内の）博物館で最も特徴があると考えたものに関し、驚異的にメモを取り、日本のいくつかの植物の種を持参してきているので、それをヨーロッパ産のタネと交換したいと申し出た」（4月20日）と報じた。

この「医師」は箕作のことだ。『モニトゥール』は前日の四月十八日に見学した銀製品製作所クリストフルで、「医師・箕作は様々な作業の材料についてノートを取った」（4月26日）と名前入りで報じた。学者然とした箕作が熱心にメモする姿は同行記者らの注目を集めていた。箕作もロニにこれらの記事を見せられて「自分のことだ」と苦笑した。

その日の朝、ロニは「植物園」の場所は「昨日、お友達と行ったマラケ河岸書店からさらに南西に行ったところ」だと説明した。昨日（4月25日）は松木ら〝洋学三人組〟でセーヌ河左岸のマラケ河岸にある「民間技術に関する工業書店」（『モニトゥール』26日）に行き、「織物、博物、工業化学、機械技術、科学技術に関する書籍を大量に購入」（同）するのを手伝った。諭吉は禁足解禁の初日の十四日に「ドラロック兄弟書店」でやはり書物を購入した時と同様に新聞各紙がこの「書店訪問」も記事にしたことに、「日本の文明度の高さを認めた証左」として満足したが、今回は「医師・松木とその同僚二人」（同）と松木の名前を挙げていた。

諭吉は、この書店訪問について、『モニトゥール』が熱心にメモを取るが地味な箕作や書生っぽい諭吉と異なり、物腰が落ち着いていて品格もある「ドクター松木」の名前を挙げたことに対して、「フランス人は結構、人を見分ける能力がありそうだ。パリを訪問する各国の種々の人間を見ているので自然と観察眼が養われたのだろう」と感心した。称号好きのフランス人は箕作も松木同様にドクターの称号があることは承知していた。

そのマラケ河岸を通りすぎ、ノートルダム大寺院を左手に臨みながらセーヌ河の下流に向かって歩みを進めた。土曜日のせいか昨日と異なり、のんびりとした雰囲気が漂っている街並みを眺めながら、諭吉は「これまでゆっくりと街の散策を楽しんだことがなかった」と振り返った。条約改正交渉が難航し、他の条約国を回った後、帰国を前にパリを再訪することが決まったので、その時にまた、ゆっくりと見物しようとも心に決めた。

また条約改正交渉を急がずに、再交渉することは各国との比較もできるので「そんなに悪いことではない。変に妥協する必要はない」とも思った。「フランスはきっと、イギリスの出方も待っているのだろう」と、マルタでの最初の上陸国をフランスかイギリスのどちらにするかで二転三転したことも思い出した。

ロニからフランス側が通訳問題で難色を示しており、交渉の進展にも支障をきたしていると聞いていたが、日本一の英語使いといわれる森山多吉郎はロンドンで合流することになっているので通訳問題も解消されるだろうと、その点は安心した。ただ、諭吉は多吉郎に英語を習おうと夜討ち朝駆けを約一ヵ月続けたが門前払いされているので、自分が勝手に押しかけたことや多吉郎が多忙であることは重々承知しながらも、「もう少し、日本の将来という観点から協力してくれても良かったのに」と多少、不満だった。

また若者らしく、不遜にも「森山氏程度にはそろそろ英語を使えるが、自分にとって語学はあくまでも正確で詳細な知識を得るための道具であり、目的ではない」と自負していた。ただ多吉郎の動向は多少、気になり、ロンドン到着後に《森山氏シュエズまで至ると聞けり》（『西航記』5月17日）、《森山潤側氏着》（同、5月30日）と記した。

パリでの交渉は九日の表敬訪問後、十五、十六、十九、二十二日と四回行なわれたが大阪と江戸の二市、新潟と兵庫の二港の開市開港で基本合意したものの、延長年数などを巡っては妥協点に至らなかった。従って諭吉の翻訳の仕事もなかった。三使が二十八日にトゥヴネルに別れの挨拶をした後、一行は三十日にはパリを出発して次の訪問国イギリスの首都ロンドンに向かうことになっていた。

諭吉がそんなことを考えながら宿舎から南西方面にセーヌ河の流れに沿って歩いていくと、立派な門の前に出た。宿舎を出てから一時間ほど経っていた。ロニは、「実はここは裏門です。正面はこの真後ろにありますが植物園を見るにはここから入ったほうが便利です」と説明しながら、ずんずん進んでいく。真っ直ぐに延びた歩道を挟んだ両側には赤や黄色の色鮮やかな花が咲き乱れる花壇（長さ500メートル、3ヘクタール）が広がっていた。「ポピーという花です」とロニが教えてくれた。花壇には「高山植物」の一角もあり、モロッコやコーカサス、ヒマラヤ、北アメリカなど外国産の草木に混じってアルプスやピレネー山脈などの草木が植えられていた。

花壇に沿って延びている歩道の両側にはプラタナスの木が葉を繁らせていた。その一角には「歴史的樹木」との標識が立っており、一七三四年に植樹されたレバノンのヒマラヤ杉や樹齢二百二十年の二葉のイチョウが並んでいた。一七四七年にタネをまき、三十年後に花が咲いたといわれる日本のエンジュの木もある。「どういう経緯で日本のタネを入手したのかはわかりません」とロニも首を傾げた。その傍らで庭師が土を掘り起こしていたので、「何をしているのか」とロニが尋ねると、アメリカから到着したばかりの二本の黒クルミの木を植樹するのだと答えた。

この時、諭吉もロニも予想だにしなかった。まさか百年余り後にこの並木に日本の桜五本が加わり、毎年、「この桜が咲くことで春が訪れたと気が付く。ほかの木の花はその年の気候によって左右されるが桜だけは強い木なので気候の変化をあまり受けない。フランスの気候にも適しており栽培も難しくない」（植樹責任者ベルナール・ビュロー）と賛辞されることを。諭吉らが訪問したちょうど四月中旬には日本の八重桜に似た濃いピンクの花が満開になり、フランス人たちが花見をすることも。

木の下の札には、二〇一六年四月現在、「日本の桜」と明記されている。ビュローによると、

「五十年ほど前に日本の山桜とスモモの木の接木を促成栽培して五本植えた」という。ビュローは日本生まれの桜が強い木である証拠として、一九九九年の記録的な暴風雨によってなぎ倒されたのは五本のうち一本だけだったと得意げに述べた。この時、ヴェルサイユ宮殿の庭園では約一千本の樫の木などが根こそぎなぎ倒されたので植樹問題が国家的懸案事項となった。

「それにしても、フランス人というのはまったく、草木や樹木さえも整然と植えないと気がすまないのだ。風流とか侘び、寂びなどという言葉は存在しないにちがいない」と諭吉は苦笑した。諭吉自身、日本ではまったく使わない単語だが、念のためにロニに説明して訳語を聞いてみたが、やはりはかばかしい答えはかえってこなかった。普段は日本的情緒とは無縁の諭吉も、パリの街路樹がものさしで測ったようにきっちりと刈り込まれ、四月二十一日に三使節らが訪問したヴェルサイユ宮殿の庭園もシンメトリーに樹木や

上：ジャルダン・デ・プラント（植物園）の花壇
下：同植物園の「日本の桜」

噴水、彫刻が配置されており、極めて人工的な庭園だったと聞いた。

　歩道の先に立派な銅像が立っていた。ハトが止まった左手を上に掲げ、ライオンの背にどっかと腰を下ろしている。諭吉が質問する前に、「これがこの植樹園の生みの親ともいえる自然王ビュフォンです」とロニが重々しく告げた。ロニによると、ルイ十五世が一七三九年にこの「植物園」のIntendant（長官）、つまり最高責任者に弱冠三十一歳のジョルジュ＝ルイ・ルクレーク（通称ビュフォン伯、1707―88年）を「あらゆる適性を備えている」（イヴ・レシュ『ビュフォン　自然王』）として任命したのだという。

　ロニは一六三五年に王家の最初の専属医師が実質的宰相のリシュリューを味方にルイ十三世を説得して薬草園を創設したのだ、と起源も教えてくれた。その結果、医師が責任者を代々務めた関係上、薬草の研究から医学に必要な化学や解剖学の研究も加わり、同時に西インド諸島など遠方に研究者が派遣されて、珍しい植物も集められたのだという。

　その夜、諭吉が《薬園に至る》（『西航記』4月26日）と記したのも、ロニがこの誕生の経緯を説明したからだ。その後、動物園や博物館も敷地内にあるところから《禽獣草木園》と訳語を変えた。《薬園は唯《た》だ草木のみならず禽獣魚蟲玉石に至るまで全世界の物品を集たる所なり》と記しながら、「フランス人ていうのは何でも徹底的にやらないと気がすまないタチなんだ」と、昼間見学した「植物園」内のいくつかの「ギャラリー（陳列館）」の様子を振り返って慨嘆した。

ロニの説明によると、この医師らの化学や解剖学の研究が「歴史キャビン（研究室）」の誕生に繋がり、この「歴史キャビン」を中心にいくつかの「ギャラリー」が建ち、それらを総合して「自然史博物館」と呼ばれている、ということだった。

「自然史博物館」の住所は現在、「ジャルダン・デ・プラント（植物園）内―パリ五区キュヴィエ通り五十七番地」と記載されることが多い。庭園は通常、城館などの建物に付属した形で造園されるが、「植物園」の場合は「自然史博物館」に先んじて誕生したうえ、世界各国の樹木や草花が生い茂る広大な庭園そのものが他に類を見ない「植物園」として、世界でも稀で固有な存在だからだ。

森羅万象に興味を持ち、知識欲旺盛で典型的なフランスの百科全書型の人物であるビュフォンは以後、死去するまでの五十年間、フランスで最も重要な施設の長として腕を振るった。「植物園」の敷地を現在の二十三・五ヘクタールに拡張し、珍しい外国産の草木一千種類余りを植樹し、「植物学校」を創設して植物の栽培の専門家を育成するなど「植物園」の基礎を作った。四十年かけて三十六巻の長大作『博物誌』も上梓した。

ビュフォンは「歴史キャビン」に関しても、優れた研究者を集めて、地球の年齢から生物の誕生、動物や人類の誕生などの歴史を理解することを目標にし、アンシャン・レジーム（革命前の旧体制）時代のフランスにおける唯一無比の「科学研究所」に仕立てあげた。

この伝統は脈々と引き継がれ、一八九六年にアントワンヌ・ベクレルがウラン塩から放射線が出ていることを発見したのも、「自然史博物館」内の実験室で写真技術を使って蛍光を固定する実験の最中だった。「自然史博物館はフランスの科学研究や写真技術の発展と大いに関係がある」（自然史博物館付属研究図書館の元学芸員主任　イヴ・レシュ）といわれるゆえんだ。フランス外務省が「植物園」を「医師と士官」の見学先に指定し、「科学アカデミー会員のメルネ・エドワール氏」（『ルタン』4月20日）が案内したのも、こうした歴史的背景を知れば納得がいく。

ビュフォンは「自然史博物館」の拡大充実にも腕を振るった結果、次々に「ギャラリー」が誕生した。「植物園」内には現在、世界の動物など各種生物の標本が展示され、地球と生物がいかに発展したかを示す「発展大ギャラリー」、各種動物の骨格標本が複製も含めて一万点以上も地球に登場した順に展示されている「比較解剖学・古生物学ギャラリー」、熱帯植物などが収容されている「温室」、六十万点の各種鉱石が展示されている「地質学・鉱石学ギャラリー」、さらにサルや鳥類など百種類がいる動物園（5・5ヘクタール）などが点在する。

諭吉も《薬園》より、これらの「ギャラリー」のほうがはるかに興味深かった。この時の見聞は《博物館》としてまとめて『西洋事情』で次のように紹介した。

まず、博物館について、《世界中の物産、古物、珍物を集めて人に示し、見聞を博《ひろ》くする為に設るものなり》と定義。例えば「地質学・鉱石学ギャラリー」については、《「ミネラロジカル・ミュヂエム」と云えるは礦品を集むる館なり。凡《およそ》世界中金石の種類は尽《ことごと》く之を集め、各その名を記るして人に示す》と説明。「発展大ギャラリー」についても《「ゾーロジカル・ミュヂヱム」と云えるは禽獣魚虫の種類を集むる所なり》と解説した。これは当初、このギャラリーがこう呼ばれていたからだ。現在も石造りの建物の正面の壁には大きく、「ZOOLOGIE（動物学）」と刻まれている。

さらに、《又動物園、植物園なるものあり。動物園には生《いき》ながら禽獣魚虫を養えり。獅子、犀、象、虎、豹、熊、羆《ひぐま》、狐、狸、猿、兎、駝鳥……、大蛇、蝦蟇、総て世界中の珍禽奇獣皆この園内にあらざるものなし》と動物園の様子も詳細に伝えた。「動物園」は現在、別途に独立した「動物園」があるため、現存する園内の動物園は当時より小規模になり、諭吉を驚かせた象などはいない。

フランス人の一種の人工的な物造りに対する偏愛ぶりを象徴しているのが《大なる瑠璃室》、巨大な温室だ。全世界に点在する温暖の国からやってきた《樹木、草花、水草の種類を植え、暖国の草木を養う》と定義。《鉄管を横たえ管内に蒸気を通じて温を取る》と仕組みも説明し、《厳冬も常に八十度（約27度）以上の温気ありて熱帯諸国の草木にてもよく繁殖す》と具体的に紹介した。《博物館》も《大なる瑠璃室》も見たことも聞いたこともなかった当時の日本人が、『西洋事情』をどんなに胸をわくわくさせながら読み進んだことか。

この「温室」（1300平方メートル）は二〇〇五年から五年間、八百万ユーロ（当時の換算で約10億円以上）をかけて改修工事が行なわれた。現在は四つの部門に分かれた未来型温室に

自然史博物館のギャラリー。この２階部分に使節団の写真が展示された

生まれ変わり、一般人のみならず、世界中の専門家の注目の的になっている。

《博物館》の項にある《メヂカル・ミュヂエム》は《専ら医術に属する博物館》と述べ、《人体を解剖して或《あるい》は骸骨を集め或は胎子を取り、或は異病にて死する者あればその病の部を切取り、経験を遺して後日の為にす》と説明しているが、発展的解消して、現在は「比較解剖学・古生物学ギャラリー」と呼ばれている。当初は医学生の解剖などの研究室だったが、一八九八年に表門近くの場所から裏門近くに建てられた現在の広大な建物に引っ越した。入り口前には館内の展示物を予想させる恐竜と象の模型が展示してあるが、入場者は館内に一歩、踏み入れた途端に大人も子供もガラスケースや仕切りの中に並んでいる本物と複製の骨格標本の群れに圧倒される。気味が悪いというより、その数と種類の多さが予想をはるかに上回るからだ。特に人気のあるのは長い首が天井にまで達しそうなジラフの本物の骨格標本と一階の中央に展示されているディプロドクス（梁竜、全長27メートル）の骨格標本の複製だ。

「自然史博物館」の年間入場者は百九十万（２０１２年現在）だが、この「ギャラリー」と

「温室」の入場者が大半を占めている。

未来志向の諭吉もさすがにこの時は、自分が訪問したこの《メヂカル・ミュヂヱム》が半世紀後には人気ギャラリーになり、自分の肖像写真が一時、一行の写真と共に展示され、日本人を驚かせることになるとは予知できなかった。

第3章

写真家ポトーの謎を解く

1　正確無比の肖像写真

「ポトー氏はルイ・ルソーが始めた仕事を継承し、今日では彼のコレクションは非常に興味あるものとなっている。人類の多種にわたるタイプがコレクションの大部分を占めている。写真家は『ジャルダン・デ・プラント（植物園）』の近くに肖像写真用のアトリエ（写真室）を構え、そこで同園を訪問する外国人たちの多数の写真を撮影した。被写体は常に同じ距離に位置し、彼らの人種を際立たせる特徴が最も正確に理解できるように正面と横顔が撮影された。芸術的効果よりむしろ正確性を重んじた。ポトー氏は敏速に撮影を行ない、その作品はあらゆる点で際立っている」

諭吉らがパリに到着する約二ヵ月前に日刊紙『モニトゥール』が発刊している写真専門誌『モニトゥール・フォトグラフ』（1862年2月1日号）は、フィリップ＝ジャック・ポトー（1807―76年）についての人物紹介の記事を掲載した。ポトーに関する現存する記事は他に、一種の人名辞典である『十九世紀のインドシナ―トンキン（ベトナム北部）、アンナン（ベトナム中部）、コーチシナ（ベトナム南部）、カンボジア及びラオス―に関する写真家たち』にその他多数の写真家たちと共に紹介されている以外は目下のところ見当たらない。

「福澤諭吉展」（東京・上野「国立博物館」）のカタログの表紙は諭吉の「真横」の肖像写真を

ポトーが撮影した福澤諭吉の横顔
（ブランリー河岸美術館所蔵）

ポトーが撮影した福澤諭吉の正面写真
（ブランリー河岸美術館所蔵）

使っており、カタログの中ページにも同じ写真が掲載されている。その説明文には「パリにおいて人類学のサンプルとして撮影された横顔写真。ポトー撮影」とあり、「ポトー」なる人物が撮影したことが記されているが、「ポトー」に関する説明は何もない。見開きの隣のページには「パリ、斜め」として、斜め横のポーズの写真も掲載されている。「同時に撮られた正面からの画像も伝わる」との説明があり、正面の肖像写真が掲載されている。この正面の写真が引き伸ばされて会場に展示してあり、オーラを放っていた。この説明によって、正面、横、斜め横の三枚の肖像写真がポトーによって撮影されたことがわかる。正面の肖像写真

斜めから撮影された福澤諭吉（ブランリー河岸美術館所蔵）

が掲載されている同じページにはオランダ・ハーグで撮影された写真も掲載されているが、同じ人物とは思えないほど顔つきが異なる。

ポトーは当初、「ナダール写真館」で働いていた写真家の一人、つまりナダールの弟子的存在ではないかと考えた。ナダール撮影の文久遣欧使節団の写真が存在することは仄聞していたからだ。ところが、ナダールのネガ約二十万点を保管するフランス文化省所属の「写真資料館」（パリ郊外サンシール）の館長ジャン＝ダニエル・パリゼは、「ポトーという写真家の名前は聞いたことがない。自分が知らないだけかもしれないが」と述べ、ナダールの弟子説を一蹴した。「ブランリー河岸美術館」の写真学芸員クリスティーヌ・バルトは、さすがに専門家だけあってポトーの名前を知っていた。

バルトはポトーについては、「一八三八年、三十一歳の時に『自然史博物館』内の『軟体動物研究所』で記録写真係のルイ・ルソーのアシスタントとして働き始めた」と述べ、『モニトゥール・フォトグラフ』の記事とほぼ同様の内容を教えてくれたが、「それ以外のことはほとんど不明の謎の写真家。パリゼ氏や『人類博物館』のトマ・グルノン館長が知らなくても不思議はない」という。バルトは、「最初は軟体動物の記録写真だけを撮っていたが、一八六〇年代に入ってルソーの後任となり、自然史博物館の複数のギャラリーの写真を撮影するようになった」と推定する。

一方、『十九世紀のインドシナに関する写真家たち』では、「恐らく個人の資格で撮影し、作品は一枚毎に各ギャラリーやあるいは博物館が買い上げた」と推測している。写真家としては身分的に不安定な立場だったといえそうだ。また、同辞典には、「ポトーが外国人訪問者をアトリエに惹き付けた方法は謎だ。撮影された人物の大半はフランスを訪問した賓客だ。各種の人類コレクションを形成するのが目的だったことは明白だ」との説明があり、ここにも「謎」の文字が見える。

ポトーは確かに謎に満ちた人物だ。ポトーの記録写真家としての真面目で正確な仕事ぶりを認められたのか、ナポレオン三世の命令で各国代表団らの写真を撮影したという〝公式写真家〟説もある。バルトは「公式写真家だったという確か

ポトーのネガをパソコンで見せるブランリー河岸美術館の写真学芸員クリスティーヌ・バルト

な証拠は何もない。どういう経緯で各国の代表団を撮影したのかもまったくわからない謎に包まれた人物」と述べ、「公式写真家」説を断固、否定すると同時に、再度、「謎の人物」を強調した。

確かにナポレオン三世の〝公式写真家〟を証明する明白な証拠の文書などは、調べた範囲では皆無だ。人名辞典が指摘しているように、なぜ、次から次へと賓客の写真を撮影できたのかも不明だ。『モニトゥール・フォトグラフ』は「植物園の近くにアトリエを構え」「同園を訪問する外国人たちの多数の写真を撮影した」と述べているので、「エッフェル塔」が存在せず、「ルーヴル美術館」がまだ観光名所でなかった当時のパリで、最も人気のある観光名所だった「植物園見学」と近くのポトーのアトリエでの「肖像写真撮影」はセットの観光コースになっていたのかもしれない。

各国の賓客の肖像写真を撮影したのも一八六〇年代の数年間だ。「一八六四年以降のポトー撮影の写真を見たことがない。バッタリと消息が絶えた」とバルトは言明する。ポトーは諭吉らの写真を撮影した一八六二年には五十五歳だった。写真家として円熟の極致にあったが、当時としてはかなりの高齢だ。フランスでは普仏戦争（1870―71年）でナポレオン三世が敗北し、第二帝政が呆気なく崩壊した後、パリで流血の市街戦が展開されたパリ・コミューン（普仏戦争に敗北後の政府に対し、市民が蜂起、1871年3月18日―5月28日まで72日間、パリ選出の国民議会議員によって組織された自治政府）と、混乱時代が続いた。撮影対象の外国からの賓客の訪問も途絶えた。ポトーも一八七五年に確立した第三共和制を一年経験しただけで翌年には六十九歳で死去した。

ポトーの師、ルソーのほうは対象物を正確に撮影する「科学写真家」の先駆者として後世に名を遺し、きちんとした記録も残っているが、助手のポトーは「フランス写真家協会」にも属さず、ほとんど無名のままで生涯を終えた。「生涯の最後に、肖像写真などのガラス板ネガのコレクションをすべて、『自然史博物館』に寄贈した。ネガは総数約一千点に上る。現在は『人類博物館』が保管している」（『十九世紀のインドシナに関する写真家たち』）との記述があるが、「人類博物館」の館長、トマ・グルノンは「ポトーのネガは現在、保管していない」と断言した。

ポトーについては謎だらけだが、さすが古文書類などを後生大事に何世紀も保管しておくのがほとんど国家の「存在理由《レゾン・デートル》」ともいえる文書大国フランスだけに、パリ市立古文書館にはポトーに関する「市民証明書」が保管されている。日本風にいえば戸籍謄本だ。もっとも、当初探した「出生証明書」は見つからなかった。それで、念のために「死亡証明書」を探したところ、こちらは保管されていた。確かに人名辞典通り、一八七六年に死亡していた。

死亡証明書によると、「一八七六年七月九日午後九時、六十九歳でパリ五区ビュフォン通り五十三番地の自宅で死去」とある。当時の規定に従ってパリ五区の市役所の役人三人が証人として署名している。ビュフォン通りは「植物園」に沿った裏の長い道だ。植物園の生みの親と

ポトーが死去した「植物園」近くの自宅（パリ5区ビュフォン通り53）

もいうべき「自然王ビュフォン」の名を記念して、植物園のごく近い道に彼の名前を冠したわけだ。

　しかも驚いたことに、ポトーの「死亡証明書」には生地として、なんと、「一八〇七年、ベルギー・ムニン生まれ」と記されているではないか。これでパリ市に出生証明書が保管されていない理由が判明した。「謎に包まれた人物・ポトー」の「謎」の一部が解けた瞬間だった。

　ポトーの結婚証明書や相続証明書も同時に保管されていた。二つの証明書からポトーが一八〇七年十月六日生まれであることも確認された。ポトーが結婚したのは「一八三四年九月一日正午」だ。相手は「フランス人シャルル＝ジョゼフ・プロワイエ、印刷工の娘で一八一〇年四月二日パリ生まれのジャンヌ・プロワイエ、パリ五区サン・ヴィクトール通り五十九番地在住」であることも判明した。「サン・ヴィクトール通り」は同じ五区内にある「植物園」から北西に当たる小さな通りで、現存している。花婿はあと一ヵ月で二十七歳、花嫁は二十四歳だ。ジャンヌの両親はすでに死亡しており、ジャンヌは職業、「洗濯婦」と記されている。

さらに驚いたことには、「結婚証明書」では、ポトーの生地は「ムニン（オランダ）」と記されていた。「ムニン」はフランスとの国境に近いベルギー・フランドル地方に属し、一八三〇年にベルギーが独立宣言するまではフランス領だった。その前はウイーン会議（1815年）でフランスの再拡張を抑止するためにオランダに併合された。死亡証明書では「ムニン（ベルギー）」と記され、結婚証明書では「ムニン（オランダ）」と記されているのは、こうした複雑な歴史的背景があるためだ。つまり、ポトーは仏領時代のムニンで生まれたが、ムニンは結婚当時はオランダ領、死亡当時はベルギーだったので、役所は正確に記したことになる。ジャンヌはポトーが死去した二ヵ月後の一八七六年九月二十八日に、夫の跡を追うように夫と暮らしていたパリ五区の自宅で死去した。子供はいないので相続人は妻の女友達だ。

しかも、ポトーはフランスの公的証明書では、「職業・従業員」と記されているではないか。実はパリ市が保存している『パリ商店録』の一八六二年版の「写真家」の項を調べた時、ナダールをはじめ有名無名多数の名前と住所は記載されていたが、「ポトー」の名前はなかった。ポトーは身分的にはあくまでも「自然史博物館」の「従業員」だったのだ。妻は洗濯屋で夫は単なる従業員。仲の良いつましい夫婦の姿が浮かびあがる。

このフランスの公的証明書で、ポトーの職業を「写真家」ではなく、あくまでも、「労働者」と並ぶ最下級の「従業員」として記載するという一種の差別は、ポトーが〝植民地生まれ〟で、しかもフランスやオランダに併合された小国・ベルギー出身という出生問題と関係があるのだろうか。「自然史博物館」では多分、〝よそもの〟として窮屈な思いをし、それで近くに肖像写真のアトリエを構え、正確無比な肖像写真を撮ることに全身全霊を捧げたのだろうか。ナダールの存在も当然ながら知っており、密かにナダールをライバル視し、ナダールとは別の肖像写真、写真の持つ生来の性格であり特徴でもある「真実」を写すことを目標にしたのかもしれない。ポトーの履歴が不明で写真専門の学芸員でさえベルギー出身であることを知らず、「謎に包まれた人物」と述べた「謎」が、これでようやく氷解したが、同時に苦々しい思いも込み上げてきた。

ポトーの栄光の時は、皮肉なことに一八六三年に開催された「落選展覧会」という不名誉なタイトルの展覧会に作品が展示された時だ。フランス学士院会員が審査員を務めた同年の「絵画彫刻展覧会」の出品作の審査で、写真作品を含む応募作品約五千点のうち約三千点が落選した結果、落選組が抗議して開催した展覧会だ。不名誉なタイトルにはアーティストたちの「学者に芸術が理解できるのか」という痛烈な皮肉と非難が込められていた。落選組に同情したナポレオン三世の粋な計らいで会場は、「産業宮」が充てられた。一八五五年の万国博覧会用にシャンゼリゼ大通りに建設された広大な展示場だ。

ポトーはこの「落選展覧会」の会期中の一八六三年十二月十五日に展示された自作「アンナン（ベトナム）使節団の一連の肖像写真」について講演もしている。このベトナム使節団の正使・潘清簡の肖像写真はポトー撮影の肖像写真の中でも傑作で知られるが、ポトー自身にとっても快心の作だったはずだ。

会場の「産業宮」はシャンゼリゼ大通りに面し、使節団の見学リストにも入っていたナポレオン三世による第二帝政時代を象徴する建造物だが、「チュイルリー宮」がパリ・コミューン中に権力の象徴として焼き討ちに遭って廃墟となり、一八八三年一月の政令で瓦礫もすっかり片付けられたのと同様に、現在は跡形もない。一九〇〇年の万博用に「グラン・パレ」と「プティ・パレ」の建設が決まった時に破壊されたからだ。この二つの「パレ（館）」は第三共和制（1875—1940年）を象徴する建物として現在も大規模展覧会などの会場として使用されている。

帝政はナポレオン一世の第一帝政とその甥のナポレオン三世による第二帝政で永遠に終わったが、共和制は第五共和制の現在まで存続している。この三つの建物の運命は結局、フランスでは共和制が独裁政治の王政、帝政に勝利したということを意味していそうだ。

ポトーの肖像写真の特徴は、『モニトゥール・フォトグラフ』が指摘したように真正面と真横の顔を正確無比に撮影した点にある。同時に民族学的観点から服装もきちんとした正装が多く、必要な場合は頭の先から爪先まで、つまり冠や帽子、履物まで服装全体を撮影している。諭吉の肖像写真も武士の外出着である紋付羽織袴姿だ。サムライの象徴ともいうべき二刀も帯びている。諭吉の場合は武士の嗜みとして携帯していた扇子も片手に握っている。

ナダールの写真が同じ肖像写真でも人物の個々の個性や特徴を重視した〝芸術性〟に富んだ

作品だったのに対し、ポトーの肖像写真はあくまでも人類学、民族学的見地から撮影された〝科学的サンプル（見本）〟といえる。そしてこの点にこそ、ポトーの独自性があり、真価が発揮され、後に人類学や民族学の分野の専門家に興味を持たれた理由でもある。同時に、欧米人とはまったく異なる服装や装身具の類が丁寧に撮影されていることから専門家はもとより「一種の稀少作品」（クリスティーヌ・バルト）としてコレクターからも注目された。

特に二十一世紀に入ってからはポトーの肖像写真はオークションにしばしば登場し、ナダールの肖像写真同様に高値を呼んでいる。「公式写真家」の肩書きも、競売用のパンフレットなどに記載されているので、作品に箔をつけるために競売会社が勝手に贈った称号のようだ。

パリの競売会社で二〇〇七年十一月十六日に競売にかけられたポトーの一八六三年撮影の二枚のベトナム人男性の肖像写真（6・9×5・1センチ）の評価額（オークションでの目安となる最低額）はそれぞれ五千―七千ユーロ（当時、1ユーロは140円前後）だった。一枚は正装したベトナム人が座っている正面から撮った全身像、もう一枚はアオザイを着た女性の上半身で髪をアップにしている横顔だ。ポトーの写真としては評価額が比較的低いのは、プリント写真が当時の名刺サイズ（9×6センチ）で小さいことと、男性の服装や烏帽子のような形の被り物が貧弱だからかもしれない。

ドイツ・ベルリンのオークション会社で約半月後の二〇〇七年十二月五日に行なわれた正装したベトナム人男性の全身像の写真（18・2×12センチ）の評価額はパリの評価額の約十七倍

の八万─十二万ユーロと高値だった。足元のスリッパのような伝統的な履物まできちんと写っている。前者の男性の肖像写真と異なり、サイズも大きく、名前や一等書記官の肩書きが記されており、身元確認されていることが評価されたのだろう。いずれもポトーのアトリエで直接焼かれた「オリジナル写真」と銘打っている。

ポトーが撮影した文久遣欧使節団から二年遅れて一八六四年にパリに派遣された「第二遣欧使節団」(正使・池田筑後守長発《ながおき》)の何人かの肖像写真もオークション市場に出回っている。老舗の国際的オークション会社サザビーズはロンドン店で二〇〇五年十一月五日に「ポトーの一八六一─四年撮影の肖像写真」(15×11センチ)をオークションにかけた。パリの骨董店「シックス・スタディス」から出品された肖像写真は紋付羽織袴姿で大小の刀を差した若者だ。着物の襟元からは下に着ているワイシャツがのぞいている。この着物の下にワイシャツを着るスタイルは第一次の「文久遣欧使節団」では見られない。「パリの自然史博物館所蔵のオリジナル写真」と銘打ち、やはり、「オリジナル」が強調されている。

パリで二〇〇七年十二月に行なわれたオークションは特にコレクターの間では評判になった。ベトナムの潘清簡を正使とする使節団がパリを訪問した時の写真だ。ポトーが「産業宮」で講演したのもこの写真だ。ベトナムは一八六二年に締結したサイゴン条約を六三年四月に批准した。その結果、東部の三地方をフランスに譲渡し、三港も開港したうえ戦争賠償金として四百万フランを支払ったほか、キリスト教普及の自由も認めた。

ベトナムは当然ながら、この大譲歩を後悔し、六三年七月に「ナポレオン三世からの贈り物への御礼を述べる」との口実の下に三港の再度の閉港を交渉するために、パリに使節団を送った。ある意味で日本と同様な状況に置かれていた。海路で二ヵ月かけて九月にパリに到着した使節団は九月と十二月の二回、ポトーの被写体になった。ナポレオン三世が離宮のあるフランス南西部ビアリッツに保養に行って不在だったので、使節団はパリで三ヵ月間も待機を余儀なくされた。

正使・潘一人が正装して椅子に座った全身像の肖像写真（18・2×12センチ）の評価額は八万―十二万ユーロと高値だった。この時のカタログの紹介文には、「ポトーはナポレオン三世の要請で正使とその随行員の肖像写真を撮影した」とあり、ポトーがナポレオン三世の命令で撮影したとされている。さらに「最初の撮影は一八六三年九月二十日で二度目は十二月十五日だ。最初の時はポトーは正使・潘の椅子に座った写真一枚、立ち姿の全身写真一枚の二枚を撮影した。二回目の撮影では正使と随員をそれぞれ撮影した。この写真は二回目の時のものだ」。

ベトナムに関する歴史書などには、このポトー撮影の潘の座った正面からの肖像写真か立ち姿の正面の全身写真かのどちらかが必ず使用されている。自国の過酷な運命を背負わされたかのような深い皺が刻まれた悲しみに満ちた峻厳な表情は、後の運命をも暗示しているかのようだ。潘は帰国後の六七年にフランスが条約を裏切る形でベトナムに侵攻したため、責任を取って自殺した。

潘は日記にこの撮影時の様子や撮影過程を次のように詳細に書き残している。

「正午、空が多少晴れた。宮中に参上するときの正装に着替えてわれわれはガラスに覆われた館の上階に赴き、一人づつ、写真を撮られた。写真撮影の工程は――液状の物質で覆われたガラス板を取り上げる。それをガラスの筒の後ろに置き、その前に写真を撮る人物が位置し、人物は筒の内部を正面から凝視する。筒に射し込む太陽光線の働きでガラス板にイメージが感光される……ヨーロッパ人はこの写真撮影に慣れており、肖像写真を好んで交換する。相互の思い出の証拠品として上下の差別なく同じことをする……ある日、写真師（複数）が器械を持参してホテルにやってきて写真を撮った。焼き増しは小さいサイズの肖像写真が一フラン、大きなサイズは四、五フランだ」

この記述から知れるのは当時、写真撮影には光度の強い太陽光線が必要不可欠だったことだ。一行がロシアの写真館で撮影に臨んだ時の状態についても、「南に向っている屋上はガラス板を張り、帷《とばり》をたらし、幕を張って日光を調節している」（『尾蠅欧行漫録』）と、日光が重要な役割を果たしていることに言及している。潘がポトーのアトリエの住所などについて記録していないのは残念だが、ポトーの「植物園」の近くのアトリエも「日光」を取り入れる工夫がされていたにちがいない。

ポトーの肖像写真はオークションで高値を呼ぶだけではなく、アメリカの「ニューヨーク近代美術館（ＭｏＭＡ）」の所蔵品の仲間入りも果たした。ポトーが一八六三年に撮影したアンナン（ベトナム）人ファン・ユー・ド（37歳）の肖像写真だ。ポトーの肖像写真が「科学写真」としてだけではなく世界的な芸術作品を展示している美術館に「芸術作品」としての価値も認められたというわけだ。美術品や歴史的民族品として美術館や博物館が購入するほかに、絵画の代わりに珍しい風俗を纏った肖像写真を壁にかけて観賞する愛好者も増えている。

ポトーは豪華な衣裳を纏ったシャムやベトナム人と比べ、黒やこげ茶、あるいは澄んだブルーや淡いグリーンの地味な色調の服装の日本人の肖像写真を撮りながら、何か思うところがあったのだろうか。それとも、単なる被写体として、何の感情も持たずに撮影したのだろうか。ポトーは必ず、真正面と真横の二種類を撮っているが、一行の中でも特に地味な服装の下級武士・諭吉に限っては、例外的に真正面と真横に加えて斜めからの肖像写真を撮っている。

この青年が全身から発する強い何か、内部から燃え上がるような熱いオーラに惹かれて、思わず斜めからの写真も撮りたくなってシャッターを押したのだろうか。しかも例外的に撮影した斜めからの写真を破棄せずに自分の作品として大事に保持し、自分が亡き後は国家の保護下で大事に保管されるようにと、「自然史博物館」に寄贈したのだろうか。

2　世界に例を見ない人類博物館

「近年、日本のサムライの写真が展示されている状態で見たことはないし、地下の所蔵品倉庫の中にもないはずだ。ただ、膨大な所蔵品を全部、点検してみたわけではないし、改装前のカタログも存在しないので明答はできない」。パリ・トロカデロ広場に聳え立つ「人類博物館」の館長トマ・グルノンはこう証言した。同館はちょうど「福澤諭吉展」（東京・上野「国立博物館」2009年1月10日から3月8日）が開催された直後の二〇〇九年三月から二〇一五年十月までの六年間、改装工事のために閉鎖されたが、グルノンは改装前から同館の総局長として再開後の展示内容などの総指揮を執った。

確かに一九九〇年代に同館を見学した時、日本人はもとより「サムライ」の写真はなかった。念のために休館直前に半日かけて見学した時にも約一万五千点の展示品の中に日本人の写真は皆無だった（保管所の作品を含めると当時の所蔵品総数は約53万点＝グルノン）。再開後の写真部門の展示品の中にも日本人の写真は一点もない。新装なった同館の所蔵品は一部が除外されたが、新たにビデオ作品や論文なども加わり、先史時代の作品が七十万点、人類学一般に関する作品が三十万点、自然や人間社会に関する作品が六千点（同館の公式パンフレット）と相変わらず膨大だ。この百万点を超す所蔵品の中に諭吉のオリジナル肖像写真とネガは埋没しているのだろうか。何らかの理由で遺棄されたり、散逸、あるいは移転したのだろうか。

「福澤諭吉展」の若き日の肖像写真の説明には「写真協力：パリ人類博物館」と明記してあり、肖像写真がパリで撮影され、ネガやオリジナル写真がパリの「人類博物館」に保管されていることを示していた。事実、「慶應義塾福澤研究センター」には昭和三十二年（1957年）十一月十五日に「人類博物館所有のガラス乾板より焼付」という資料と共に展覧会に展示されていた諭吉の正面の肖像写真のコピーが「塾史編纂所蔵」として保存されている。

「人類博物館」は一九三八年に前年のパリ万国博覧会用に建設された展示館を利用して、「人類の定義」と「人類の歴史」といういかにもフランス人好みの壮大な二大テーマを掲げて開館された。人類学者かつ哲学者のクロード・レヴィ＝ストロースが一時、代理館長（1949－50年）を務めたことからも推察できるように、世界に類のない人類問題にのみテーマを絞った特殊な博物館だ。再開後の展示品は、「生物学的、文化人類学的、社会的見地から人類に関する諸物を集合、展示」（トマ・グルノン）という基本的考えによって選ばれている。

「人類博物館」が自慢する三大お宝は、紀元前約一万九千年前にフランスで発見されたマンモスの牙で作成された約十五センチの「レスピューグの女神」と「デカルト（フランスの17世紀の哲学者）の頭蓋骨」、二万八千年前の「クロ・マニョン人の頭蓋骨」だ。「女神」のほうは小指ほどの大きさの小柄な身体ながら胸や腰が張り出した魅力的な姿態で、信仰の対象にしては人間臭いが、かえって古代のおおらかな宗教観がうかがわれる傑作だ。

「デカルトの頭蓋骨」は前頭部が張り出し、いかにも頭脳明晰な印象を受ける。この頭で、例の「われ思う、故にわれあり」を考えたのかと思うと、難解な哲学論理も身近に感じられる。頭蓋骨と同時に主要著作『方法序説』の初版本も展示されている。デカルトは訪問先のストックホルムで死去したので遺体は同地に一時、埋葬されていたが、その後、頭蓋骨と遺骨が別々にフランスに帰国するという数奇な運命をたどった。しかも頭蓋骨だけが博物館で展示されることになったいきさつなどは諸説があってはっきりしない。

「クロ・マニョン人の頭蓋骨」は、一八六八年にフランス南部ドルドーニュ地方で鉄道工事中にクロ・マニョン洞窟で発見されたので、クロ・マニョン人と命名された、人類化石五人のうちの一人の青年の頭蓋骨だ。人類化石の発見はヨーロッパでは初めてだったので、この分野の研究が飛躍的に発展したほか、ヨーロッパにおける洞窟発掘の活発化にも貢献した。

「人類博物館」はパリのトロカデロ広場に面した「シャイヨー宮」（パリ16区）の一翼を占めるが、この場所には実は同館の前身ともいうべき「トロカデロ民族博物館」があった。「トロカデロ博物館」はフランスの植民地拡大政策を背景に「民族文化」と「歴史」が二大テーマだった。一八七八年のパリ万博を記念して建造された「トロカデロ宮」を万博終了後に「民族博物館」に転用したので、諭吉らのパリ滞在当時は同館もまだ存在していなかった。

「トロカデロ博物館」にはさらに前身ともいうべき〝ミニ博物館〟の存在がある。十六世紀のフランス王妃カトリーヌ・ド・メディシスの所蔵品だ。二人の息子（フランソワ二世、シャルル九世）が幼くして相次いで国王になった結果、二度も摂政に就任し、権勢を振るった王妃のところには自然に価値ある珍品が集まったので、王妃はこれらの珍品を王宮内の一室に収めて展示した。

所蔵品が増えるにしたがい、パリを一望の下に見渡せる小高いシャイヨー丘に余暇を過ごすための宮殿を建て、これらの所蔵品も移転することを考えついた。生まれ故郷にちなんで「ローマ宮殿」と名付けて完成するのを楽しみにしていたが、計画半ばで死去した。王妃の所蔵品は王妃の遺志を尊重して、シャイヨー丘に建てられた「トロカデロ博物館」が開館した時に同館に移転された。

「ローマ宮殿」の建設計画がその後も代々の為政者に引き継がれたのは、一重に「パリを一望で見渡せる丘の上」という立地条件が魅力的だったからだ。「トロカデロ」はスペインの要塞の名前だ。フランス最後の王太子アングレーム公爵（王政復古のシャルル十世の長子）がスペインに遠征軍を率いて勝利したのを記念して、軍本部をこの丘陵に建造することを決定。戦勝地の名前を取って「トロカデロ宮」と命名されたが、王政復古が長続きせずに計画が頓挫。第三共和制（1875—1940年）時代の一八七八年にやっと万博会場として建設された。

ところが、一九三七年のパリ万博開催に当たり、広大な展示場が必要になり、「トロカデロ博物館」は完全に破壊され、現在の中央に広い見晴らし台と左右対称に広がる翼棟を持つ広大（4万1000平方メートル）な「宮殿」が建設された。名称も王政、帝政時代の思い出が残る「トロカデロ宮」から共和制時代にふさわしく、単に土地の名を取って、「シャイヨー宮」に改名された。

かくて、「人類博物館」の所蔵品は大半が「トロカデロ博物館」から引き継いだものと、それに王妃の所蔵品が少数ながら加わり、さらに開館にあたり、「自然史博物館」の「比較解剖学・古生物学ギャラリー」所蔵の人類部門と先史部門の所蔵品が加わった。換言すれば、「パリの諭吉の肖像写真」はポトーが寄贈した「自然史博物館」からこの時、「人類博物館」へと移転したことになる。

「人類博物館」の館長トマ・グルノンは、諭吉ら日本のサムライの写真を見たことがないと証言したが、一九八〇年代に、「人類博物館」で写真学芸員としてのキャリアを開始した「ブランリー河岸美術館」の写真学芸員クリスティーヌ・バルトは「ポトー撮影の写真の整理をした時に見た」と言明した。当時、「人類博物館」の四階には図書館のように入場者が写真などの所蔵品を閲覧できる広い部屋があり、室内のケースにはプリント写真が収められていた。バルトはこの閲覧用のカタログなどを作成したので、その時に見たのだ。「壊れやすいガラス板のネガは別途大事に収められていた」とも証言した。

つまり、諭吉の「肖像写真」は「人類博物館」で展示はされていなかったが、「自然史博物館」から移転したオリジナルのプリント写真とガラス板のネガは確かに、同館に収納されていたというわけだ。

ブランリー河岸美術館

「人類博物館」の所蔵品のうち、「西欧以外の作品」約三十万点は二〇〇六年に開館したアフリカ、オセアニアの先史時代の美術品を集めた「ブランリー河岸美術館」に移転した。諭吉の写真は「西欧以外の収集品」として同館に移転した可能性が大いにある。ただ、数回見学した同館でも諭吉の写真や日本人のサムライの写真が展示されているのを見たことがない。

諭吉が自分の肖像写真がかように点々と移動したことを知ったら、旧大陸ヨーロッパの中でも老大国フランスの政治的外交的運命と博物館や美術館が密接に結びついていることを知って、改めて博物館の存在に興味を示したはずだ。また、代々の為政者が美術品はもとより歴史の証言者でもある文書、写真などを大事に保管していることに感銘を受けたろう。日本では明治維新後、廃仏毀釈などで多くの貴重な仏教関係の美術品が海外に流れた。パリの国立ギメ東洋美術館が法隆寺の国宝級の仏像をはじめ、多数の仏教美術品を所蔵しているのも、時の日本の為政者が美術品を無神経に扱った結果だ。

一方、三使節らがナダールの被写体になったことが判明しているナダールのネガや写真は現在、どこに保管されているのか。「われわれがナダールのネガ約二十万点を保管している。これほど多数のナダールのネガを所有しているところは他にない」と自慢するのはポトーの名前を知らなかったフランス文化省所属の「写真資料館」館長ジャン＝ダニエル・パリゼだ。「資料館」はパリ郊外イヴリーヌ県サンシールの広大な要塞跡の一部に一九八二年に設立された。「要塞」が建造されたのは一八七五年だ。フランスは普仏戦争で栄華を誇ったナポレオン三世がプロシャ（ドイツ）に降伏、拘禁、亡命という衝撃的な敗北を喫した苦い敗戦の反省から、一八七四年から八一年にかけて全国に十八の要塞を建造した。サンシール要塞はその一つだ。首都パリとフランスの栄光を象徴するパリ郊外ヴェルサイユ宮殿の防衛を目的とした最も重要な要塞と位置付けられ、兵士、将校など約二千人と九十基の大砲が配備されていた。三ヵ月分の食料と六ヵ月分の飲料水も保存され、いざ、という時には近隣部隊も応援に駆けつけるという念の入れようだった。

要塞は第一次世界大戦後に閉鎖され、一時、軍の気象観測所と武器庫に転用された。一九九二年には「歴史的記念物」に指定された。この「歴史的記念物」に指定されると維持費は国家負担となるが、むやみに改装や改造ができないので、「資料館」の周囲を取り囲む石壁や土塀はもとより石造りの門などはそのまま遺され、厚い石壁には銃眼が開いたままだ。地下室や廊下なども要塞当時の厚い石造りだ。火災などの被害から貴重な資料を保管するには最適といえる。スチール製の収容箱などに収められたネガを保管している地下室はひんやりと冷たく、「特に空調の必要もない」（ジャン＝ダニエル・パリゼ）。

この「歴史的記念物」は中央集権国家であり文化大国フランスならではの独自の制度で、いわば世界遺産のフランス版といったところだ。フランス革命当時に内務省がルイ王朝のアンシャン・レジーム（旧体制）の財産を監視するために、王朝時代の城や教会などの建造物を管轄下に置いて目を光らせるために創設されたが、次第に国民の共有財産として保護する方向に変わり、やがて文化財も含まれるようになった。

ただ、パリゼが残念そうに証言したところによると、この二十万枚のネガの中には『イリュストラシオン』や『ルモンド・イリュストレ』に掲載されたイラストの下敷きになった三使らの写真のネガは含まれていない。「ここにあるナダールのネガの撮影日時は一八六七年以降のものなので一八六二年のネガは保管されていない」からだ。パリゼはまた、「ナダールが一八六七年以前に撮影したネガがどこにあるのかは目下のところ不明」という。

ナダールの息子ポールが一九三九年に死去した時、相続人のポールの娘が、膨大な祖父の作品の維持が困難なので「ナダール写真館」が保有しているネガやオリジナル写真（写真館で焼いた写真）をフランス政府に買い上げてほしいと要請した。ところが第二次世界大戦が勃発したばかりで写真どころではなかった。しかもその後、「ドイツの占領時代」が四年も続いた。やっと戦後にネガの買い上げが決定され、政府が音頭を取って「ナダール基金」が創設されたのは戦後五年も経た一九五〇年だ。ポールが死去した後もナダールの盛名を慕って、写真館を訪れる顧客が多かった結果、「ナダール写真館」は弟子のカメラマンたちによって一九四八年まで営業を続けたので、いわゆる「ナダールのネガ」は一八五〇年初頭から閉店時までの約百年分になる。そのうえ、ネガは一九五〇年から一九八〇年までの三十年間は適当な保管所がないため、「人類博物館」の地下の保管所に同館の膨大な所蔵品と一緒に所蔵されたままだった。つまり放置状態だった。

ナダールのネガ全部が「歴史的記念物」に指定されたことで、やっと国家予算が付いたのは一九八一年だ。ネガ保存に国家予算が付いたことで本格的な整理が開始され、「この時点でナダールのネガが約二十万点あることが判明した」（パリゼ）。さらにその一年後の一九八二年に「写真資料館」が創設され、ネガを保管するようになった。この時点でネガの本格的整理が開始されたので、分類などの整理はまだ完全には終わっていない。「ネガの中には破損したり、一部が傷付いたものが多数あるので修復作業が必要だからだ。やっと四五パーセント（2015年現在）の分類整理が終わったところだ」（パリゼ）。

しかも、ナダールの国際的盛名がますます上がり、第二次世界大戦後の約三十年の間に骨董品としての価値も上がった結果、「フランス人はもとよりアメリカ人などの個人コレクターや、あるいはヨーロッパや、アメリカなど外国の博物館などがネガごと購入した可能性があり、多数が散逸し、所在不明になった」（職員　パトリック・メメール）。

ところで、「ポトーという写真家の名前は聞いたことがない」と明言したパリゼが当時の写真家として名前を挙げたのは、ナポレオン三世のルイ・ナポレオン大統領時代の公式写真家・ギュスタブ・ルグレイ（1820—84年）、ナダールと並んで人気があったウジェーヌ・ディズドリ（1819—89年）、オーギュスト・メストラル（1812—84年）、エドウアール・バルデュス（1813—89年）、アンリ・ルセック（1818—82年）、イポリット・バヤール（1801—87年）らだ。いずれも「写真歴史記念物委員会」と「フランス写真協会」のメンバーを兼任している十九世紀の著名な写真家たちだ。パリゼはパリ市内のフランス文化省所属のいくつかの図書館などの館長も兼任しており、「資料館」には週に二、三回しか勤務できないという多忙なエリート官僚だが、パリゼにとってもポトーは「自然史博物館」の単なる「従業員」以外の何者でもないのだろう。

ポトーはかように現在でもまだ、コレクター以外からは「写真家」としては無名で無視された存在だ。

3　パリで諭吉の写真を見た二人の日本人

諭吉は約三週間滞在した春のパリでは写真を撮った形跡がないが、諭吉がロニと見学した《博物館》、即ち、「自然史博物館」で、「福澤先生らしき写真」を見たと証言した日本人が二人いる。諭吉が訪問してから半世紀余り後だ。

一人は民族学者の松本信廣（1897―1981年）だ。「禽獣草木園は今日Muséum d'histoire naturelle（自然史博物館）と云はれてをるもので……此諸のギャラリイの中興味あるのは人類学のギャラリイであって……此のギャラリイの片隅に、文久二年の日本使節一行の一人一人の全身写真が陳列してあるのを発見した。調べてみると竹内下野守や松平石見守の写真と共に下位の士官《オフィシエ》の一人として福澤先生らしき写真がある。その名はSukusawaとしてあるが……

Sの花文字はFのソレと間違ひやすく、之は恐らく福澤先生の肖像ではないかと思はれる」（松本信廣『史学』1934年11月、第13巻第3号）。

一九三四年にこう記した松本は大正、昭和時代の民族学の大家で日本人として初めて東南アジアに目を向けた。日本民族学協会理事長、日本歴史学協会委員長、日本学術会議会員、慶應義塾大学文学部教授などを歴任。『ベトナム民族小史』などの著作も多数ある。一九二四年に東洋学研究のため、ベトナムをはじめインドシナを植民地にしていたうえ「民族学」という分野を切り開き、学問として確立したフランスに留学し、一九二八年にソルボンヌ大学で文学博士の学位を取得して帰国した。パリ滞在期間中に「自然史博物館」の中でも、特に「此処に杖を曳いた」と記しているのが「人類学陳列館（ギャラリー）」だ。現在は「比較解剖学・古生物学ギャラリー」と呼ばれている。当時の呼称は「Galeries d'anatomie, de paléontologie et d'anthropologie（解剖、古生物学及び人類学ギャラリー）」で、一般的に「人類学ギャラリー」と呼ばれていた。

松本はさらに、「文久遣欧使節団」の肖像写真が「ギャラリー」に展示されている理由について、「日本人の写真が珍重され、接伴者などと交換……欧人はその写真を複製して日本人の人類学的研究に資したらしい」との民族学者らしい考察を行なっている。肖像写真が頻繁に交換されたことはベトナムの正使・潘清簡や市川渡も書き遺している。市川はロシアで出会った士官が長崎に来たことがあるといって日本語で話しかけてきて、「彼は写真の肖像を出してあたえてくれたので、私もまた彼にあたえた」（『尾蠅欧行漫録』）などと何度か写真を交換したことを記している。

ただ、松本は、「此写真をオランダやロシアのものと比べると少し顔立ちが異なる様な気がする」との実に興味ある指摘をしている。オランダで撮影された写真（慶應義塾福澤研究センター所蔵）は一九二九年にオランダ王室に献上されたアルバムに収められていたものが発見され、同年に『三田評論』（昭和4年＝1929年6月号）で紹介された。ペテルブルクで撮影された写真は一八八五年にロシア駐日公使・花房義質が同国の海軍士官から贈られたものだ。現在、外務省資料館に保管されている。使節団のうち二十四人の全身写真がそろっており、使節団に関する貴重な資料となっている。

諭吉はこの二枚の写真を撮られたことは覚えている。オランダ・ハーグでは交渉が進まず、約一ヵ月間（6月14日—7月15日）も滞在したので、さすがに暇を持て余して写真館に出かけた。「宮廷写真家セベリンの写真館」というのも興味を引いた。噂通り、椅子や小机など立派な室内装飾で、袴を着用せず羽織姿のいわゆる着流しだったため、入り口で多少、躊躇した。それならいっそ、リラックスした格好のほうがいいだろうと覚悟を決め、草履も脱ぎ、これまた立派なクッションの上に足を乗せ、右手で頬杖をついた。写真師はこのポーズが気に入ったらしく、「そのまま、そのまま」といって、シャッターを切った。諭吉がこの写真をはじめ使節団の何人かの写真を収めたアルバムが王室に献上され、さらに日本に返還されることを知ったら、着流し姿を後悔したかどうか。「写真は真実を写すのだから」と、かえって若い日の無頓着ぶりを懐かしんだろう。

大阪の「適塾」時代は《丸で物事に無頓着《むとんじゃく》。その無頓着の極は世間で云うように潔不潔、汚ないと云うことを気に止めない……虱《しらみ》は塾中永住の動物……塾中の書生に身なりの立派な者は先ず少ない》というバンカラぶりだった。世の慶應ボーイのイメージとは程遠かった。

ペテルブルクでは九月八日（陰暦8月15日）に全員で記念写真を撮ることになった。三使節はすでに七日には「五条約国」の中の最後の訪問国ロシアの皇帝と謁見を無事に済ませており、一行には長い旅も終わりに近づいたとの安堵感と同時に、帰国を前にした望郷の念のようなものが、忍び込んでいた。ロシアの接待係から、街にある立派な写真館で使節団全員の写真を撮ったらどうか、との申し出もあった。

「午後二時より写真屋に行く。大きな建物で、階段を登ること三回に及んだ。最上階に登る。南に向っている屋上はガラス板を張り、帷《とばり》をたらし、幕を張って日光を調節している」（『尾蠅欧行漫録』）との記録があるように建物の最上階の屋根はガラス張りだった。しかも南向きなので陽光が差し込む明るい部屋だ。ベトナム使節団の正使・潘が記述したポトーの写真室同様に、当時、「ガラス張り」と「陽光」が撮影に不可欠であることを示している。

全員の写真撮影は午後二時から約四時間かかり、「午後六時まえに旅館に帰る」（同）という長時間にわたった。諭吉もこの日はいわば業務命令なので全員と同様に羽織袴を着用し、帯刀して出掛けた。

この日は陰暦の八月十五日だったので、夜は「異国での中秋の名月……月の前でみんなで団欒をして旅情をなぐさめ合った」（同）。酒好きな諭吉も「特別な夜だから」と自分に言い聞かせて参加し、仕事のことは一時忘れて、酔いがまわるにまかせた。ベルリンからロシアの迎えの軍艦でペテルブールに到着した八月九日以来、ロシア側の接待ぶりに感心すると同時に警戒心も抱き、詳しく記録したので、少々疲れてもいた。

まず、使節一行が上陸した時のロシア側の歓待ぶりが並外れていた。宿舎の迎賓館に向かう時の物々しさに目を見張った。正午ぴったりにコロンスタット港にやってきた三人のロシア人は《儀式掛り長官及外国事務士官両三名》（『西航記』）、さしずめ日本なら宮内庁長官に外務省の局長級の役人二人の計三人だった。しかも《河蒸気二隻を以てコロンスタット港え来り》（同）と二隻の蒸気船を仕立てての出迎えだ。《夫よりナワ河口に入り上陸す。陸には盛に馬車及警衛騎兵を備へ、使節の車は六馬を駕し、士官の車には四馬》（同）。上陸後はフランス同様に三使らを六頭立ての馬車で丁重に迎えた。

しかも別邸での歓迎ぶりは帝政ロシアの威信を誇示するかのようにフランスの比ではなかった。《室内えは刀掛、日本の枕、煙草、洗手場えぬか袋……食物も勉て日本の料理を用ひ、箸、茶椀等は全く日本と異なるなし》（『西航記』）と日本風の室内装飾に日本料理と至れり尽くせりだった。さすがに西洋料理は食べ飽きていたので、諭吉は久しぶりの日本食に舌鼓を打った。

三使はこの別邸訪問から五日後の八月十四日にロシア皇帝と謁見したので、慧眼・諭吉はすぐさま、この歓待は「交渉を有利に進めるための〝接待外交〟」だと悟った。十六日に《国帝冬間の住居》（同）である「冬宮」をわざわざ見学に行ったのも、帝政ロシアの権勢ぶりを観察したかったからだ。このロシアでの《饗応》ぶりに関しては、接待委員という者が四、五人もいて、《手厚く》当たったたと帰国後も回想した。交渉のほうは樺太問題が片付かないなど《談判は……水臭い次第》だっただけに、この日本風の歓待ぶりが印象に残った。

諭吉は例によって〝特ダネ記者〟らしく接待委員たちとすぐ仲良くなり、取材活動を活発に展開したところ、《露西亜に日本人が一人居る》という噂を聞き出した。その日本人、《ヤマトフ》に是非、会いたいと何度か伝えたが、相手は用心深くて、ついに逢わせてもらえなかった。《ヤマトフ》は遠州掛川藩士・立花粂蔵のロシアでの呼び名だ。一八五四年に伊豆下田に来航したプチャーチンの中国語通訳のゴシュケビッチと知り合い、ロシアに密航した。使節団一行に会えば、密航が発覚する恐れがあった。粂蔵はゴシュケビッチと最初の日露辞典を発刊したことでも知られる。明治維新後、岩倉具視が訪ロした際、帰国を勧められて一八七三年に帰国した。

諭吉が熱心に《ヤマトフ》のことを聞いたり、取材を活発に行なったのがロシア側の注目を引いたのか、ある日、接待委員の一人が諭吉のところにやってきて、《是れから先は日本に帰て何をする所存《つもり》か》《お前は大層金持か》などと尋ねた。その末に《日本は小国だ……男子の仕事の出来るものじゃない……この露西亜に止まらないか》という思いもかけない勧誘を受けた。

その後もしばしばやってきて、盛んに《金持になる》などと口説かれたが、諭吉にそんな気は毛頭ない。英仏やアメリカに滞在した時もそんなことは一度も言われたことはなく、反対に日本に連れていってくれと懇願されることのほうが多かった。このロシアでの逸話は諭吉にとって帰国後も、《成程《なるほど》露西亜は欧羅巴の中で一種風俗の変《かわっ》た国》で、《気の知れない国》だとの印象を後々まで抱かせた。

ロシアでの写真撮影では写真師が細かく注文をつけるままに左足を少し前に出して斜に構え、太刀は差し、長刀は杖のように先方を握って床につけた。抵抗を感じないわけではなかったが、それぞれポーズを取らされているので、ここはプロの写真師にまかせることにした。

使節団一行は三十八人だが外務省資料館が保管している写真は二十四枚だ。諭吉と行動を共にしていた松木弘安をはじめ調役・水品楽太郎、普請役・益頭駿次郎ら十四人の写真がない。彼らが参加しなかった説得力ある理由が見当たらないので、アルバム作成前に何らかの理由で十四人分の写真は途中で散逸したか紛失した可能性が高い。

諭吉の訪欧中の写真は松本信廣が指摘したこの二枚のほかに、その後発見された写真を加え、現在は計八枚ある。ロンドン（カルデースシスタジオ）で撮影された全身像写真一枚（慶應義塾福澤研究センター所蔵）、二〇一〇年に発見されたオランダ・ユトレヒトで撮影された全身写真三枚及び太田源三郎、岡崎藤左衛門、高嶋祐啓とのグループ写真一枚（東京大学史料編纂所所蔵）だ。いずれも紋付袴姿だ。グループ写真では諭吉の長身ぶりがわかるが、これらの写真も「パリの肖像写真」とはやはり顔立ちが異なる。「福澤諭吉」の写真として意識して見ない限り、その他大勢の若い武士の記念写真といった感じで、見落としそうだ。

松本は諭吉の「パリの肖像写真」を専門家に鑑定してもらい、「恐らく福澤先生」の肖像写真に間違いないとの結論に達している。換言すれば、それほど、諭吉の「パリの肖像写真」は珍しく、他のヨーロッパ旅行中に撮影された記念写真とは顔付きも雰囲気もまったく異なっていた。

もう一人、松本とほぼ同時期に、同じ場所で使節団の写真を見たとの証言がある。組頭・柴田貞太郎の従者・永持五郎次（柴田の甥）の息子、永持源次だ。私家本『九十四年の人生』の中の「父の思い出」によると、フランスに駐在武官として在勤中（1928−30年）に「国立博物館」（「自然史博物館」）を見学した際、「人類学の標本室」、すなわち「人類学ギャラリー」で日本人の「反転しながらみるようになっている衝立式の写真」があったので、「それを段々に見ていった」ところ、「突然、わが家の定紋のついた羽織袴姿の武士」の写真に出会う。「その下に書いてある姓名を読むと、〈ナガモスキ・ゴロージ〉」とあり、父親の写真と知って驚愕する。

「何とかこの写真を複写して、日本に持ち帰りたい」と考えた末、首尾よく同館で「種板」を借り、教えられたパリ市内の写真店で五枚焼いてもらって、帰国後に親類に配ったという。

永持は父親・五郎次が「竹内下野守、松平石見守たちが、幕府の特派大使として渡欧した時、福沢諭吉、福地源一郎、箕作秋坪、松木弘安等の俊秀と共に随行した」とも記しているので、この時、父親の写真と共に諭吉をはじめ他の使節団の写真も見たに違いない。

五郎次は当時十七歳だったので、「随行の能否については相当問題になったが……伯父柴田貞太郎（祖父の実兄）の従者という名目で随行できた」と明かしている。旅行中は従者として働いていたうえ、永持家が幕府の重臣だったのに対し、翻訳係で「陪臣」の下級武士・諭吉とは仕事も身分も異なるので二人が接触する時間はほとんどなかったとみられるが、諭吉ら「俊秀」との旅だったことは家族に自慢していたとみられる。

松本は留学中（１９２４—２８年）に「人類学ギャラリー」の「右側二階の隅」で諭吉ら使節団全員の全身写真を見たと記し、永持も在勤中（１９２８—３０年）に同じ場所で父親の写真を見たと書き遺している。二〇一六年現在、当時から建物自体はまったく改築、改装されていない「比較解剖学・古生物学ギャラリー」の、一、二階はもとより、天井が吹き抜けになっているため回廊になっている場所にも写真類はいっさい展示されていない。二階には骨格標本の複製が展示され、回廊には各種岩石の標本、ラスコーの洞窟の壁画のコピーなどが展示してあるだけだ。同館の写真類は、「『人類博物館』が創設された時に他の所蔵品と一緒に移転した」（自然史博物館付属研究図書館広報担当　アリス・ルメール）からだ。

松本や永持が使節団一行の「肖像写真」を見たのは第二次世界大戦のかなり前だ。日本は第一次世界大戦（1914―18年）では英仏米らの同盟国だったので日仏関係も極めて良好だった。松本も永持も「反転」「衝立」と展示方法について同じ記述をしているので、諭吉をはじめ使節団一行の肖像写真が一九三八年開館の「人類博物館」に移送されるまで、「自然史博物館」の「比較解剖学・古生物学ギャラリー」に展示してあったのは確かだ。

ただ、「人類の見本」（「福澤諭吉展」のカタログ）として展示されていたとすれば、第二次世界大戦では日本が交戦国という理由だけで展示から除外されたとは考えにくい。永持は「人類室」の一隅に日本人の部があって、「日本の百姓だとか、駕籠かきだとか、人力車夫だとか、色々の小さな人形が、ガラス戸棚の中に飾りつけてあった」とも記し、日本人の珍しい風俗が紹介されていたことも証言している。「人類博物館」が開館した一九三八年当時、すでに日本人が人種的にも風俗的にも珍しくなくなり、展示する意味がなくなったとみるほうが妥当だろう。

それにしても、松本がパリで撮影された諭吉の肖像写真を「福澤先生」なのか否か、わざわざ人物鑑定をするほど他の写真とは顔つきも雰囲気も異なっているのはなぜなのか。松本はこの鑑定のために諭吉の正面の肖像写真を永持同様に入手して日本に持ち帰ったとみられる。その後、「この松本が持ち帰ったプリント写真から逆にガラス板のネガを作成し、このガラス板のネガは現在、慶應義塾大学の日吉校舎の倉庫に保管してある」（慶應義塾福澤研究センター准

教授　都倉武之）。『福澤諭吉全集』が出版された時、四巻の口絵に使用するために、昭和三十二年（1957年）にこのネガから焼き増しされて使われた。さらに二〇〇九年開催の「国立博物館」での展覧会でも、「その時の写真を複写した」（同）とのことだ。

それにしても、なぜ、この「パリの写真」だけが、ヨーロッパで撮影された他の写真とは顔も雰囲気も異なっているのだろう。この疑問は、なぜ、東京で見た「福澤諭吉展」の「パリの肖像写真」が他の展示写真とは比較にならないほど強いオーラを放っていたかの疑問に直結しそうだ。

4　人類学者ドゥニケールが評した諭吉の顔

パリで撮影された若き日の諭吉の肖像写真を自著に掲載したフランス人がいる。諭吉がもし、このフランス人の人類学者ジョゼフ・ドゥニケール（1852―1918年）と出会っていたら、どんな会話を交わしただろう。ドゥニケールは自然科学学者かつ人類学者として初めてヨーロッパの人種地図の発展を詳細に分析したことで知られる。諭吉がロニと訪問した「自然史博物館」の付属図書館「研究図書館」の館長も務めていたが、諭吉とロニが博物館を訪ねたころは館長どころかフランスを遠く離れた外国で暮らしていた。

ドゥニケールは両親の移住先、ロシア南部アストラカンで生まれた。毛皮のアストラカン

（黒色の子羊の毛皮）やキャビアの産地だ。諭吉も訪問したことのあるペテルブルクの大学と同地の技術研究所で学び、エンジニアとしてフランス人にとってはまったくの未開地である石油産出地のコーカサスや中央ヨーロッパにしばしば旅行した。この辺りも、当時の多くのフランス人が一生を国内で過ごし、〝フランスが世界の中心〟と確信して何の疑いも持たずに暮らしていたのと異なる。外国、それもアジアに近い場所のしかも非植民地で過ごしたという一風変わったフランス人だった。

イタリアやユーゴスラビアにも足を延ばしているうちに人種への興味を募らせた。一八七六年に帰国し、パリのソルボンヌ大学で学び直して科学の博士号を取得した。八六年には「自然史博物館」に司書として就任し、八八年には熱心な研究態度が認められ、博物館付属の「研究図書館」館長に昇進した。

ドゥニケールが諭吉の肖像写真を「日本の啓蒙思想家・福澤諭吉」とは知らずに参考写真として掲載したのは代表的著書『地球の人種と民族（Les Races et les Peuples de la Terre）』（１９００年）だ。同書は人類学の古典として知られるが、その中に、諭吉の顔写真が「日本士官（旧体制下）」、東京生まれ。細長い顔の実例。（写真、パリ自然史博物館）」として紹介されている。旧体制とは明治維新前の江戸時代を指す。名前や年齢などは紹介されていない。

諭吉は大阪生まれなので、この記述は明らかに間違いだが、フランス語の原書（全６９２ページ）の八十四ページの中央部分に掲載されているのはまぎれもなく、ポトーが撮影した諭吉

ドゥニケール『地球の人種と民族』に掲載されている諭吉の写真（著者所蔵）

の「パリの肖像写真」のうちの真正面の写真だ。腰から上の半身像の写真を身分証明書の顔写真のように襟の部分以下はカットされている。しかも、目鼻立ちの詳細がよくわかるように、単行本大の大きさの同書のページ全体のほぼ二分の一を占めている。

同書には、当時のこの種の地味な学術書としては珍しく写真が百七十五枚も掲載されている。また、学術書としては例外的に一九二六年に再版もされ、多くの国で翻訳出版もされた。同書に掲載されている日本人の写真はこの一枚だけで、どういう経緯でドゥニケールが諭吉の肖像写真を選んで掲載したかなどの説明はない。

ドゥニケールは「文久遣欧使節団」がパリに滞在した一八六二年当時は、まだロシアに在住しており、十歳の少年だった。ただ、帰国後、「自然史博物館」の付属図書館「研究図書館」に就職したころは、使節団訪仏のニュースは耳に入っていただろう。初めてフランスにやってきた極東の国からの訪問者に人類学者として大いに興味を募らせたはずだ。しかも「自然史博物館」の従業員・ポトーは、この初めての一八六二年の使節団に加え、一八六四年の使節団の二組の肖像写真を撮影していた。しかも、最初の使節団の肖像写真は「人類学ギャラリー」に展示されていた。いや、ドゥニケールが展示を思い付いたのかもしれない。

ドゥニケールは「研究図書館」の館長に就任すると同時に『世界地理辞典』の編纂長にも任命され、ヨーロッパ大陸の各種人種の研究をはじめ、他の大陸の人種の種類や人口にも興味を拡大させた。また同じ人種でも、何が原因で肉体的特徴や知能程度に差異が生まれるのかなどの前代未聞の研究考察に挑戦した。こうした研究の集大成とされるのが『地球の人種と民族』だ。ドゥニケールは諭吉の顔を「細長い顔の実例」として挙げたが、その意味するところは何か。

ドゥニケールは図入りで頭部の縦のカーブの長さや顔の長さを綿密に計測分析して人種の区別を行なっている。日本人に関してはフランス人医学教授ポール＝ピエール・ブロカ（1824―1880年）やドイツ人医師エフヴィン・ベルツ（1849―1913年）の研究も踏まえて優秀型と下司型に分類した。そのうえで諭吉の顔を「細長い顔」、つまり上級の支配階級で身長も高く、知能も進んでおり、文化度も高い顔の典型として挙げた。「細長い顔」のほかに、「眼が水平で鼻も真っ直ぐ」も、条件にしている。

ドゥニケールの師でもあったブロカは解剖学に興味を持ち、特に脳の研究を行なった。ヨーロッパ人種と西アフリカ人種の脳の重さを比較し、ヨーロッパ人種の脳の重量がアフリカ人種より百立方センチ多いとの根拠から、脳の重量の重い人種が優れており文化も進んでいるとした「ブロカの法則」で知られる。この法則はナチ・ドイツをはじめ人種差別者に利用されたので、当然ながら後に激しい非難の的になった。現在もこの法則は根拠なしとして批判、あるいは無視されている。

一方、ベルツは独ライプニッツ大学病院に入院中の日本人留学生・相良玄貞を治療した縁で東京医学校（現東京大学医学部）の教授に招かれた。一般的にアカギレに効く「ベルツ水」の発明者として知られるが、東京大学医学部で長年、教鞭をとったほか宮内省御用掛として明治天皇と皇太子の侍医も務めた。夫人は日本女性の荒井ハナコだ。一八八三年には長年の日本滞在から得た経験と知識と医学的見地を交えて『日本人の身体的特性』を上梓した。勲一等旭日大綬章を受章し、いったんドイツに帰国するが一九〇八年には伊藤博文の要請で再来日した。

ベルツは伊藤博文ら明治の元勲とは知己があったが、諭吉に関しては名前は知っていたとしても交流はなかったはずだ。諭吉は《一身独立》の手本を示そうと明治政府からの出仕命令を辞退しており、東京大学とも無縁だからだ。ベルツの著書にも諭吉に関しての言及はないので、ドゥニケールに影響を与えたとは思えない。諭吉は、ドゥニケールが同書を出版した一九〇〇年には『西洋事情』や『学問のすゝめ』も刊行し、創設した『時事新報』でも健筆を振るっていたが、ドゥニケールが諭吉のこうした存在を知っていた可能性は極めて少ない。諭吉は「文久遣欧使節団」の中では「下位」に属した無名の存在だった。また、サムライ姿の若き日の諭吉の顔写真からは明治維新後の断髪、背広姿の諭吉を想像することは、松本が鑑定を行なったように極めて難しい。特に、外国人には同一人物には見えなかったはずだ。

ドゥニケールはこの若いサムライが「日本のヴォルテール」とはまったく知らずに、だからこそ、名前も付記せずに、単に人類学者としての見地から、「日本の優秀型」「知的水準が高い顔」の典型として挙げたとみるのが自然だ。ドゥニケールは同書で、諭吉の写真の前と後のページでオーストラリア原住民とナガ族（当時のビルマ南部とインド北部の中間、現在のフィリピン南部。中世にはヨーロッパとアジアの交易中心地として栄えた）の写真も掲載し、前者を「顔の長さが短い」、後者を「顔の長さが長くも短くもない顔」の実例として挙げている。

それにしてもドゥニケールはなぜ、諭吉の写真を選んだのだろう。幕府は文久遣欧使節団のほかにもその後、フランスには第二遣欧使節団（1864年）、横須賀製鉄所設立準備特命理事官として遣欧使節団で組頭を務めた柴田貞太郎の一行（1865年）、日露境界線問題再交渉のための小出大和守秀実の一行（1866年）、そして最後がパリ万国博覧会に将軍慶喜の名代として出席した民部公子・徳川昭武の一行（1867年）を派遣した。

このうち、ポトーが肖像写真を撮ったのは遣欧使節団と第二遣欧使節団だけだが、他の使節団もパリで「ナダールの写真館」などで写真を撮ったはずだ。研究熱心なドゥニケールの目に触れる機会もあったろう。ドゥニケールは少なくとも遣欧使節団の正使・竹内下野守や副使・松平石見守の肖像写真は見たにちがいない。ドゥニケールの勤務先の「自然史博物館」のしかも「人類学ギャラリー」には、彼らの写真が諭吉の写真と共にあったことが少なくとも二人の日本人によって証言されている。

　当時五十六歳だった正使・竹内下野守は壮年の円熟した、いい顔をしている。通詞として使節団に参加し、維新後にジャーナリストとして活躍した福地源一郎（桜痴）は「温良の徳、自《おのずか》ら容貌に露《あらわ》れ、物に騒がざる君子風の良吏」と絶賛し、支配階級の典型的な容貌としている。フランス人も「いかにも聡明そうな」（『グローブ・イリュストレ』4月24日）と報じており、外国人から見ても同様の評価がされている。

　副使・松平石見守の顔はどうだろう。当時三十一歳。御家門（徳川将軍家の親族）の若殿様らしい端正で上品な顔だ。しかもただの育ちの良い若殿様ではなく、一行が香港に立ち寄った時、何人かが早速靴を買って草履と履き替えたのを見て、「国風を紊《みだ》る、是より日本に追返すべし」（福地源一郎『懐往事談』）と叱責した有名な逸話で知られるように、日本人としての矜持と誇りが自ずと顔にも表れ、風格もある。頭も良く、才気煥発で「若くて、聡明で、機敏なひと」（駐日フランス公使　ベルクール）、「my old boy」（イギリス公使　オールコック）などと敬愛され、外国人には特に非常に好感をもたれた。

　ドゥニケールは一八六四年の「第二遣欧使節団」の肖像写真は見ただろうか。正使・池田筑後守の顔は「細長い顔」ではなかったか。当時二十九歳。少年の頃に「神童」といわれた利発な面影が十分に残っており、ちょっと神経質そうなところが見えるが、旗本直参らしい上品なところも正使として人の上に立つ威厳もある。「文久遣欧使節団」と「第二遣欧使節団」はいずれも幕府のエリート・サムライ集団だったので、ドゥニケールが分類した「優秀型」の顔は何人もいたはずだ。

ドゥニケールはコンピューターがない時代に多数の頭骸骨の綿密な計測も行ない、入手可能だったあらゆる人種の顔写真など様々なデータを集めて人種地図を作成するという気の遠くなるような作業を完結させた。そんなドゥニケールにとって、少なくとも諭吉を含めた「文久遣欧使節団」の三十八人、「第二遣欧使節団」の三十四人の計七十二人の使節団の日本人の肖像写真があったとすれば、一人の例外もなく仔細に点検することは容易な作業だったはずだ。

諭吉以外の「細長い顔」や「眼が水平で鼻が真っ直ぐ」な顔を見逃すはずはない。諭吉は確かに二組の使節団の中でも一七三・五センチと、当時としては長身だったので、その部分が加味されたのだろうか。しかし、著書の中では身長は一般論として述べられており、「細長い顔」の典型にされた諭吉の場合、身長に関しての言及はない。半身像の写真では身長の高さを推測するのは不可能だ。写真説明には名前と出身地、時たま年齢が記されているものの、「身長」には触れていない。諭吉の写真には年齢も記されていない。

ドゥニケールが諭吉の真正面の肖像写真を選んだ理由はたった一つしかない。他のエリート・サムライとは異なる全身から発する強いオーラに魅せられたからにほかならない。それが「細長い顔」や「眼が水平で鼻が真っ直ぐ」な顔とあいまって、ドゥニケールの目をくぎ付けにしたに違いない。

松本は『地球の人種と民族』は世界中の人類学者が参考文献として目を通しており、「福澤諭吉」の肖像写真とは知らずにこの写真を見た研究者も多いはずだと指摘している。ドゥニケールも自分が支配階級で知的レベルも高いとして選んだ日本人が「日本のヴォルテール」と呼ばれ、壮年期の顔写真が日本の通貨・円の最高額である一万円札を飾っていると知ったら、わが意を得たと思ったはずだ。ただ、「人種」に関する研究は「ブロカの法則」同様に人種差別の問題をはらんでいる。平等主義者の諭吉自身が知ったら、果たして喜んだかどうか。

松本や永持が諭吉ら一行の写真を見た「解剖、古生物学及び人類学ギャラリー」も現在では「比較解剖学・古生物学ギャラリー」と呼ばれ、「人類学 anthropologie」という言葉が省かれている。このフランス語の単語は「文化（社会）人類学」「人間学」を意味し、人類の歴史などの研究を指すが、「『人種』問題と誤解されやすいので、それより『比較解剖学』としたほうが内容にふさわしく、明快だからだと思う」と指摘するのは、自然史博物館付属「研究図書館」コレクション部長パスカル・エヴルテルだ。二十世紀も半ば近くなって誕生した「人類博物館」に日本人の写真が展示されなくなった理由も、「人類に関する展望の仕方が変わってきたからだ」と指摘する。つまり、日本人はもはや、東洋の果てを居住地域とする珍しい人種としての研究対象ではなくなってから久しい、ということだ。

5 研究図書館で発見した諭吉の肖像写真

人類学者ドゥニケールが館長を務めた「研究図書館」は一般にはあまり知られた存在ではないが、「自然史博物館」と同時に一六三五年に創立された由緒ある図書館だ。フランス革命当時に国立になり、十八、十九世紀に入って学者の個人的寄付によって自然科学部門の図書館として充実が図られた。文献などを含めて蔵書数は約七十万冊に上る。専門家の間では古地図やメダルと共に、羊皮紙より薄い子牛の皮で作ったルイ十四世のコレクション本があることで知られる。

学者の寄付の中には海洋動物の研究で有名な博物学者ジョルジュ・キュヴィエや植物学者のアントワーヌ・ド・ジュシュー一族、動物学者でナポレオンのエジプト遠征の研究者エティエンヌ・ジョフロワ・サンティレール一族などが寄贈した重要な文献が含まれている。いずれの名前も「植物園」近くの通りの名前になっている。「ジュシュー」は現在、この通りにあるパリ第七大学の別称として一般的には使われているが、命名の由来を知る学生は少ない。

ジョフロワ・サンティレールは「研究図書館」のある通りの名だ。周囲の通りは初代の館長を務めたビュフォンや各ギャラリーの発展に尽くしたキュヴィエなどの名前が冠されている。「図書館」の正門は「植物園」の真裏のサンティレール通りにあるが、裏口は花壇の行き当たりの「植物園」内にあり、そこから直接、入館できる。

十九世紀に入ってからは写真に関する文献が多数、集められ、特に自然界や民族学、人類学、動物学などに関する写真類のほかに、これらを対象にした撮影技術に関する文献もある。その中には「自然史博物館」の専属写真家ルイ・ルソーの作品に交じって、当時は「準備員」と呼ばれた「助手」のポトーが撮影した「上海沖で採取されたヒトデ」や「クラゲ」「オオアリクイの解剖写真」が、「コレクション案内」という小冊に見本として掲載されている。

この小冊にはほかに、「写真ポトー　一八六二年、多分アルジェで撮影された一連のシリーズ写真の二枚」としてアルジェリア人男性の正面と真横の顔写真が掲載されている。写真の横には「裏書に、ポトーによる『青年、尖った鼻、身長高く非常に痩せている、多分、肺結核、だが非常に典型的な顔』とのメモがある」との説明文が付記されている。

この説明文によると、ポトーは使節団の写真を撮った同じ年に仏領アルジェリアの首都アルジェに出張した可能性が示唆されているが、「パリのアトリエで撮った可能性が強い」と「研究図書館」の広報担当アリス・ルメールは推測する。「ポトーはアトリエに肖像写真の背景として、その人物にふさわしい、それらしい風景を人工的に設えていたからだ。例えばアフリカ人の場合は風景に藁ぶき屋根などを使った」という。

「研究図書館」を訪ねたのは諭吉とロニが「自然史博物館」を訪問した記録が残されているかもしれないと考えたからだ。同図書館には「自然史博物館」に関する創設以来の膨大な日誌

「Procès-Verbal（議事録）」があったが、諭吉とロニが「植物園」を訪ねた一八六二年四月二十六日のページにも「昨日数人の医師と士官」（『ルタン』4月20日）が訪問した四月十九日のページにも「日本人見学」に関する記載はなかった。

「フクザワユキチとロニの二人は正式な訪問者ではなかったようだし、自然史博物館の誰かと面談したわけでもなさそうなので、その場合は記録は残らない。医師と士官の見学はフランス外務省を通しての正式見学だったのだから、記載があってもおかしくない」とアリス・ルメールは首を傾げた。議事録の大半は、「蘭の苗木を九十四本購入」「アルジェリアからハイエナ四匹入館」など「植物園」や各ギャラリーの展示品に関する記録だ。人事面も「ナポレオン三世がコレスポンダント（取引担当）としてノエル・テュケを任命」、「農業相が来園」など、「植物園」や各ギャラリーに関する情報や〝重要人物〟の動向に限られていた。

ところが、この「研究図書館」の人気のない閲覧室で、まったく思いもかけずに日本で見た諭吉の真正面と真横の肖像写真に出会った。ポトーは「自然史博物館」の「従業員」だったので、もしや諭吉らを撮影した肖像写真があるかもしれないと思い、閲覧室の写真責任者アントワーヌ・モナクに、「博物館で働いていたフィリップ゠ジャック・ポトーが撮影した日本の使節団らの肖像写真は保管されていませんか」と試しに尋ねたところ、「この中に何枚かあるはずだ」といって黒のA3判大のがっちりした箱を運んできた。半信半疑で箱を開くと中にはベージュ色の紙バサミの束があった。

一番上のベージュ色の紙バサミを開くと、剃髪の横顔の写真が目に飛び込んできた。裏側に「Mi-tsoukomi 34」とある。〝洋学三人組〟の医師かつ反訳方（翻訳）・箕作秋坪だ。「34」は三十四歳の意味だ（実年齢は36歳）。箕作は諭吉に先立って「植物園」を訪問しており、「驚異的にメモを取り、日本のいくつかの植物の種を持参してきているので、それをヨーロッパ産のタネと交換したいと申し出た」（『ルタン』4月20日）と報じられている。

普段は年長者らしく落ち着いた振る舞いの箕作も、自分の肖像写真が「植物園」の一隅に保管されていると知ったら、若い諭吉や松木弘安と一緒に手を取り合って感激に浸っただろう。次のページの人物については「Taku-mato Shiko-ro」とだけ記されていた。小人目付・高松彦三郎だ。次のページはやはり剃髪で「Kawa-saki」とのみ記されているが医師・川崎道民だ。

そして、四番目に登場したのがまさに、東京・上野の「国立博物館」に展示されていた諭吉の真正面の「パリの肖像写真」だった。ドゥニケールが自著に使ったのはこの写真に違いない。「B119―B134」の番号が記されている。写真の裏には、手書きで「Joukra-sawa」と記されていた。次のページをめくると、そこには諭吉の真横の肖像写真があった。正面と横顔の両方に、添え書きとして手書きで「ネガあり」とも記されていた。

民族学者・松本信廣は「自然史博物館」の「人類学ギャラリー」で見た諭吉の肖像写真について、「Sukusawa」と書かれていたと記述し、「S」と「F」の文字が手書きの花文字だと間違いやすいと指摘していたが、ここでは「J」と書き間違えられている。松本が見たのはこの写真だったのだろうか。表記も異なるほか、松本が記した「全身像」ではないが、「福澤諭吉展」で展示されていたのとまったく同じ写真だ。袴の結び目の辺りまでが写っている上半身像だ。

その次の写真は箕作の真正面の写真で、「34」とやはり年齢が記されている。次は「No-zawa Ikouta do, estique de 2em ambassadeur japonais（第二大使の従者）」「Race Mongole（人種モンゴル）」とある。副使・松平石見守の従者・野沢郁太だ。次は「正使の従者」「人種モンゴル」で、名前の表記はないが竹内下野守の従者・長尾条助だ。正面と横顔がある。次も「人種モンゴル」で肩書きはなしで名前だけ「Naga-Motori」とあるのは、組頭・柴田貞太郎の従者永持五郎次だ。息子の源次が「自然史博物館」で見た写真にちがいない。次と次も名前も肩書きもなしで、「人種モンゴル」の表記のみだ。次の「Hara-Kakou-zo」は各藩がこの際、勉強のためと「小使兼賄方」の肩書きで派遣した阿波藩士・原覚蔵だ。肩書きが「artiste peintre（画家）」となっている。確かに原は絵師だ。この正しい肩書きをフランス側はどうやって入手したのだろう。

「文久遣欧使節団」の肖像写真は「Shibata sadataro」、「組頭・柴田貞太郎」が最後で全部で十六枚あった。すべて寸法（13×18センチ）は諭吉の横顔の写真も含めて同じ大きさだが、なぜか諭吉の真正面の写真だけが多少大きい。その理由は、「不明」（アントワーヌ・モナク）だが、ドゥニケールが著作に掲載するために特別に焼き増しした写真をそのまま保管したのかもしれない。写真説明に「人種モンゴル」の文字が目立つのは、「人類学ギャラリー」の目的が人種の研究にも置かれていたからにほかならない。

この「日本使節団」の写真はこの箱にあるものだけで、松本正廣が指摘した「全員の写真」も「全身の写真」もなかった。「研究図書館」の案内書によると、「一八八五年に研究室（実験室）の工事の際に写真の仕分けが行なわれた」とあり、ポトーが撮影した写真類の一部がこの時、どこかに紛れ込んだか遺棄された可能性は大いにあるが、松本が証言したように、「使節団」の写真は一九二〇年代までは揃っていたはずだ。

広報担当のアリス・ルメールは、「ここにある写真はポトーのアトリエで焼かれた、つまり全てオリジナル写真である。ここに保存されている以外の日本人の写真については知らない」と述べた。ルメールは、「肖像写真の資料が保存された経緯などは不明だが、焼き増しの技術も進んでいたので、『人類博物館』にネガとプリント写真を移送する前に焼き増しして、この図書館に資料用として遺したのではないか」と推測した。諭吉の写真の「ネガあり」の意味は同館にはネガ類は保管されていないが、「人類博物館」に「プリント写真と共に移転したとの意味だろう」とも解説した。

確かに「慶應義塾福澤研究センター」には「昭和三十二年（1957年）に『福澤諭吉全集』の第四巻の口絵に使用するために、『人類博物館』に保管されていたガラス板から焼き増しをした」と付記した資料があり、ガラス板、つまりネガが「人類博物館」に一九五七年の時点では保管されていたことを示している。

同館のコレクション部長パスカル・エヴルテルによると、「人類学ギャラリー」、すなわち「比較解剖学人類ギャラリー」と呼ばれたころは「植物園」の横のキュヴィエ通り側にあり、文字通り、医学的見地に立った「人種」が主要テーマだった。諭吉がロニと見学したのはこの旧館のほうで、「骸骨や人間や動物の臓器や各国の人種の見本デッサンだけが展示されていた」（パスカル・エヴルテル）。諭吉が『西洋事情』の《博物館》の項で《メヂカル・ミユヂヱム》と記したのも、この旧館を見学したからだ。

当初は医学者などの専門家のみが利用していたが一八〇七年には一般公開された。「人類学ギャラリー」が現在の裏門を入ってすぐのところに引っ越したのは一八九八年だ。所蔵物が増大したほか、一九〇〇年のパリ万国博覧会を前に新しい鉄骨やガラスを多用した建物の建設が可能になったうえ、万博開催で増える入場者を見込んでのことだ。一九二〇年代に民族学者・松本信廣や永持源次が見学したのは移転後の現在の建物のほうということになる。

諭吉が「博物館」でこの「比較解剖学人類ギャラリー」、すなわち《メヂカル・ミユヂヱム》について詳しく言及していないのは、展示品が専門的なうえ、点数も少なかったからだろう。

ドゥニケール自身は自著に使用した肖像写真の日本の若者や一行の数人が「自然史博物館」を訪問したことまでは知らなかったはずだ。一方、諭吉も《good friend》ロニと共に春の日に訪れた《博物館》の一隅に他の一行と共に肖像写真が展示され、付属図書館に保管されることになるとは夢にも思わなかったはずだ。

それにしても、松本や永持が「自然史博物館」で目撃した諭吉の肖像写真やネガは今、パリのどこにあるのだろう。「研究図書館」に保管されている諭吉らの肖像写真のほかに、ポトーのアトリエで直接焼かれたオリジナルのプリント写真はほかにもあるのだろうか。そして、ポトーは諭吉らの肖像写真をいつ、どこで撮影したのか。「『ジャルダン・デ・プラント』の近く……のアトリエ」(『モニトゥール・フォトグラフ』)、つまり死去するまで住んでいた自宅近くのアトリエで撮影したのだろうか。

第4章
パリ再訪

1　諭吉はなぜ、マドレーヌ寺院の見学にこだわったのか

諭吉ら文久使節団がイギリス、オランダ、プロシャ＝ドイツ、ロシアで江戸、大阪の二市と新潟、兵庫の二港の開市開港の延期交渉を終え、フランスでの交渉妥結とポルトガルとの交渉を経て帰国の途につくべく、パリを再訪したのは九月二十二日だ。パリでの今回の宿舎「グラン・トテル Grand Hôtel」（パリ9区スクリュー通り2番地）はパリの中心街にあり、春に滞在した「オテル・デュ・ルーヴル」や建設中のオペラ座、ナダールの写真館ともごく近かった。

諭吉は早速、《此旅館は今般新に落成せるもの》（『西航記』9月22日）と新築であることや、《七層楼、室の数七百七十。別に大会食所あり。三百五十人一時に会食すべし。建造十八ヶ月にて始て成り、二千三百万フランク（本邦二百三十万両許に當る）を費せりと云》（同）と記し、「オテル・デュ・ルーヴル」より一回り大きい七階建ての超豪華ホテルで建造費も巨額だったことなどを書き記した。

やはり廊下が長いのが特徴だが、諭吉はすっかりホテル生活にも慣れたので、迷子になることもなかった。このホテルは現在も「インターコンチネンタル・ル・グラン」、通称「ル・グラン」の名で五つ星の高級ホテルとして存在する。

パリの秋もまた美しい。春とは異なる独特の雰囲気がある。黄葉したマロニエやプラタナス

の大きな葉が陽の短くなった薄暗い街路にハラハラと散る。ヴェルレーヌが「秋風の　ヴィオロンの　節《ふし》ながき啜泣《すすりなき》　もの憂きかなしみに　わがこころ　傷くる」（堀口大学訳）と詠った物寂しい光景もまた、帰国の感傷と重なり、一行の心に染み入り、パリの思い出を忘れ難いものにした。

一行は公式の見学予定もないので帰国を前に土産物を買ったり、観光名所を見物したりして過ごすと同時に荷物の整理にも追われた。なにしろ、土産物を買ってもらおうと、「諸売人が旅館にやって来たので、一日中、雑踏のよう」（『尾蠅欧行漫録』）だったうえ、フランス人特有の「セ・パ・グラーブ（大したことではない）」と何が起きても楽観的な性格に加え、天来の事務能力のなさも加わり、「日本人二、三人の装具が紛失」という事態が発生。「この国はヨーロッパでも現在一番有名で盛大な国であるが……不良醜体の民情を成しているのは何故なのか」（同）と市川渡も頭を抱え込む状態だった。

諭吉はそんな同輩たちを横目に見ながら、パリ到着の翌二十三日には朝から独りで街に飛び出していった。諭吉ら一行はペテルブルクを蒸気車で九月十七日に発ち、十八日に国境を越えて十九日にベルリンに到着して同地で一泊。《コルン（独ケルン）》経由で夜半にパリに到着するまでの五日間、ほとんど蒸気車に乗り詰めだった。あれほど夢中になって乗った蒸気車もさすがに食傷気味だった。それより、諭吉の興味はほとんど一睡もしないまま飛び出していった見学先にあった。

その夜、《マデレナ（マドレーヌ）と云る寺院を観る。此寺は第一世ナポレオン帝工を起し、今より十八年前始て落成せり。柱壁共に石を以て造れり。最も壮大なり》（『西航記』9月23日）と記した。

この日、ロニは「条約改正」や使節団の帰国の準備などの〝公務〟で多忙を極めたので諭吉は「病院」を見学した時と同様に単独で見学した。ロニとしては諭吉がパリ再訪前から、しきりに「マドレーヌ寺院見学」を口にしていたので、「なぜ、マドレーヌ寺院なんですか」と訝った。パリには教会だけでも、パリ発祥の地であるシテ島に燦然と建つ初期ゴシック様式の代表「ノートルダム大寺院」や、カルティエ・ラタン（学生地区）にあるパリ最古のロマネスク様式の傑作「サンジェルマン・デ・プレ教会」などの歴史的名所旧跡が何ヵ所もあるではないか。

ロニはこの聡明な青年が時々、自分の発想や想像力を超えた行動を取るのが驚異だった。理論尽くめの西欧的考え方とは異なる自由で飛躍的発想をするのが東洋的な考え方なのだろうか、それが東洋の神秘の要因の一つなのかもしれない、などと考えた。あるいは、この青年は歴史の長い古い国から来たので、古いものより新しいものに興味があるのだろうか、それとも鎖国から脱したばかりなので、新しいものを大急ぎで取り入れる必要があるのだろうか、とも分析してみた。攘夷の乱暴狼藉を耳にしていたので、今の日本にとって、この青年のように進取の気性に富んでいる人材がいることは一つの奇跡であり、僥倖だと思った。

「マドレーヌ寺院」は巨大な方形の建物を取り巻いて、高い（19・5メートル）円柱に囲まれた古代ギリシャ・アテネの神殿風の建物だ。他の教会はもとよりパリ市内に立ち並ぶアパルトマン群とはまったく異なる特異な存在なので、外観に惹かれて中に入ってみようと思う者がいても不思議ではない。そのうえ確かに論吉の記述通り、ナポレオンが一八〇六年に「ナポレオン大軍隊の偉業」を讃えるために建設を開始したので中世の教会に比べると新しかった。

元来、この場所には十三世紀に「マドレーヌ」という聖女の名を冠した教会があったが、ルイ十五世が十字架形の建物の上を円天井が覆うという異色の外観を持つ寺院建造を目指したものの、設計家が亡くなったことで途中で計画を断念した。その後も何度か計画が変わり、その度に工事が中断され、建物は無残に放置されていた。

ナポレオンは当初、この建物内に自身が創設した「フランス銀行」や「証券取引所」を一堂に集め、一種の〝一大経済センター〟を創設することを考えたが、いまさら面倒な移転を嫌う当事者たちから「場所が不便」などの理由で猛反対され、この計画は途中で頓挫した。

結局、軍人出身者として、「後世は英雄が存在したことと英雄は必ず報いられるという原則を知るべきだ」と考え、建物内部に戦死者はもとより戦闘の参加者全員の名を刻んで「偉業」を讃えることを思い付いた。また、アテネの神殿の円柱の上の三角形のペディメント（切妻屋根の三角形の部分）にモーゼの戒律が彫られていた故事に倣い、同様の建物を建てて、法治国家の象徴的言葉を刻もうとも考えた。「ナポレオン法典」の制定者らしい発想だ。

諭吉は勿論、こうした歴史的な背景などはロニから多少、聞いていたし、春に滞在したおり、禁足解禁の一日目に参加した「グラン・ブルヴァール」の散歩のおりに、「マドレーヌ寺院」の外見の特異性や新しさ、《最も壮大》な点にも惹かれた。ただ、それだけの理由でパリ再訪時の寸暇を惜しむ滞在中に、帰国支度もせずに真っ先に寺院を見学したわけではない。ロニには笑われそうなので話さなかったが、諭吉にとっては極めて重要な「マドレーヌ寺院」の見学理由があった。

それは、同寺院がセーヌ河とコンコルド広場を挟んだ対岸の真向かいにある「ハウス・ヲフ・コムモン、すなわち「国民議会＝下院」の建物と瓜二つだからだ。

四月のパリで、《巴理にハウス・ヲフ・コムモン＝共和議事堂の義＝なる者あり》(『西航記』4月24日)と記し、開国後の日本の政治の基盤はこの「ハウス・ヲフ・コムモン」以外ないとの確信を得たが、この確信はロンドンでさらに議会制度についての詳しい講義を受けたことも加わり、益々強くなった。ロンドンでは地税十ポンド以上を支払った者に選挙資格が与えられる《一〇ポンド候補者》(『西航手帳』１０９葉)という選挙法があることを教わり、「この点、さすが革命の国だけあって、フランスのほうが平等だ」とも思った。

《ハウス・ヲフ・コムモン》の見学については春の滞在中にロニやランベールに何度か交渉してもらったが実現しなかった。ロニはパリ再訪を前に再度、見学希望を持ち出した諭吉に対し、「今は第二帝政時代ですからね。ナポレオン三世はクーデタで皇帝に就いた人です。議会の形式的承認を得ていますが、革命で誕生した共和制の根源である議会の見学は外務省の嫌うところだと思いますよ」とその背景を綿々と説明してくれた。諭吉もすでに、ロンドンでの講義などで、「自由帝政時代」とはいえ、外務省が議会見学に難色を示す背景は理解していたが、念のために再度、希望を述べてみただけだった。帰国準備で多忙を極めていたロニに「ハウス・ヲフ・コムモン」の見学の件でこれ以上、煩わせたくなかった。

諭吉もクーデタで皇帝の座に就いたナポレオン三世については、《エライ勢力》とその君臨ぶりを認める一方で、ロンドンでは、《一八五一年十二月二日のクーデタ、戒厳令布告、十二月二十一日の国民投票、クーデタの承認、五二年一月、新憲法発布、大統領任期十年、十二月二日帝位》（『西航手帳』122葉）とナポレオン三世を名乗るまでの略歴をメモ。帰国後には《策略《はかりごと》を以て天子となり……一頃零落して一銭なしに諸国を流浪せし》（『條約十一ヵ国記』）とも記した。

なんとなくナポレオン三世に対しては、人工的に先をピンと跳ねさせた口髭同様に胡散臭さを感じてもいた。ロニからもナポレオン三世に関しては様々な逸話を聞かされていた。ロニの父親がクーデタに反対して亡命したことも打ち明けられていた。大作家のヴィクトル・ユゴーが亡命し、外務大臣としてルイ・ナポレオン大統領時代に仕えたトクヴィルという賢者もクーデタに反対したことなども知っていた。

ロンドンで諭吉に講義したオランダ人医師シンモン・ベリヘンテもクーデタに反対してパリ

からロンドンに亡命したとの噂を聞いていた。諭吉の周辺は反ナポレオン三世ばかりなので、一度、第三者の公平な意見も聞いてみたいと思ったほどだ。

諭吉は春のパリを後にした時、外務省のお墨付きが必要で見学手続きが煩雑な《ハウス・ヲフ・コムモン》の見学の代わりに、誰でもが自由に出入りができるこのソックリさんのほうに足を向けてみようと心密かに決めたが、さすがにロニにはこの辺の微妙な気持ちを説明する気にはなれなかった。いったいあの多数の大円柱（52本）に支えられた屋根の下の内部はどうなっているのだろう、とにかく寺院を見学してゆっくりと《ハウス・ヲフ・コムモン》について想像を巡らしたかった。

諭吉にとって、その極めて貴重な《ハウス・ヲフ・コムモン》のパリの議場が「ブルボン宮」と王政時代を忍ばせる別称で呼ばれているのも不思議だった。ロニによるとフランス革命前にルイーズ＝フランソワーズ・ブルボンのために建造された宮殿だという。彼女はルイ十四世と愛人モンテスパン侯爵夫人との間にできた七人の子供（全員認知）の一人で、彼女の死後は遺族が相続したが革命後に国家の所有になり、議場として使われることになったという。

立地条件も良く、外観も壮大なうえ広さも十分などの議会に必要な条件が整っているというのは理解できるが、おなじみの呼称だという理由だけで王政時代の建物の名称を平然と利用するフランス人の神経の図太さや合理主義的感覚には、合理主義者の諭吉もさすがに理解に苦しんだ。王や王妃、貴族らを断頭台に多数送り、王政を否定したにもかかわらず、三使節らがヴェルサイユ宮殿を見学した時には案内人がルイ十四世の威光と業績を誇り、称賛してやまなかったという。フランス人の頭の中はどうなっているのだろうか、と不思議だった。

「国民議会」(下院)という正式な名称とともに、現在も「ブルボン宮」と呼ばれることがある広大な建物(総面積12万4000平方メートル)の内部には、扇形の議場があり、国民議会議員五百七十七議席(第五共和制の議員定数、5年任期)と劇場のような傍聴席や記者席が上階に設けられている。議会内には第二共和制時代に議員として活躍したユゴーの石像と一八四九年七月九日に「ミゼール(貧困)を破壊しよう」と呼びかけた演説草稿が壁に掲げられ、永遠の「共和主義者」に敬意を表している。ちなみに上院(348議席、任期6年)はセーヌ河左岸旧リュクサンブール宮殿を使っている。

国民議会の建物がマドレーヌ寺院と瓜二つなのは、実はナポレオンが意図的に議会と対峙するようにセーヌ河を挟んで相似形の建物建設を狙ったからだ。ナポレオンとしては「議会」に対抗して皇帝としての「権威」を誇示したかったわけだが、案外、議会制度にはそれなりの敬意を払っていたのかもしれない。ナポレオンが嫌ったのは権威ばかり振り回して仕事をしない無能な議員のほうだった。

ナポレオンの「大軍隊の偉業」を讃える計画は失脚によって実現しなかったが、ルイ十八世が再びカトリック教会にすることを決定し、最終的に他に類をみない威容を誇る寺院(奥行108メートル、幅43メートル=外面、21・4メートル=建物全体、高さ30・3メートル)が完成したのは諭吉が見学したちょうど二十年前の一八四二年だった。

諭吉は「マドレーヌ寺院」の入り口の長くて広い階段（28段）を登りながら、セーヌ河を挟んだちょうど対岸にある《ハウス・ヲフ・コムモン》を遠く眺め、議会政治が施行される日本の将来に改めて思いを馳せた。初めてパリに到着してから半年後に再訪したパリでは、諭吉の頭の中はフランスをはじめ各国で仕入れた「西洋事情」に関する知識や近代日本に関する構想でいまや、はち切れんばかりに溢れており、その顔を一段と輝かせていた。

2　日仏が「パリ覚書」で最終合意

再訪したパリでの交渉の見通しは明るかった。イギリスとはすでに江戸と大阪の二市と兵庫と新潟の二港の開市開港に関し、一八六三年一月一日からむこう五年間の延期を決めた「ロンドン覚書」が合意していたうえ、交渉が捗らなかったオランダからも「延期承認」の朗報が届いた。

あとはフランスと「五ヵ国条約」後に追加されたポルトガルを残すのみだった。そのポルトガルとはほとんど通商関係がなかったので容易な交渉が予測された。ロシアとの「樺太との国境線確定」という難問題が片付かなかったのは心残りだが、最大の任務である二市二港の開市開港延期問題がほぼ解決したので、三使節の顔にも安堵の色が見られた。

「ロンドン覚書」がロンドン到着からほぼ一ヵ月後の六月六日にようやく妥結したのは、幕府に「遣欧使節団」の派遣を熱心に説得した辣腕《らつわん》外交官の駐日イギリス公使オールコックが日本から駆けつけてイギリス政府を説得したからだ。オールコックに同行した英語の通訳の第一人者・森山多吉郎も到着し、意思疎通が容易だったこともある。

パリでは外相トゥヴネルが当初こそ強硬姿勢を崩さなかったが、健康を害し、退職の噂も広まっていたせいか結局、フランス公使ら外交官及び一般のフランス人に対する条約規定通りの自由通行の保障、ブドウ酒などのフランス産品に対する減税、対馬開港への努力などを条件に、その他は「ロンドン覚書」とほぼ同様の内容で十月二日に五年延長を認めた「パリ覚書」を調印する運びになった。トゥヴネルは使節団がパリから帰国の途に就いた一八六二年十月五日直後の十月十五日に噂通り、辞任した。在任期間は二年足らずだった。四年後の一八六六年に四十七歳で早世した。

諭吉はこの辞任の噂についても早速、《Touvunel 現今仏外国ミニストル Drouin de l'Huys 同将にミニストルたるべし》(『西航手帳』75葉)と、現外相トゥヴネルの名前と(ドルーアン)ド・リュイスが同職に就くことをメモした。使節団のトゥヴネル評はあまり芳しくなかった。フランスのエリート官僚特有の冷たさがあり、上司のナポレオン三世の意向ばかり気にしているように見えた。

特ダネ記者・諭吉としては辞任より後任のほうが気になった。それでロニからド・リュイスの名前を聞き出して記しながら、いったい今後はどういう対日外交政策が取られるのかと考えを巡らせた。フランスのアジア政策はインドシナ、中国が優先事項であることは承知していたが、開港後の対日外交はこれまでより重要になって然るべきだと思った。ところが、カンのいい諭吉が密かに危惧した通り、大した変化はなかった。しかも、日本で攘夷の現状を身をもって体験しているベルクールが攘夷派征討のための幕府支援を約束した時、リュイスは、「地球上の多くの地点で重要な問題がわれわれに慎重な態度を要求している時に……皇帝政府が仮定の利益に対して犠牲を払うことを正当化する理由は見いだせない」（1863年7月18日）との公文を送り、フランスにとって日本よりも外交利益のある他の国との外交政策を重視するべきだと指摘し、ベルクールを譴責した。

リュイスはこの〝譴責事件〟もあってか、一年後には駐日公使をベルクールからレオン・ロッシュに交代させた。ベルクールはフランスの初代駐日公使として四年八ヵ月間、泣き言も多かったが曲がりなりにも重要な役目を果たした。そのことは本国などとの公文やメモ類などが「十一巻、各巻に三百から四百枚、ページ数にすると倍数」（アラン・コルナイユ『LE PREMIER TRAITE FRANCO-JAPONAIS』〔初の日仏条約〕）と膨大であることからもわかる。これらの文書はすべてフランス外務省古文書館のマイクロフィルムに収められており、閲覧も可能だ。「日本」に関しては「黒船来航」の翌年から第二帝政崩壊まで（1854－70年）のマイクロフィルムだけでも二十巻ある。その大半はベルクールが本国と交わした文書だが、二代目公使レオン・ロッシュ（1809―1901年、在任期間1864―68年）に比べると日本での知名度は極めて低い。

フランスの外交官には「ド」の付く貴族出身が伝統的に多いが、（デュシェーヌ・ド・）ベルクールもその一人だ。新外相もド・リュイスと「ド」が付く。最近は貴族に代わって高級官僚養成所の国立行政学院（ENA）卒のエナルクが外務省に限らず、一種の選ばれた階級としてフランスの政経官界を牛耳っているが。

「経済大国・日本」の場合、経済金融関係の官庁が外交関係官庁より重要度が高いが、フランスの場合は反対だ。ロシアを含めた列強がひしめくユーラシア大陸で、「大国」の地位を堅持するための戦略的拠点であるからだ。王政時代には代々の国王がたった一人で直接、外国の国家元首と交渉などに当たり、外務大臣が初めて置かれたのは十五世紀のルイ十一世（1423―83年）の時代だ。

国家としての規模が大きくなり、諸外国との外交問題が増えるに従い、さすがに国王一人では処理しきれなくなり、政治学者のフィリップ・ド・コミーヌを国王の相談役、つまり実質的な外務大臣に任命した。この時代には各国に一時的、後には長期滞在型の常駐〝大使〟を派遣するようになった。その後、「国王の秘書役兼公証人」という役職が置かれ、十五世紀の終わりには人数も四人に増えた。そして、一五八九年一月一日に、この四人のうちの一人、ルイ・ド・ルヴォルに「大臣」の称号が与えられた。「外務大臣」の誕生である。トゥヴネルはルヴォルから数えて九十八人目の外相だ。フランス外務省の入り口に肖像画が掲げられている実質的な初代外相のリシュリューは三人目、トクヴィルは八十八人目だ。

ルヴォルは毎日、午前五時に国王と面談した。つまり、国王と非常に近い関係にあったわけだ。ルヴォルは配下として「首席秘書官一人、書記官六人」を任命した。太陽王ルイ十四世は内外政治を自分に集中させる絶対君主制度を敷いたので首相職は置かなかったが、側近で事実上の首相だったコルベールの弟クロワシーとその息子のトルシーが「閣外相」の任に当たり、実務をこなした。

トルシーは一七〇九年に古文書室を創設し、陣容も通訳から法律顧問、会計係まで整え、役所としての基礎を作り上げた。外務省の誕生である。フランス革命前には三十九人の秘書官がいた。ただ、彼らの任務はあくまでも秘書であって、大使として外国に派遣されることはなかった。ロンドンやウィーンといった重要国の大使には高位聖職者や貴族、大金持ちが任命され、他の国には通常、司法官など法律に精通した者が任命された。

二十世紀に入っても外相や大使に「ド」の付く貴族階級が多かったのもこうした背景があるからだ。ベルクールはこうした伝統的かつ典型的なフランス人外交官として、極東の途上国・日本の習慣や武士の作法に対し積極的に勉強しようとせず、しかも攘夷の嵐の真っ最中の赴任で強い文化的ショックを受けた。

一方のロッシュは外交官としての経歴が異色だ。父親が植民地アルジェリアで栽植農園を経営していたので少年時代に同地に渡り、アラブ語を二年で習得した結果、アフリカ駐屯のフランス軍に通訳として雇われた。次いでアルジェリアの警備隊員の下士官となり、アブダル・クーリ島（南イエメン）との停戦交渉に当たったが、アラブ民族に対する態度が公平だったため彼らからも尊敬された。一八四五年に本省の通訳として帰国し、四六年にはモロッコ公使館の書記官として赴任。この植民地での異文化に接した長年の経験が、開国直後の日本でも大いに役立った。

ロッシュは日本の風俗習慣を理解して受け入れただけではなく魅了された。一方で日本に着任するや、イギリスが「圧倒的優位を誇っていることを認識する」（クリスチャン・ポーラック『絹と光　知られざる日仏交流一〇〇年の歴史』）。例えば横浜には英軍と仏軍が一八六三年以降、駐屯していたが、イギリスが二万坪の土地に三十一軒の建物を建て、一千五百人の海兵を派遣していたのに対し、フランスの土地が三千坪で兵士はインドシナから派遣された二百五十人と極端な差があった。フランス中部のリヨンは絹の産地だが、この分野でも同様の差があり、「世界の他の土地でのフランスの威光を全く反映していないと思い……激しい競争心を駆り立てた」（同）。

ロッシュは一八六六年に幕府の要請で日本に派遣された顧問団に対しても、他の東洋人とは異なる性格を持つ日本人に対し、「尊敬をこめた善意、正義感あふれる厳格さをもって臨む」（同）ようにとの忠告を与えた。顧問団もこの忠告を忠実に守ったが、ロッシュの日本人観に共感したからにちがいない。このロッシュの燃えるような競争心と日本と日本人、つまり徳川武士への敬愛と愛着とが第一次フランス軍事顧問団（団長シャノワーヌ大尉＝パリ司令部付け武官以下15人）のフランス軍人たちにも乗り移ったのかもしれない。

幕末にフランスが徳川幕府、イギリスが薩長に味方した結果、明治維新後に勝った官軍、つまり明治政府とイギリスとの間で初めて軍事を含む日英同盟（1902年）が結ばれ、第一次世界大戦時の地中海への日本艦船派遣にも繋がった。日本では現在もヨーロッパの筆頭国がイギリスなのもこうした経緯があるからだ。もっともイギリスはヨーロッパ大陸に属していないのでフランスを含めヨーロッパ諸国ではイギリスをヨーロッパの国とはみなしていない。イギリス人は「ヨーロピアン」ではなく、「アングロサクソン」である。

こうした英仏の競争心は諭吉がマルタで記したように使節団が英仏のどちらを最初の訪問国にするのかで二転三転したことからも知れるが、決定が遅れたのは一つにはトゥヴネルが逡巡したからでもある。トゥヴネルはクリミア戦争（1853－56年）の真っ最中の一八五五年にクリミア半島でロシアと戦ったオスマン帝国（現トルコ）に大使として赴任し、手腕を発揮して注目され、経験豊富な能吏として知られていた。オスマン帝国は当時、英仏の同盟国だった。

一方でイタリア統一やイタリア北部ピエモンテに属していたニースのフランス領併合などでも活躍した功績に対し、ナポレオン三世が「ニース伯爵」の称号を与えようとした時、「外交官としての任務を果たしただけ」と固辞したいかにも職業外交官らしい逸話がある。外相に就任した時も、「私の政治的視点というものはない。皇帝の意向に適合させる」（ブノワット・イヴェール編『外相辞典―1789―1989』）と挨拶し、職業外交官としての立場を明確に宣言した。

トゥヴネルが使節団のフランス行きの最初の決定を直後に覆したのはアレクサンドリアのフランス領事からイギリス先着の情報が入ったからだ。そこで、歓迎準備ができていないとの口実でフランスの駐マルタ領事に急遽、イギリス行きに変更するように訓令した。確かにフランスはイギリスほど積極的に使節団の訪欧を推進しなかったので準備不足ではあった。

ところが、駐英フランス大使フラオーから、英外相ラッセル卿が一行のロンドン先着に同意して準備を開始したと伝えてくると、フランス先着に方針を変更した。結局、最終的にフランスが最初の訪問国になった。トゥヴネルのこの逡巡ぶりから察せられるのはイギリスに対し、いかに対日外交を有利に進めるかでフランスが腐心したことだ。

もう一つ、上司・ナポレオン三世の対日外交方針が曖昧だったこともトゥヴネルの判断に迷いを生じさせた。トゥヴネルは内々に、「皇帝の外交政策の目的がよく分らない」（同）とトップと自分の見通しの相違を嘆いていた。アメリカの南北戦争に関してもナポレオン三世が南部の勝利を信じていたのに対し、懐疑的だった。日本の開国問題でもベルクールがアメリカやイギリスの後塵を拝さないようにと再三訴えたのに対し、当初、拒否したのはナポレオン三世がアジアではインドシナ、中国に重心を置いていたからだ。

加えて日本の現場にいる部下ベルクールの判断力がいま一つ欠けていたこともある。ベルクールは、イギリス公使オールコックの動向を絶えず気にして追従するのが無難と判断していた節がある。事実、使節団派遣の背景にはオールコックの熱心な働きかけがあった。

「日英修好通商条約」に基づきベルクールに三ヵ月先んじて一八五九年六月に就任したオールコックは目先が利き、判断力にも富んだ有能な外交官だった。着任当初は開港延期交渉に反対だったが、長期間の鎖国や攘夷思想が野火のように広がる日本の国情を知るにつれ、このまま条約を遂行するのは無理と判断し、条約改正を訴える幕府を支援することに方向転換した（『大君の使節』）。

オールコックにはまた、「咸臨丸」で渡米した遣米使節団が得たアメリカを基盤にした「間違った西欧認識」を日本に与えないためという隠れた目的もあった。これは決してイギリス人としての偏狭なナショナリズム的な考えではなかった。当時、南北戦争の真っ最中だったアメリカは建国の日が浅いのに対し、ヨーロッパ文明は成熟期に達しており、この時点での米欧の文明度の差は歴然としていた。

この点ではベルクールもオールコックとまったく同意見だった。英仏は〝救国の聖女ジャンヌ・ダルク〟も活躍した「百年戦争（１３３７―１４５３年）」に代表されるように、ヨーロッパの二大国として覇権を競い合い、十九世紀に入ってからは植民地拡大競争で対立はますます激化した。二十一世紀に入った現在もイギリスと欧州連合（EU）の盟主を自認するフランスとは共通農業政策や単一通貨ユーロを巡って対立しており、ついにイギリスは二〇一六年六月二十三日の国民投票でEU離脱を決めた。両国は今もって「英仏百年戦争継続中」の状況だが、この時点での対日政策では例外的に一致団結した。共通の敵であるアメリカとロシアがいたからで、敵の敵は味方というわけだ。

ベルクールも公電（1861年1月26日）で外相トゥヴネルに熱心に「使節派遣」を訴えた。一度は「いま日本使節を迎えても大出費するだけで、フランスは政府的にはなんら得るところはない」と却下されたものの、これに懲りずに、「西欧に関する政府組織や礼儀習慣、文明全般について渡米で得た多くの『誤った印象』とは異なるイデ（観念）を獲得することが不可欠」（1861年3月12日）と再三、提言し、日本を開国へとソフトランディングさせるには、ヨーロッパ訪問が不可欠と指摘している。

そんなスッタモンダの末の欧州訪問だったが、それも終わりに近づいたので使節団全体にも任務終了の安堵感が漂っていた。そんな中で諭吉一人が黒革の手帳を懐に寸暇を惜しんでパリの街を駆け回っていた。

3　国立図書館に眠るサムライ軍団の写真

諭吉は秋の再訪パリで、《羅尼と共に書庫》（『西航記』9月26日）を見学した。「マドレーヌ寺院」の見学に関しては熱心でなかったロニが「絶対に見学すべきだ」と強く勧めたからだ。この日は二人で《学校》にも行った。使節団の中で《書庫》（国立図書館）と《学校》（フランス学士院）を訪問したのは諭吉ただ一人だった。諭吉はこの知の殿堂ともいうべき二ヵ所を見学後、なぜフランス外務省がこの二つを見学先に加えなかったのかと、疑問と不満が残った。

諭吉がヨーロッパ旅行で知りたい、見たいと漠然と考えていたものがこの二ヵ所の見学でかなり満たされたからだ。オランダ語や英語の原書ですでに仕入れた《電気》や《印刷》などの具体的な事物に関する知識ではなく、目に見えない知的財産、西洋の根本を支えている何か目には見えないが重要な重心のようなもの、要するに文明、文化、教養についての基本的知識の根源がどこにあるのかを最も知りたかったからだ。

《巴理に書庫七所あり。今日所見は最大なるものなり。書籍百五十萬巻》（同）とメモには規模の大きさを特筆したが、『西洋事情』の中では、《文庫》、すなわち「図書館」について、読者が理解しやすいように次のように詳しく紹介したのは強い印象を受けたからだ。

《西洋諸国の都府には文庫あり。『ビブリオテーキ』と云う。日用の書籍図画等より古書珍書に至るまで万国の書皆備り、衆人来りて随意に之を読むべし》とまず、種々雑多な書物を多数備えており、誰でもが自由に閲覧できる「図書館」の概要を説明したうえで、《竜動《ロンドン》の文庫には書籍八十万巻あり。彼得堡《ペテルブルグ》の文庫には九十万巻、巴理斯《パリス》の文庫には百五十万巻あり》と蔵書数を明記し、パリの「書庫」は蔵書百五十万を有するとヨーロッパ最大の規模であることを強調した。

次いで、《文庫は政府に属するものあり、国中一般に属するものあり。外国の書は之を買い、自国の書は国中にて新《あらた》に出版する者よりその書一部を文庫へ納めしむ》と記し、図書館には国立と市町村による公立があり、外国の本は図書館が購入するが、自国で出版された書籍は出版社や筆者が寄付するという経営システムを説明した。

諭吉は主筋の中津藩家老の息子・奥平壱岐から「珍書」のオランダ語の『築城書』（C・M・H・ペル著、1852年）を見せられて興味を覚え、《昼夜精切り一杯、根のあらん限り写した》経験がある。しかも、四、五日の約束で借りたうえ筆写は無断だったので、《露顕すれば唯原書を返したばかりでは済まぬ》という罪の意識にも苛まれた。

それで「適塾」に戻った時に父親のように敬愛していた緒方洪庵に《実は……築城書を盗《ぬすみ》写《うつ》すし》たことを打ち明けた。洪庵は《笑て、「爾《そ》うか、ソレは一寸《ちょい》との間に怪《け》しからぬ悪い事をしたような又善い事をしたような事じゃ」》と不問に付してくれたうえ、それとなく褒めてもくれたので、やっと多少、心が晴れた思い出がある。

「適塾」の塾頭時代には洪庵が出入りしていた筑前の大名・黒田美濃守所有の原書『自然科学基本原理入門』(ビーテル・ファン・デル・ブルグ著)を塾員全員で写本したこともある。この時は一千ページもある大書のうち、必要な「エレキトル」の部分を図も含めて塾員が交代で二晩三日、《昼夜の別なく、飯を喰う間も煙草を喫《の》む間も休まず》、紙数にして百五十、六十枚を写本した。なにしろ、一冊八十両もする高価な書物なので、貧乏書生たちは驚くと同時に汚すまいと懸命だった。返却する時には《その原書を撫《なで》くり廻し誠に親に暇乞《いとまごい》をするように別《わかれ》を惜んで還《かえ》した》という経験もある。

写本は当時、《日本紙で、紙を能《よ》く磨《すっ》て真書《しんかき》(=細字用の穂先の細い筆)で写す》という時代だった。それではかどらないので、そのすべにした日本紙にさらにミョウバンを溶かした水にニカワの液をまぜたものを塗って滲みを防ぎ、鳥の羽の軸を研ぎ澄ました小刀でペンのように削って使った。西洋インクもない時代なので、墨を大量にすって墨壺の中にいれて使うという工夫に工夫を重ねた。独語とオランダ語の対訳の辞書やオランダ語辞典も「適塾」には一冊しかなく、塾員が数人、その周りに集まって見ていた時代である。原書の翻訳を塾員が発表する《会読》の授業のある前日などは、字書が文字通り、ひっぱりだこになるという状況だった。

諭吉が渡米の際、「ウエブスターの辞書」を購入したのも英語を独学で習得した辛い経験やこの「適塾」での写本の体験があるからだ。英語独学の場合は当時、江戸中には《英語を教えて居ると云う所》がない。長崎で通訳をやっていた森山多吉郎が条約文の批准などの翻訳のために江戸に出ていることを知り、森山の自宅（小石川＝東京・文京区）を例によって直撃。数ヵ月間、森山の時間がありそうな早朝や夜の訪問を熱心に続けるが、結局、多忙な森山に教わることを断念。横浜でまず、二冊の薄い蘭英会話書を購入し、独りで読むことから始めるが、《字書》がないことにはどうにも前に進まない。

そこで今度は英蘭対訳の字書がある蕃書調所に武士の正式な出勤着・裃《かみしも》を付けて出向き、藩の許可など面倒な手続きを経て入所するが、字書は同所でしか読めず、貸し出しは禁止。結局、この計画も一日で断念せざるをえなかった。諭吉が後に私学・慶應義塾を創立したのは、幕府が一八五六年に東京・九段坂下に創立した洋学の教育研究機関（後の東京大学）である蕃書調所が、公立特有の手続きが面倒で堅苦しい融通の利かない機関だったからかもしれない。

横浜に《ホルトロップと云う英蘭対訳発音付の辞書一部二冊物がある》ことを知り、この時は藩に嘆願して五両の大金を出してもらって入手。覚悟を決めてその字引と《首引《くびっぴき》》で、毎日毎夜独学した。英文の書を蘭語に翻訳してみて、英文に慣れることも心掛けた。こうした苦心惨憺の結果、英語もどうやらマスターした。

それだけに運営は国立、公立を問わず誰にでも開放され、古今東西の様々なジャンルの書物を自由に読める「図書館」に強い羨望を覚えると同時に、日本の近代化の必須条件である教育の普及とあいまって、「図書館」も真っ先に取り入れるべき制度であることを確信した。

国立図書館の正面玄関（パリ２区）

「国立図書館」はパリ二区リシュリュー通り五十八番地にある。近くには「パリ証券取引所資料館」や「フランス通信（ＡＦＰ）」本社などがあるほか金貨やメダル類を売買する店が並んでいる。この界隈一帯はルイ十三世時代（１６０１－４３年）に閣僚のプリンシパル、事実上の首相兼外相を務めたリシュリューの主導で地域開発されたため、「リシュリュー地区」とも呼ばれている。

「国立図書館」は諭吉が《最大》と強調した通り、一五三七年の創立以来、現在に至るまでフランスはもとよりヨーロッパで最も重要な図書館の一つとしての地位を誇っている。書籍、文献類などの総数は諭吉が訪問したころからさらに増えて約一千四百万点（２０１６年現在）に上る。「図書館」の蔵書の起源は、シャルル五世が王家に伝わる重要な手書きの聖書の写本など九百十七冊を後継者に遺すためにルーヴル宮殿の一部に開設した図書室にまとめて収容した一三六八年まで遡る。この時の書籍や写本は残念ながら百年も続いた英仏百年戦争の最中に離散し、所在不明のままだ。

その後、代々のフランス王朝が同様の趣旨で図書館設立を試みた結果、場所や規模に変化があったものの徐々に「図書館」としての形を整えた。特に「太陽王」といわれたルイ十四世時代には早くも一般に公開され、市民が自由に利用できるという現在の「図書館」の原型と機能が整った。ルイ十五世時代の一七二〇年に現住所に移転し、フランス革命で国立化されて現在に至っている。書籍や文書類は何度か集散を繰り返したが、約五百年のフランスの歴史の一種の証拠品であり記念品でもあるので、約一千四百万点という莫大な蔵書数も納得できる。「国立図書館」はその後も為政者の文化政策の中心として変遷を続け、一九九五年には「フランソワ・ミッテラン大図書館」(パリ13区)が開館した。「国立図書館」の蔵書のうち書籍や文書類など約一千万点は、この空調、コンピューター、デジタルなど現代設備を整えた新館に移転した。パリ二区の旧館、通称「リシュリュー館」には、従って書籍や文書類は残っておらず、写真や版画類だけが保管されている。この「リシュリュー館」も老朽化が激しく、二〇一一年から大改修中だ(2018年再館予定)。

諭吉はフランスの場合、王朝から共和制、帝政へと体制は目まぐるしく変わっても、「図書館」が代々の時の為政者の重要政策の一つだったことを知り、この点も羨ましく思った。その憧憬してやまない《書庫》の膨大な所蔵品の中に、ポトー撮影の自身の肖像写真をはじめ「文久遣欧使節団」や「第二遣欧使節団」の幕臣たちの肖像写真が加えられたことを知ったら、諭吉も大いに満足したろう。

ナダールの遺産であるネガ約二十万点は「写真資料館」が保管しているが、「オリジナルのプリント写真約四万五千点は『国立図書館』に寄付された」（写真資料館館長　ジャン＝ダニエル・パリゼ）。そこで、ナダール撮影の使節団のオリジナル写真を見ようと「国立図書館」を訪ねたところ、思いがけず、ポトー撮影の「使節団」の写真に出会った。

高い天井やほの暗い廊下、がっしりした石壁の建物からは諭吉が《此書を一列に並るときは長さ七里（1里＝約4キロ）なるべし》と感嘆した《書庫》の威容が伝わってくるが、その「写真・印画」の表示が掲げられた静まり返った広い閲覧室で見たマイクロフィルムの表題は「フィリップ＝ジャック・ポトー　一八六二年の日本代表団の肖像写真」とある。

「日本代表団」の表示にもかかわらず、まずアラブ系やアジア系、それも衣装などからタイやベトナムなどの東南アジア系と見られる肖像写真が次々と登場したが、続いて突然、諭吉の真横の肖像写真が出てきた。マイクロフィルムの粒子の粗い写真には、諭吉の名前はなく番号のみが記されていた。次に登場した人物は剃髪で真正面と横顔がある。容貌から判断して医師の川崎道民にちがいない。この人物に続いて四人の日本の武士が登場した後にはアラブ系らしい人物の写真が延々と続き、次にまた突然、日本の武士が登場した。

月代《さかやき》を剃っていない洒落た髷や特徴のある精悍な相貌は一八六四年の「第二遣欧使節団」で正使を務めた池田筑後守長発だ。続いて「第二遣欧使節団」の写真が三十人以上登場したあとは東欧系らしきヨーロッパ人の写真が続き、ついに諭吉の正面の肖像写真はもとより日本人の写真は二度と登場しなかった。

ポトー撮影の「一八六二年の日本代表団の肖像写真」にはマイクロフィルムとは別途に、「一八六二年」と「一八六四年」と年代が記された「遣欧使節団」の被写体リストがあった。閲覧室の係員が探し出してきた分厚い台帳には彼らの氏名が記載されていたが、すべて手書きのローマ字表記で、しかも当然ながら正確ではなかった。

諭吉の横顔の肖像写真の名前は、「SUWA-SASA」と記されていた。民族学者・松本信廣が「自然史博物館」で見たのと同じ表記だ。姓名表記はたぶん、撮影した時に聞き書きされたと思われるので、発音が近い「S」と「F」が間違って記載されたか、あるいは「S」と「F」は花文字が似ているので、書き写すうちに間違って記載されたのかもしれない。生地は「Yedo（江戸）」とあるだけだ。続く剃髪の人物は「Kawa Sasaki」とあり、やはり川崎道民だ。生地は「Yedo」とある。次の「Taka-matu HIko-ro」は小人目付・高松彦三郎だ。「Yedo」のほかに四十二歳と年齢も記されており、横顔と真正面がある。「No-zowa Shouta」は副使・松平の従者・野沢郁太、「Kara-Kakou-zo」は阿波藩から参加した原覚蔵だが、いずれも江戸生まれとなっていて年齢の表記はない。「正使の Domestique（従者）」とのみ記されている写真もあった。諭吉の横顔と川崎道民の真正面と横顔の写真を含めて写真は計八枚、計六人の肖像写真が一八六二年の撮影分だった。

池田筑後守の説明には「Ike-da Tsikou-go-no Kami　二十八歳」とあり、以下は全員が一八六四年撮影で生地は「Yedo」に「Japon」の文字が追加されていた。「文久遣欧使節団」と比較すると、かなり正しい表記が多く、進歩がみられる。フランス人にとって日本名が二年前に比べて身近になったのかもしれない。こちらは池田を含めて数人の横顔と正面の写真があり、計三十六枚だ。使節団一行は三十四人だったので、ほぼ全員の写真が揃っている。

「第二遣欧使節団」は別称「横浜鎖港談判使節団」と呼ばれ、開港した横浜港を再度、閉鎖するための「談判」つまり「交渉」を目的にヨーロッパに派遣された。もっとも、「談判」という勇ましい言葉とは裏腹にこの交渉は失敗に終わった。池田筑後守は最初の訪問国フランスで高度な西洋文明に直接触れ、改めて開国の重要性を認識した結果、ナポレオン三世とは謁見はしたものの交渉を途中で打ち切り、他のヨーロッパ諸国は訪問せずに帰国した。

そのうえ、老獪なフランス外交によって横浜港再閉鎖どころか下関戦争（長州藩によるフランス船砲撃）の賠償金支払い（幕府は10万ドル、長州藩が4万ドル）、フランス船の下関海峡の自由航行の保障、輸入品の関税率低減（一部は無税）を柱とした「パリ約定」も結ぶ結果になった。幕府は「約定」の批准を拒否し、使節団が帰国後に「約定」の破棄を関係国のフランス、アメリカ、イギリス、オランダに通告した。

池田はこの正使としての役割の失敗により一時、知行（領地＝俸禄）の半分を召し上げられたうえ蟄居《ちっきょ》を命じられた。その後、軍艦奉行に任命されたが、健康を害して四十二歳で没した。副使の河津伊豆守祐邦にも免職、蟄居の命が下るなど、文久遣欧使節団に比べるといっそう、過酷な運命を辿るものが多かった。

一方、ナダールのオリジナルのプリント写真は「確かに全部で約四万五千枚、マイクロフィルムにして五十五巻ある」（国立図書館「写真・版画」担当部長　シルビア・オブナス）が、「一八六二年の日本代表団の写真は多くない」（同）。「日本大使（使節団）」の表示のあるマイクロフィルムには正使及び副使・松平石見守、京極能登守、組頭・柴田貞太郎の四人が全員紋付袴姿のグループ写真と、柴田が中央に座り、それを八人のサムライが取り囲んでいるグループ写真はあった。

この二枚のグループ写真はイラスト週刊紙『ルモンド・イリュストレ』がイラストの下地に使った写真で、日本の資料などにも登場するお馴染みのものだ。ほかに柴田貞太郎がやや斜めに座った烏帽子と狩衣の礼装姿の写真などがある。礼装なので、四月十三日に三使節と柴田がナポレオン三世の謁見を終えて、宿舎「オテル・デュ・ルーヴル」に戻ってきた時に撮影された写真にちがいないが、『イリュストラシオン』のイラストの下敷きになった正使・竹内下野守以下十人前後が被写体の写真はない。『イリュストラシオン』が使用に当たり、ネガごと買い取ったのだろうか。

一八六四年の「第二遣欧使節団」の徒目付・斉藤次郎太郎の裃姿の正面や立ち姿、俯いた写真、斉藤と小人目付・谷津勘四郎が少年時代のナダールの息子・ポール・ナダールを真ん中にした三人の写真もあった。この写真も日本の資料などでお馴染みだ。ほかに前髪立ちや兜と武具をつけた使節団メンバーの写真、フランス人らしき人物と使節団メンバーのツーショットなどがあったが、すべて一八六四年の使節団の写真だ。ナダール撮影の「日本遣欧使節団」の写真は計三十三枚あったが、一八六二年と一八六四年の使節団の区別もきちんと行なわれていなかった。両使節団はナダール写真館にせっせと通ったはずだが、他の写真はどこに消えたのだろう。

マイクロフィルムの原画である、ナダールやポトーが撮影し、自分のアトリエで焼いたオリジナルのプリント写真そのものは「国立図書館」の別の保管室にあり、一般公開はされていないが、オブナスが特別に案内してくれた。十九世紀末から二十世紀前半にかけてフランスでは一般的だった名刺サイズ（9×6センチ）の肖像写真が何冊もの大型の台帳にきちんと貼られていた。名刺サイズなのは前述した通り、肖像写真を名刺代わりに交換したからだ。古い建物だが空調も整えられており、多数の写真を収めた台帳が広い保管室の棚にずらりと並んでいるところは壮観だ。

オブナスは図書館が諭吉の横顔だけで、正面と斜めの写真を所蔵していない点や使節団の写真数が少ない点について、「理由は不明」という。そのうえで、「ナダールやポトーのオリジナル写真の場合、所有者が何度も変わっている。当時は日本人そのものも風俗も珍しかったので個人のコレクターなどが彼らの写真を購入したり、オークションに出されてさらに転売されたりしたので作品の所在はつかみにくい。百五十年以上も前に撮影された写真なので紛失したり遺棄されたケースも否定できない」と説明してくれた。

特に初めてヨーロッパの地を踏んだ日本の「サムライ」は行く先々で市民の好奇心の的になり、パリで三使節らがナポレオン三世と謁見するために初めて外出した四月十三日には、「(宿舎の)門前には見学者があふれ、広場にも立錐の余地もなくなった」(『尾蠅欧行漫録』)。他の国でも「門前の参観者は昨日のように群れ集まっている」(同、オランダ、6月16日)という現象が行く先々で展開し、まるでスター並みの存在だった。

一般的には無名の記録写真家ポトーの写真さえオークションで高値を呼んでいる中で、スター写真家ナダールが撮影した作品が骨董美術品として価値が高いことは言うまでもない。二〇〇三年十二月に、ナダールが撮影した「一八六二年の日本使節団」の写真十三枚が貼られたアルバム一冊がパリでオークションに掛けられた時の評価額は、四万―六万ユーロと名画並みの高値だった。

オークションのカタログに掲載された三枚の写真のうちの一枚は「国立図書館」も保管している、組頭・柴田貞太郎が真ん中に座り、その周囲を剃髪の医師・川崎道民や少年の面影が残るフランス語通詞・立広作ら八人が取り巻いている写真だ。『ルモンド・イリュストレ』がイラストの下地に使った写真だ。あとの二枚は「第二遣欧使節団」の写真で一枚は徒目付・斉藤次郎太郎らの三人一組、他の一枚は小人目付・谷津勘四郎の立ち姿だ。

説明文では「一八六二年にキャプチーヌ通り三十五番地ナダール写真館でナダールが撮影した」ことや、「同店から一八六三年にG・Aなる人物に売られ、その子孫が日本専門の輸入業者に売り」などと紹介され、ナダールの写真館でネガから焼かれたオリジナル写真であることを保証し、その価値を強調している。

「第二遣欧使節団」の訪仏は一八六四年なので、これらの記述は明らかに間違いだがオークションでは人気が極めて高かった。最終的な売買価格をオークション会社に確認したところ、担当者が辞めているうえ、「十年間保存が義務付けられている売り上げ票は十年目の二〇一三年に廃棄した」とのことで不明だったが、パリの写真専門の骨董店経営者で税関の鑑定士でもあるジェラール・レビは、「ナダールのオリジナル写真という点ですでに価値があるが、サムライの写真は稀少価値なので売却価格は通常、評価額の数倍になる」と明言した。つまり、最低でも日本円にして二、三千万円程度になるというわけだ。

一九九四年に「十九世紀印象派美術館（通称オルセー美術館））」で開催されたナダールの特別展（翌95年にニューヨークのメトロポリタン美術館でも開催）では、画家ドラクロワや小説家アレクサンドル・デュマ（父）、テオフィル・ゴーティエ、詩人ボードレール、ネルヴァル、女優サラ・ベルナールらフランスの著名芸術家百五十人のオリジナル写真が展示されたが、全てフランスから流出した作品だ。美術評論家アンドレ・ジャムがカタログに寄せた解説文のタイトルがいみじくも、「散逸したナダールの再発見」だったように、本国フランスではもはや見ることができないオリジナル作品ばかりだ。

『イリュストラシオン』のイラストの下絵になった使節団のオリジナル写真やネガも、多数の散逸写真やネガと共にどこかに存在するのだろうか。そして、ポトーが撮った諭吉の「パリの肖像写真」のネガ類と、「国立図書館」にも「自然史博物館」付属の「研究図書館」にも保管されていない斜め横のオリジナル写真はどこにあるのだろうか。

4　知の殿堂《学校》（フランス学士院）に感動する

諭吉はこの日、ロニと共にセーヌ河右岸の《書庫》を見学した後、《インスチチュー・デ・フランス（アンスティテュ・ド・フランス＝フランス学士院）》を訪ねた。セーヌ河の対岸、パリ六区コンティ河岸二十三番地にあるこの《学校》に行くために「カルーゼル橋」（長さ168メートル、幅33メートル、1831年建造、当初は「ルーヴル橋」。34年の除幕式で「カルーゼル橋」と命名）を渡りながら、橋の途中で暫く佇んでパリの景勝に見惚れた。

ロニが早速、「カルーゼル橋」がパリ市内のセーヌ河にかかる橋（現在37本）の中でも「パリ市のほぼ真ん中にあるのでパリ全体が見渡せる特殊な橋」であると説明した。「ほら、少し下流の方角に見えるのがこれから行く《学校》です。クーポール（円天井）が見えるでしょ」と自慢げに言った。「その遥か下流に見える二つの塔はノートルダム大寺院の南北の塔です。あなたがどうしてノートルダムを見学しないのか理解できません。時間があったら代表的なゴシック建築を見に行きましょう。塔の傍に見えるのはパリ裁判所（パレ・ド・ジュスティス）

知の殿堂、フランス学士院

内にあるサント・シャペルの尖塔です」。
上流には現在、グラン・パレ（1900年建造）の巨大なお椀形の屋根とその向こうにエッフェル塔（1889年建造）が臨めるが、両方とも当時は存在しなかった。その代わりに後方の右岸には当時は存在したチュイルリー宮やルーヴル宮（現ルーヴル美術館）の壮麗な建物やセーヌ河に映る川辺の街路樹、仰ぎ見ると湿度が少ないために透明な感じのする薄紫色の秋の空が見えた。諭吉も思わず、「サ・セ・パリ（これこそパリ）！」とロニがよく使うフランス語を使って感嘆の声を上げると、ロニも「そうですよ、そうですよ」と満足気にうなずいた。
それにしても、フランス外務省が使節団の見学リストに、この「知の殿堂」ともいえる《書庫》（国立図書館）と《学校》（フランス学士院）を加えなかったのは大いなるミスだ、と諭吉は繰り返し思った。フランス人は日本を開発途上国、文化度も低い国だと思って、見学先として「印刷機械」や「セーヴル焼き」など、具体的ないわゆる〝おもしろい〟ものがある場所には案内してくれたが、そうした目に見える〝おもしろい〟ものがないところは無駄だと判断したのだろう、と落胆した。しかし、これまで鎖国をしており、外国が日本のことを正しく知る機会もなかったのだ、と思い至り、今後は日本からの発信を強めていかねばと考え直した。

ただ、近代日本の夜明けを前に諭吉や使節団が学びたかったのは、まさに国の基盤となる肉眼では見えない制度であり、知的財産だった。《書庫》にも多いに刺激されたが、《学校》もロンドンなど他の訪問国とは異なる、フランス式の教育機関というより知的機関に興味をそそられた。そこで、《書庫》より、詳しく記した。

《校の名をインスチチュー・デ・フランスと云。此学校は小童の為め設るものにあらず、老先生の集合する所なり。社中四十人ありて其員を増すべからず》（『西航記』9月26日）とその特殊性を説明した。諭吉が初代院長を務めた日本版フランス学士院とも言うべき「東京学士会院」（現日本学士院）の着想を得た場所でもある。

諭吉の生涯の二大事業としては『時事新報』の創刊と「慶應義塾」の創立が挙げられるが、「慶應義塾」のほうは、むしろロンドンで見学した《キングスコルレージ》やオランダ・ユトレヒトの《学校》、オランダ・ライデンの《大学校》での影響が強そうだ。慶應義塾は小学校から大学までの一貫教育を基本にしているが、これはイギリスの学校の一貫教育をよしとしたからだ。

フランスの「学校制度」はフランス革命以来、「公立」を原則にしており、今もって「国民教育省」の名称が使用されているように、原則的に小、中、大学からエリート校のグランド・ゼコール（高等専門学校）に至るまで公立だ。イギリスやアメリカのように私立の小、中、高校はカトリック系の一部を除いては極めて少ない。

現在も使われているこの「国民教育省」の名称は一八二八年に「公共教育機関」が発展的解消をして「省」になったからだ。ただ、諭吉はフランスをはじめヨーロッパ全体の教育制度から得た教育に関する「機会均等」「平等」の精神にはわが意を得たり、の思いだった。

そこで《小童》、児童の通う《学校》に関しては、《西洋各国の都府は固《もと》より村落に至るまでも学校あらざる所なし。学校は政府より建て……教授するものあり。人生れて、六、七歳、男女皆学校に入る》（『西洋事情』）と説明したが、この《学校》は公立、男女平等、義務教育を基本とするフランスの小学校の姿にほかならない。諭吉は教育内容についても、《初て入る学校を小学校と云う。先ず文学を学び、漸くして自国の歴史、地理、算術、天文、窮理学の初歩、詩、画、音楽等を学ぶ》（同）と述べているが、《文学（文字）、歴史、地理》の優先順位が高いことからもフランスの事例といえる。また、《詩、画、音楽》も挙げているが、これもフランスの学校の特徴だ。

ナポレオン一世は少年時代、フランス北東部シャンパーニュ地方ブリエンヌ幼年士官学校に学び、「ここで人間を学んだ」と生涯懐かしんだが、同校の科目は数学、砲術、要塞、物理、地理、歴史、図形、ラテン語、ドイツ語など士官学校らしい科目のほかに音楽、ダンスもあった。同校の図書館には古今東西の歴史書、哲学書、文学書がそろっており、読書家のナポレオンはこれらの書物を読破し、同校で読書の愉しみも知った。

ブリエンヌ市庁舎の前には少年時代のナポレオンの全身像が建っている。右手は例によって胃の辺りに当てられているが、左手に持っているのは当時の愛読書『プルターク英雄伝』だ。同書は「英雄伝」に違いないが歴史書でもあり、優れた文学書でもある。ナポレオンが成人後も軍事書以外に大量の書物を読んでいた読書家であったことは知られているが、軍人にも幅広い教養を身につけさせるところがフランス式教育だ。

シャルル・ドゴール将軍も軍人であり、政治家であると同時に文人であり教養人だ。第二次世界大戦中にドイツ・ナチとの対独協力ヴィシー政府の長フィリップ・ペタン元帥と、レジスタンスを呼びかけてフランスを勝利国に仕立て上げたドゴールとの相違について、ペタンが「十分な教育を受けたことがなく、おのれの遂行すべき仕事についての知識も十分に持ち合わせていなかった」(アンリ・ミシェル『ヴィシー政権』)との指摘がある。ペタンは勿論、第一次世界大戦の英雄で軍人として第一級の教育を受けているが、重要な決定を下す場合に必要な古今東西の歴史などに関する知識、要するに「教養」がなかった。ドゴールはその点、重要な決定を下す場合に必要な十分な知識教養を備えていた。

一方、ロンドンの《「キングスコルレージ」(キングス・カレッジ)府中最も大なる学校》(同)については、《学生約五百人余ありて、楼上は大学校の教を授け、楼下は小学校の教を設く》と一貫教育及び寄宿舎制度に注目したほか、《学校の傍には必ず遊園を設け》と運動場があることにも興味をそそられた。《五禽《ごきん》の戯を為て四肢を運動し、苦学の鬱閉を散じ身体の健康を保つ》という勉強一辺倒ではなく、体育や健康に留意するイギリス式の教育には大いにわが意を得た。

諭吉がヨーロッパ訪問がきっかけで「病院」と並行して関心を持ったのが「健康」だ。〝健康な体に健全な魂が宿る〟ではないが、開国後の近代国家には義務教育としての「教育」と同様に国民全員が医療費の心配などせずに、等しく、健康に留意できる社会が望ましいと考えた。「文武両道」は武士社会の伝統でもあるが、諭吉は開国後の日本でも教育における「運動・健康」を重視する必要をヨーロッパ、特にイギリスの学校教育で痛感した。《園中に柱を立て梯を架し綱を張る等の設をなして、学童をして柱梯に攀《のぼ》り或は綱渡りの芸をなさしめ、五禽《ごきん》の戯を為て四肢を運動し、苦学の鬱閉を散じ身体の健康を保つ》（『西洋事情』）と述べ、具体的に「運動」を解説し、その効用と「健康」を保つ必要性を説いている。

諭吉は晩年、「散歩党」と称して、健康管理のために弟子たちと毎朝、自宅周辺を散歩したのも、「一八六二年のヨーロッパ体験」（慶應義塾大学教授　前田富士男）で、散歩の習慣を知ったからだ。パリでの見学の初日が「グラン・ブルヴァール」の散歩だったことも影響を与えたろう。現代ならさしずめ、ジョギングに精を出したかもしれない。

諭吉はロニから《学校》の説明を聞きながら、現在、江戸で主宰している「塾」を発展的解消するとしたら、ロンドンで見学したキングス・コレッジ校型の一貫教育や「運動」重視などを取り入れたいと考えた。フランスの《学校》は考え方としては面白いが、特殊すぎると思った。それにフランスの学校制度が「公立」を基本にしている点も気になった。

諭吉は「蕃所調所（東京大学前身）」に一冊だけある英蘭対訳の字書を引く為にわざわざ裃《かみしも》を着用して入所願いに行ったことを思い出し、そういう「公立」学校ではなく、もっと自由に誰でもが平等に通える私立の「学校」が念頭にあった。一日で蕃所調所の入所を諦めたのは字書を見るためだけに毎日通う時間がなかっただけではなく、この「裃着用」がなんとも性分に合わなかったからだ。

それにパリで見学したフランスの《学校》の場合、《此社中に入るは欧羅巴にて最も難きことにて、既に其員に加るときは世人に尊敬せらる、こと朝廷の宰相の如し》（『西航記』）というロニの説明を聞いて、諭吉の思い描く教育の現場とは少しかけ離れているとも思った。ロニは諭吉にいつの日か、この《社中》に入ることを夢見て、勉学に励んでいるのだと打ち明けた。ロニは後に東洋語特別学校日本語科の初代教授として「学士院」に立候補したが、残念ながら落選した。

確かにフランス人はもとより、当時のヨーロッパの学者や知識人にとって《学校》、すなわち「フランス学士院」は「知の殿堂」として憧れの場所だった。由緒ある殿堂に入ることは宰相にも匹敵する名誉ある地位という説明は、あながちロニの大げさな個人的感想ではなく、フランス人共通の認識であり、極めて客観的な説明だ。現在もこの認識はフランスではまったく変わらない。

また、諭吉には《学校》の構成が複雑すぎると感じた。諭吉自身、「学士院」と学士院を構成する五つのアカデミーのうちの一つ「アカデミー・フランセーズ」を混同している。実際は「フランス学士院」の傘下には「アカデミー・フランセーズ」のほかに「碑文・文芸アカデミー」「科学アカデミー」「人文・社会科学アカデミー」「芸術アカデミー」の五つのアカデミーが所属するが、「アカデミー・フランセーズ」が最も古く、この世界に類のない伝統を持つフランス学士院の代表的存在なので、フランス人でも「学士院」と「アカデミー・フランセーズ」を混同することは珍しくない。

「アカデミー・フランセーズ」は一六二六年ごろに文学者たちが王室秘書のヴァランタン・コンラールの屋敷に集まり、フランス語の一つ一つの正確な意味や発音、綴りなどについて論議したのが起源といわれ、ルイ十三世の事実上の宰相リシュリューによって正式に創立された。任務は「フランス語の監視（純化と統一）」だ。具体的には、「アカデミー辞書」と「文法の編纂」の出版で、最初の辞書は一六九四年に発刊された。以後、現在に至るまで辞書は改版を重ね、不定期に発刊されている。フランス人の母国語偏愛の起源もこの辺りにありそうだ。

会員の定数は諭吉が指摘したように「四十人」が厳守されている。他のアカデミーの場合も同様だが、会員は死去するまでの終身会員なので、「フランス学士院」の標語は「À l'immortalité（不死へ）」だ。会員は現会員によって候補者の中から選出される。文学者や哲学者、医師、美術家、科学者、軍人、政治家、聖職者として然るべき功績を上げている者がわれこそはと立候補する。

会員には現在、元フランス大統領ジスカール・デスタンや元厚相で欧州議会議長を務めたシモーヌ・ヴェイユ、元国民教育相のグザヴィエ・ダルコス、歴史作家のマックス・ガロ、ピエール・ノラ、作家のミシェル・デオン、フランソワ・ヴェイエルガンスらがいる（2016年8月現在）。中には「なぜだ！」と疑問符を呈したい会員もいるが、反対に会員になれずに「なぜだ！」と問われる者も多い。ヴィクトル・ユゴーは何度も落選の憂き目を見た末に会員になった。デカルト、パスカル、モリエール、ルソー、デュマ（父）、フローベル、スタンダール、モーパッサン、ボードレール、ゾラ、プルーストらは終世、会員になれなかった。

一方で二十世紀前半の作家マルセル・エメやジョルジュ・ベルナノスなど会員に選出されても拒否した者や、ノーベル文学賞のル・クレジオやチェコ生まれの作家ミラン・クンデラらは候補者になることさえも辞退している。理由は様々だが、「公」への反発や会期始めに時の大統領が演説するのが習わしなので「反政権」などが囁かれている。

一方で諭吉は、《仏蘭西には学者多く、世界第ともいふべき学問所あり。殊に仏蘭西語はよき言葉にて、欧羅巴の諸国にてもこれを調法せり》（『條約十一ヵ国記』）とフランスに学者が多く、尊敬されており、フランスが「文化大国」であることに改めて着目した。フランス語も英語に比較すると時制が多く、女性、男性形があるので曖昧なところがなく明白で、オランダ語に比べても響きが美しいことを発見した。外交文書にフランス語が公用語として使用されている点も、この「明白」さにあることに気が付き、『ルタン』の「江戸特派員」はともかく、フランス語を時間があったら学んでみようと改めて思った。

五つのアカデミーが属する「フランス学士院」が創立されたのは一七九五年だ。フランス革命中の一七九三年にそれまであった王立アカデミーが廃止され、あらたに「技術と科学の発見と遂行を集合する」目的で創立され、その旨が革命政府の憲法にも明記された。創立当初はルーヴル宮の中庭にあった旧王立アカデミーの建物を利用していたが、ナポレオンがコンティ河岸の「四ヵ国コレージュ」の建物への移転を決めた。

この「四ヵ国コレージュ」はルイ十四世の摂政だったマザランの遺言と莫大な遺産とで創立され、フランスの東西南北の四地方の頭脳明晰な生徒を集めた秀才校だった。建築家ルイ・ル＝ヴォが当時としてはまったくオリジナルなクーポール（円天井）付き建物を設計し、いまでは「クーポール」が「フランス学士院」の別称となっている。

諭吉は春のパリで〝洋学三人組〟の松木弘安、箕作秋坪ともども、「マラケ河岸」の書店を訪ねた時、「マラケ河岸」から特徴ある「クーポール」を仰ぎ見た。この時、他のパリの均一なアパルトマン群と異なる威風堂々たる「クーポール」を見て、「いったい何だろう」と印象に残ったが、ロニの説明を聞いて、なるほどと納得がいった。

《学校》には付属の「学士院図書館」があったが、すでに《書庫（国立図書館）》で大量の蔵書に圧倒されたので、ロニが蔵書（約60万冊、定期刊行物7000部、手書きの古文書1万部＝20

15年現在）などと説明しても、あまり驚かなかった。ただ、閲覧室に飾ってある筋肉隆々とした裸像のほうは大いに気になった。腰の辺りは布で覆われているが写実的な手法なので、まるで生きている人間が裸体でそこに居るような生々しさがあった。

「いったい誰ですか」と思わず声を潜めてロニに訊くと、「ああ、ヴォルテールですよ。作家で詩も書いていますが、十八世紀を代表する啓蒙思想家です。反教会、反封建主義を説き、ヨーロッパ全体に影響を与えました。一時、ロンドンにも住んだことがあり、イギリスの議会政治や民主主義の制度などを研究したこともありますよ。フランス革命の精神的地盤を形成した人です」。

ロニの説明は長かったが、諭吉は「反封建主義」「議会政治」という言葉に強く惹かれ、また「啓蒙」という単語も心に刻んだ。まさか、自分が後に、「日本のヴォルテール」に寓される光栄に浴するとは考えも及ばなかった。そういえば、春のパリで新聞各紙が注目した大量の書物を買いに行った書店の通りが「ヴォルテール河岸」だったことを思い出した。そうか、これが通りの名にも冠せられる本人なのか、と彫像を眺め直した。

この作品は一七七六年に彫刻家ピガールが製作し、一八〇七年にヴォルテールの甥の息子が「フランス学士院」に寄贈した。諭吉が見学したころは、閲覧室の入り口にあったが、閲覧者にはちょっと刺激が強すぎたのか、その後、図書館の入り口に移され、さらに一九六二年以降はルーヴル美術館が所蔵している。諭吉も当時の日本人としては長身の偉丈夫だ。青年時代にお金がなく、明石から大阪までの十五里を一日で歩き通したほか、腸チフスにかかって四、五日人事不省に陥っても恩師・緒方洪庵の懸命の看護と《平生身体の強壮》のおかげもあって回復した。

咸臨丸で渡米した時も勝海舟ら他の者が船酔いで船室から一歩も出られなかったのに対し、船酔いにも強かった。剣術は得意ではなかったが、身体を動かすことは嫌いではなく、「身体の鍛錬のための居会抜」(慶應義塾福澤研究センター准教授　都倉武之)の腕前は「名人芸の域に達していた」(同)。人類学者ドゥニケールが著書『地球の人種と民族』で「日本の知識階級の代表」として諭吉の肖像写真を選んだのも、顔の形や造作だけではなく着物の上からもわかる肩の辺りの盛り上がった筋肉なども好ましく思ったからかもしれない。

ロニの発案で《学校》からの帰途は「カルーゼル橋」の隣の「ポン・デ・ザール＝芸術橋」(1802−04年に建造、長さ155メートル、幅11メートル)を渡って帰ることになった。この橋の欄干には約十年前から金属の大小の蝶番のカギが鈴なりにぶら下がっている。「愛の蝶番」といわれ、主として観光客の恋人同士が蝶番にカギをかけて、そのカギを河に投げ込むと永遠の愛が約束されるという。無数のカギの重みで橋が落下する危険があるため、パリ市が何度も警告を発し、時々、蝶番を外す作業を行なっているが、一向に減らない。最も多いのが日本人と中国人とかで、パリ市民の顰蹙を買っている。

ロニによると、「この橋は金属で建造された最初の橋です。他の橋と異なり、歩行者専用です。馬車の通行は禁止されています」などと熱心に「違い」を説明してくれたが諭吉はほとんど聞いていなかった。海路、陸路の長い道程を経て辿りついた最初の国であり、もうすぐ別れを告げることになるその国の首都パリの街の光景を数々の思い出と共に脳裏にしっかりと刻むと同時に、開国と攘夷で大揺れに揺れる遠い祖国・日本への熱い思いも新たに込み上げてきた。

5 滞在費の謎とサムライの意地

諭吉はパリに春秋一ヵ月余りも超豪華ホテルに滞在し、フランス料理やフランス・ワインを連日、賞味した滞在費について、いったい誰の懐から出ているのだろう、と時に疑問に思った。三使節らがヴェルサイユ宮殿を見学した時、ロニにパリ―ヴェルサイユ間の運賃を尋ねると、ロニが勘定書のようなものを参照しながら「大雑把にいって、こんなものです」と回答してくれたことがあった。

諭吉たちの宿泊代や食事代はさておき、食事時に食卓に並んでいる以外に諭吉たちが追加注文して痛飲するシャンパンやワインなどの代金は誰が支払っているのか。葉巻をホテルの一階にある売店で買った時も店員が手を振って「代金」を受け取らなかったが、無料というはずはない。「咸臨丸」で渡米した時は滞在費はアメリカが支払ったと聞いたが、今回もフランスやイギリスが支払ったのだろうか。〝洋学三人組〟の松木や箕作に聞いてみたが、「そんなことは知らない」と無関心だ。

諭吉の父・百助も「子供に勘定を教えるとは何事か」と怒ったように、武士は金勘定など気にするな、の気風が支配的だった。諭吉も普段は金銭に無頓着だったが、旅費や滞在費は日仏関係や日英関係と密接に結びついている「外交問題」と考えたので気になった。条約改正のための英仏をはじめとする欧州訪問は英仏と徳川幕府のどちらにとって利するのか——。使節団派遣の真の意義、核心に直結しているのではないか、と考えたからだ。

文久遣欧使節団は一八六二年一月二十一日に江戸を出発し、帰国したのは翌一八六三年一月二十九日だ。約一年間の長旅だったが、この間の旅費や滞在費について英仏が支払ったとの見方が一般的だった。往復の旅費に関しては英仏と徳川幕府との間で、往路はイギリスが戦艦「オージン号」と輸送船「ヒマラヤ」を用意し、帰路はフランスが輸送船「ライン号」と「ルゥロペアン号（ヨーロッパ号）」（途中で「エコー号」に乗り換え）を用意することで合意済みだった。「滞在費」に関しては、一般的に英仏が支払ったとされていた。

ところがパリ郊外ラ・クールヌーヴのフランス外務省古文書館にはマイクロフィルムになって保管されている外交文書とは別途に、日本の使節団関係のパリの「滞在費」に関する文書が厳重に保管されているのを発見した。その中に徳川幕府が滞在費を支払ったことを明白に示す文書も含まれていた。「文書」には使節団が出発する直前まで「滞在費」に関して折衝を続け、最終的に徳川幕府が支払うことで日英仏が合意。しかも具体的かつ詳細な支払い方法についてもやり取りが行なわれていたことが示されている。

英仏は当初、往復の海路を負担するほかに、アメリカに倣って「滞在費」も支払うつもりだった。フランス外相トゥヴネルが駐日公使ベルクールの使節団派遣の要請に対し、「日本使節を迎えても大出費するだけ」（1861年1月26日）と反対したのも、「滞在費」を含む「大出費」の経費負担を前提にしていたからだ。

英仏にとって攘夷の嵐を少しでも鎮め、日本を開国へとソフトランディングさせ、順当に世界経済に組み込ませることは高額な代価に値する極東外交上の重要戦略だった。少なくとも現地にいるベルクールと駐日イギリス公使オールコックはそう考えた。英仏は中世から現在に至るまでヨーロッパの二大強国としてライバル意識が強く、ことあるごとに覇権、主導権を争う「百年戦争継続中」の仲だが、この時は対日政策に関し、例外的に一致団結した。

ロシアをはじめ台頭するプロシャ（ドイツ）やアメリカという〝共通の敵〟がいたからだ。いずれも日本を虎視眈々と狙っていた。ロシアはすでに、「対馬占領」を試み、イギリスが軍艦を派遣して牽制した結果、引き揚げている。フランスで「対馬占領」が関心をもって報道されたゆえんである。アメリカは「黒船来航」に代表される恫喝外交を展開していた。

英仏はまた、二年前の渡米によって日本人が初の海外訪問国であるアメリカからの様々な影響を受けすぎることも警戒していた。ベルクールは伝統的に「潜在的反米思想」（政治評論家ジャン＝フランソワ・ルヴェル）が強いフランス人として、「西欧に関する政府組織や礼儀習慣、文明全般について渡米で得た多くの『誤った印象』とは異なるイデ（観念）を獲得することが不可欠である」（1861年3月12日）とトゥヴネルに書き送り、フランス人の自尊心に訴えて使節団派遣の説得を試みたほどだ。

トゥヴネル自身も、オールコックがロンドンでの開市開港延期の交渉に加わる途上、パリに寄った時に会談し、意見を変えた。駐英フランス大使フラオール宛の公文で、「日本政府との政治的断交という危機を犯すことなしには……遠征などのあらゆる種類の出費に身を投じるはめになることとなしには……日本に対して条約の厳正な即時履行を要求することは想像外である……江戸の政府に五年の猶予を与えることが賢明だと思う」（1862年5月27日）と述べ、条約遵守をあくまでも通すなら多大な出費を要する日仏開戦を覚悟をする必要があるとし、延期に応じるべきだとの見解を示した。そのうえで「五年延期」が妥当との考えを示し、滞在費を支払う覚悟も決めている。

ところが、この「連絡書」を点検すると、徳川幕府が「滞在費」を支払ったことは疑う余地がない。使節団出発直前の一八六二年一月二十一日にベルクールはトゥヴネル宛に、「日本使節団の資金問題」と題した公文書「129号」を送った。まず冒頭で、「文書百二十三号で江戸の日本政府がフランス帝国政府に対し、パリで使節団が必要とする資金を同地で使節団が入手できるように要請したことと、老中がこの件に関して公式に文書を私宛に送ってくることをご報告しました」と指摘。一八六二年一月十五日に老中からベルクール宛に送られたこの「公式文書」三通のフランス語訳と、「オールコック氏（駐日イギリス公使）から受け取ったばかりの手紙」を加えた計四通の文書を本国の外相に送った。

オールコックの手紙については、「この手紙の中でオールコック氏は、使節団がロンドンで無制限のクレジットを容易に利用できるように保証書を与えたと私に言明していることを指摘させていただきます」と述べ、イギリスが「無制限」という多額の金額の保証をしたことを強調し、フランスもイギリスのこの措置に見習うべきだと暗に訴えている。

そのうえで、「本官も使節団に対し、現金に換金できるクレジット証明書を与え、十六万五千フランを中国のデント商会（賽順行）を通して払い込むことにしました。使節団が（パリで）自由に使用できるようにパリのロスチャイルド商会（銀行）にこの振り込みについて知らせたところです。使節団がパリで十六万五千フラン以上の金額が必要になった場合、（フランスに）要求することになるのかロンドンに開いたクレジットの方を好むのかは不明です」と指摘。使節団にとりあえず、十六万五千フランの信用貸しを与えたことを報告している。

三通の添付文書の一通目は老中・久世大和守（広周）と安藤対馬守（信正）が連名で署名した「フランス全権公使ベルクール」宛の文書だ。まず、「フランス及び他の国々に派遣される使節が必要とするだろう総額に関し、竹内下野守と松平石見守がすでに公使閣下と両替問題について協議したことと存じます」と述べ、すでにベルクールと使節団の正使と副使が滞在費問題で協議したことを強調。

そのうえで、「閣下が提案したように次のようにすることが非常に便利だと思います」と述べ、ベルクールの提案に賛意を表明。さらに、提案内容について、「使節がフランスでフランス政府に金を要請したら即刻、保証書に基づいて彼らに貸し与えること。使節はその使った金額の総額を閣下に領収書が送られてきた時点で受領書と引き換えに当地（江戸）で公使（ベルクール）に返還する」と説明し、双方がこの内容で合意したことを確認している。

つまり、江戸から大判、小判の金貨を担いでいくわけにはいかないので、現地ではフランス政府の保証の下で現地通貨を銀行から引き出して使うが、このフランス政府が立て替えた分は江戸でフランス公使に本省から送られてきた領収書と引き換えに返還するというわけだ。また、オールコックが日本政府に「無制限」の信用貸しをしたイギリスも「（フランスと）同様の方法を取ることになる」と説明している。

二通目の文書は一月十九日付のベルクールから「老中」に宛てた文書のコピーだ。一月十五日付の「老中」からの「滞在費問題」に関する文書への返書である。「フランス帝国政府」にもこの文書を同時に送付するとしたうえで、「イギリス同様にフランスも使節の要望通りにすることを貴殿たちに保証する」と述べ、フランスとイギリスが一致して徳川幕府が提案した滞在費の支払い方法に同意し、保証することを知らせている。

三通目は一月二十一日付のベルクールからパリの銀行家ロスチャイルド男爵宛の至急便のコピーだ。

「パリに四月到着予定の日本使節は本官に対し、日本政府の保証の下に（フランス）帝国政府によってかなり高額なクレジット口座をパリに開くことを要請した……日本（横浜）に駐在中の中国・デント商会の代理人クラーク氏が実際にクレジットの振り込みを担当した。クラーク氏は本官からメキシコ・ドルで三万ドル、一フラン五・五十ドルの換算で十六万五千フランを受け取った。クラーク氏はデント商会の（パリの）同僚に、日本使節がパリのロスチャイルド商会（銀行）に開いた口座で同金額を自由に使えるように便宜を図るべし、と書き送った」

また、イギリス外務省が三月二十四日に駐英フランス大使フラオール宛に送った「滞在費」に関する英語の文書のフランス語訳のコピーの文書もある。大使には上司のトゥヴネル外相にも宜しく伝えるようにとも述べ、「ジョン・ラッセル卿（英外相）が日本政府から使節団のヨーロッパでの経費を支払う意思があるとの連絡を受けたのでお知らせする。この目的に沿って、ラッセル卿はオールコック氏に対し、ロンドンで（日本使節団が）現金を使えるようにオールコック氏の手元にあるインゴット（金塊）を使用するように提案した。その結果、イギリス財務当局はオールコック氏が（本国政府への）返却を保証することになるので、資金の前払いに同意した」。

つまりイギリス政府は駐日イギリス公使館が所持するインゴットを担保に日本使節団に現金を貸し出すというわけだ。イギリス人が同胞同士でも金銭のやり取りに関しては実に慎重でシビアであることがわかる。

これらの文書から判断すると、使節団は訪欧中、英仏両政府の信用貸しによって現金を現地で自由に調達できるが、最終的には徳川幕府が領収書と引き換えにベルクールとオールコックに滞在費を支払うことで合意している。

では、使節団はいったい、どれだけの経費をパリで使ったのか。「オテル・デュ・ルーヴル」の宿泊費用をはじめ交通費、飲食代など種々の経費に関する請求書類も保管されている。使節団が四月七日（請求書は予備の日程を取ったのか4月5日からとなっている）から二十九日まで滞在した「オテル・デュ・ルーヴル」がフランス外務省に請求した「合計」と書かれた請求書の金額は「九万六百二十二フラン二十サンチーム」だ。また、「この合計額には最も金額が高い宿泊、食費、さらに四台の馬車代（2万4400フラン）に関しては外務省とホテルとの間で交渉した結果」と断り書きがあるので、外務省の要請によってホテル側が、一行の滞在費の〝団体割引〟に応じたことがわかる。

また割引が不可能な他の各種の出費（6222・20フラン）の詳細は次の通りであるとの請求書もあり、「通常のワイン、高級ワイン、リキュール類　2227・50」「光熱費　1944・5」「入浴、石鹼代　755・50」などが請求されている。酒好きな諭吉をはじめ一行がワインを痛飲し、毎晩風呂に入り、石鹼を大量に使用したわけだ。「入浴費」の項目に、「石鹼代」がわざわざ含まれているのは、毎日入浴する習慣のある日本人の石鹼消費量にホテル側が値を上げたのだろう。

日本人のこの習慣は、体をタオルで拭くかせいぜいシャワーしか浴びないフランス人にとっては想定外だったうえ石鹸も当時はまだ高級品だった。「光熱費」が別勘定なのは、当時は全館ではなく個々の部屋毎にガス灯や暖房設備があったからだ。

明細書の中には「ティー、パン、バターの朝食代　一食一フラン五十サンチーム」、「夕食代（飲酒代含まず）　五フラン」、「シャンパン一壜　六フラン」をはじめ、「到着出発に際する例外的な馬車の借り料金　174・70フラン　通訳一人の謝礼、特別事務局設置、多数の荷物の安全な保管　1090フラン　通訳や使節関係の何人かの食事代　430フラン」などもあり、使節団用に「事務局」が特設されたことや大量の荷物を保管したことなどもわかる。

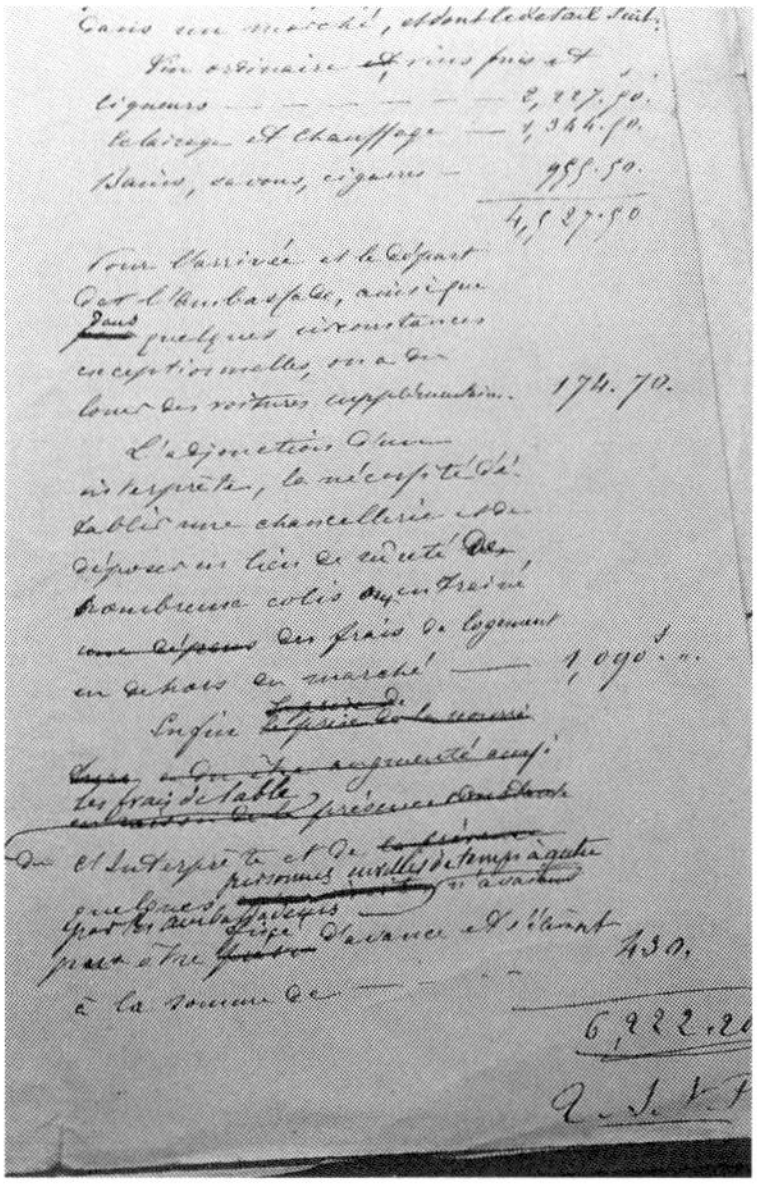

使節団が滞在費したホテルの請求書の一部（フランス外務省古文書館所蔵）

また、別途に、「（四月八日から同二十九日まで二十一日間、日本人一行のオテル・デュ・ルーヴルの出費額　30498」などという請求書もある。

これらの請求書から推測すると、さすが進取の気性に富んだエリート集団だけに、一行はマルセイユに到着した四月三日以降、そしてパリの約三週間の滞在期間中、連日連夜、フランス料理を飽きもせずに賞味した。諭吉も、《食堂には山海の珍味を並べて、如何なる西洋嫌いも口腹に攘夷の念はない》と、フランス料理には大満足した。ホテルの経費には「パン、バター」の朝食代がしっかりと付いていたことからも誰ひとり、「ご飯に味噌汁」を懐かしむことなく西洋式の朝食を取っている。この一点だけでも使節団の覚悟のほどが知れる。

諭吉は帰国後、《仏蘭西にて重なる産物は小麦、蜀黍《もろこし》、葡萄の類なり。殊に葡萄は銘産にて、色々の酒を造り世界中に積出す。仏蘭西の葡萄にて酒を造る高、一年に二千萬石より多く、酒の種類二百五十種あり》（『條約十一ヵ国記』）と記し、フランスが自給自足百パーセント余りの「農業大国、ワイン大国」であることを特筆したが、フランスのグルメ料理とワインの種類の多さに刺激された面もありそうだ。

保管文書にはマルセイユのフランス領事館からフランス外務省に一八六二年第二四半期の経費として請求した「日本使節団の経費立替の細目」も含まれている。「ヒマラヤ号で日本使節の到着を告げた信号兵への支払い　十フラン」「使節団の荷物三百九十個をヒマラヤ号からハシケで上陸させたハシケ運送業者に五百五十九フラン」「歓迎レセプション費用及び三百十個、重量一万千三百七十九キロの荷物を一時倉庫に空気調整及び完全包装をして保管後、蒸気車に運搬した費用　七百七十八フラン」「使節団の到着から出発までの滞在中の移動用車両（馬車）代　二百七十五フラン」などなど。「信号兵」への支払いが明記されていることから、日本使節団到着に際し、特別に信号兵が働いたことがわかる。

　それにしても荷物の多さが目を引く。「オテル・デュ・ルーヴル」も「多数の荷物の安全な保管」を請求項目に入れているが、この文書ではマルセイユに上陸した際の荷物数「三百九十個」に対し、倉庫に預けた荷物数は「三百十個」とあるので総勢三十六人（外国奉行調役兼通訳・森山多吉郎と勘定格調役・淵辺徳蔵は直接ロンドン入り）が宿泊先に持参した旅装などの身の回り品の荷物数はたった八十個だ。一行の私物以外に大量の日本食品やボンボリなど様々な用具を日本から持参したからだ。

　諭吉はこの点について、《外国は何でも食物が不自由だからと云うので、白米を箱に詰めて何百箱の兵粮を貯え、又旅中止宿《ししゅく》の用意と云うので、廊下に灯す金行灯＝二尺四方もある鉄網作りの行灯を何十台も作り、その外提灯、手燭、ボンボリ、蠟燭等に至るまで一切取揃えて船に積込んだその趣向は、大名が東海道を通行して宿駅の本陣に止宿する位の胸算》と帰国後も自嘲気味に振り返っている。大半の荷物は滞在先で使用予定の食料品や光熱器具だった。米や行灯などは接待係で諭吉の質問にも熱心に答えてくれたランベールに土産代わりに与えた。

　五月一日付で「地中海鉄道会社」から外相トゥヴネル宛に送られた使節団のパリ―マルセイユ間の請求書は合計四千三十六フランだ。「距離　８６３キロ　マルセイユ―パリ　仕切り専用車両人数17　各１０６・６５　計１８１３・０５　１等車人数　23人　各95・６５フラン計2222・90フラン」と細かい。五月六日付の一行がヴェルサイユ宮殿を見学した時の、「一八六二年四月二十一日パリ―ヴェルサイユ（18キロ）特別車一キロ当たり百フラン八十サンチーム」だ。「往復料金、計二百一フラン六十サンチーム」の請求書もある。

諭吉はロニから蒸気車の運賃について聞きだして、《マルセイルス（マルセイユ）より巴理までの……蒸気車の賃　上等の車一人　六十キロの荷は坐右に置くべし　九十六フランク（フラン）中等　〃　七十五フランク　下等　〃　六十フランク》（『西航記』4月23日）と上、中、下のクラス別に料金が異なり、「上」の場合は荷物が持ち込めることも記した。

また、《急飛（急行）は上等計にて、下二等なし。賃は同じ》（同）と急行が特別料金であることや《荷物は……賃銀百キロに付十五フランク。但し百キロ以上なれば、百キロに付四十フランクの割合なり》（同）と荷物輸送についても詳細にメモしたが、これらの運賃が請求書の額とほぼ同額なのはロニが外務省に問い合わせたからだ。

この請求書には別途、「三月三十一日から四月五日までの使節団一行のマルセイユ滞在間の到着と出発の準備費用」や「税関費用」「オテル・デ・コロニー」の宿泊費及び食事代などとして、「税金二パーセント」を含む計五千六百一・八四フランの請求書も付け加えられている。

諭吉が調べたフランスの物価は《仏蘭西物価　金　半キロ　千五百フランク　銀　同　百フランク　銅　六十サンチーム》（『西航手帳』62葉）とある。パリは物価が高く、石炭代も違うというので、ロニに調べてもらい地方や外国の価格も、《石炭　一トン　仏田舎にて　十二フランク、パリスにて　四十フラン、シュエズ七十》も記し、なるほど、パリは「世界一の都だが、物価も世界一だ」と納得した。

当時の一両を金や円に換算するのは「簡単にはいかない」（日本銀行金融研究所貨幣博物館）が、「一両は江戸時代初期で約十万円、後期で四千―一万円」（同）と「万延小判一両＝三・三グラム」（同）を基準に諭吉の調べた「金半キロ（五百グラム）一千五百フラン＝一グラム三フラン」で換算すると、オテル・デュ・ルーヴルの請求書「計約九万六百二十二フラン」は「一両を一万円」として換算した場合、約九千百五十三両、約九千百五十三万円になる。ホテルの請求書がバラバラにあり、合計金額がわかりにくいので、合計額はもう少し多く、十万フラン、円換算で一億円をゆうに超えたかもしれない。

市川渡は「西洋の新聞」の情報として「日本の使節が毎日使った費用はおよそ四万五千フラン（およそ日本の四千八百三両ほど）から五万フラン（およそ五千三百十一両ほど）だという」（『尾蠅欧行漫録』）と記しているが、ホテルの請求書額とは大分ズレがあるので、「西洋の新聞」が大げさに書き立てたのかもしれない。これらの仔細な請求書からは使節団のパリでの日常生活を具体的に知ることができるが、同時に使節団が金の心配などせずにパリ生活を満喫し、「西洋事情」の探索に精を出したことがわかる。

では、なぜ徳川幕府が英仏の有難い申し出を断って高額な滞在費を負担したのか。理由としては、二市二港の開市開港延期交渉をいかなる代価を払っても妥結させたいとの不退転の決意を固めていたことが考えられる。確かに、一八五八年の米英仏などとの五ヵ国条約にともなう「開港によって世界市場の一環に組みいれられた結果、徳川日本が当然蒙らねばならなかった経済危機」(『大君の使節』)を背景に、攘夷の嵐がますます強まるという状況を二市二港の開市開港の延期によって多少でも緩和することは、幕府の存亡にも関わっていた。

さらに徳川幕府としては滞在費を支払ってもらうことで英仏に「借り」ができることも恐れたろう。日本人としての意地もあったはずだ。英仏の言いなりの属国にはなりたくない、というわけだ。それに英仏に滞在費を支払ってもらうことは徳川幕府の誇りが許さなかった。長いものに巻かれて生きるのも知恵だが、武士は食わねど高楊枝ではないが諭吉が後に指摘した《三河武士全体の特色、徳川家の家風》でもある一種の《やせ我慢》だったにちがいない。

かくて、使節団がパリに滞在中、トゥヴネルのところには「オテル・デュ・ルーヴル」をはじめ連日、各所から使節団の経費に関する請求書が大量に舞い込むことになった。トゥヴネルもフランスが滞在費を負担しないでよかった、と内心、胸を撫でおろしたろう。

ところで、この経費にはチップ代が含まれているが、「ナダール写真館」や「ポトーのアトリエ」からの使節団一行の写真撮影代の請求書は一枚もない。各自の記念写真は当然ながら個人負担したわけだが、諭吉らが羽織袴で一種の業務命令で臨んだロシアやポトーが撮影した記念撮影は正使らの懐から出たのだろうか。まさか、割り勘にして各自から取り立てたわけでもあるまい。各国が接待費として扱ったのかもしれない。

6 パリはコスモポリタンの街

諭吉は再訪したパリで、「この街は様々な外国人がまるで自国のように溶け込んで自由に暮らしている。コスモポリタンとはこういう街を指すのだろう」との思いを新たにした。春に一ヵ月近く滞在したので勝手知ったる街だが、ナポレオン三世の「大改造」で街全体が整備整頓され、道路に名前が付けられ、その道路の左と右に奇数と偶数の番地が振られているので、住所さえわかれば間違いなく目的地に辿りつけた。

そのうえ諭吉たちに接するパリっ子たちの態度も好奇心から好意的な態度に変わり、自分が外国人であることを忘れがちだった。イギリス人はジェントルマンだが、あくまでも日本人を含めた「外国人」は「外国人」として扱い、どこか慇懃無礼なところがあるが、フランス人の場合、内心はどうあれ、ラテン民族特有の人懐っこさがあった。

この両国人に関する印象は松木弘安も同じだったとみえ、ロンドンからレオン・ド・ロニに送った手紙で、「巴里斯ニ在リシトキハ、過分ノ御周施《オトリアツカイ》ヲ蒙リ、アリガタク存ズルナリ……ロンドンに着セシ後は一人ノ友無ク毎日快《ココロ》ヨカラズ……巴里ニテ貴君其外の君ノ親切ナル志《ココロザシ》ノ恩ニ感ゼザルコトヲ恨ト思エリ」と日本語で書き、パリでのロニとの出会いと厚情に感謝し、ロンドンでは一人の友もできないと嘆いた。さすがに明治維新後、外交官・寺島宗則として活躍しただけに英仏両国人の気質の違いを的確に言い当てている。諭吉も箕作と共にこの手紙の末尾にわが意を得たりと、「宜しく」の意味で《傳声》と書き添えた。

ホテルの宿泊客も各国からの賓客で賑わっており、しかも自国のように気楽に振る舞っている。副使の従者・市川渡もパリに到着早々、「旅館には各国の旅行者が逗留している」（『尾蠅欧行漫録』）と記したうえで、イタリア人女子とスペイン人女子が姉妹のように仲良く遊んでいるのを発見し、「嗚呼、西洋の女の子は千里かなたにある国の子でもまるで隣りの子のように面倒をみる」と驚嘆しきりだった。

諭吉が「コスモポリタン」の思いを強くしたのは「マドレーヌ寺院」を見学した翌日の九月二十四日、ロンドンでも会って話を聞いた中国人留学生・唐学埙の訪問を受け、清朝（中国）の最新情勢を知ったからだ。ヨーロッパ大陸の主要国フランスの首都パリには様々な国の人間が自然と集まり、情報交換を自由に行なっていることを実感したからでもある。三年前から英語やイギリス事情を学ぶためにロンドンに留学中だった唐は、同じ東洋人として親しみを感じたのか一行の宿舎をしばしば訪問し、洋学者らと懇談した。現在はフランス語習得のためにパリに住み、今後一年滞在するという。しかも、学校のほかに個人教授を雇うという贅沢ぶりだ。ロンドンでの一年間の学費二百ポンドは親からの送金という羨ましい身分だった。日本では考えられない私費による長期留学生の存在に、諭吉は改めて隣国・中国についても考えざるをえなかった。しかも、唐の服装は、《衣服冠履皆欧羅巴の俗に変じ》、流行の帽子を被りピカピカのエナメル靴を履くなど、すっかりパリのブルジョア階級風だったので、多少の違和感を覚えた。

唐は開口一番、ロンドンでも話題にした中国・清朝での宗教団体による大規模反乱「太平天国の乱」について熱心に話し始めた。諭吉もこの事件には興味があったので質問を重ねた。ロンドンで五月十三日に会った時は反乱のリーダー、洪秀全が長髪にしているところから「長髪賊」とも呼ばれていることやキリスト教が「太平天国」の土台になっていることなど、諭吉もすでに承知している基礎的な話をしたが、諭吉が事情に通じていたので好印象を持ち、使節団がパリに到着したというので、諭吉を名指しで尋ねてきた。

諭吉は徳川幕府が一八五九年に劣勢になっていた清朝の正規軍支援のためにイギリス公使オールコック（当時は領事）の要請で、軍馬を英仏にそれぞれ一千頭売却したことも知っていた。オールコックがこの時、三千頭を要求したことから、英仏が上海租界にある自国の権益をかけて清朝応援の方針を明確に打ち出したことを悟った。それだけに、その後の隣国の情勢が気になった。唐によると《二、三ヶ月前より英仏の助を借て長髪賊を攻》（『西航記』9月14日）め、徐々に収まりつつあるという結果に、英仏の対外政策に関する強靭な意思を感じ取った。

徳川幕府も諭吉らが江戸を出立後の一八六二年六月に御用船千歳丸を上海に派遣して清朝の情報収集に当たった。乗船者の薩摩藩・五代友厚や長州藩・高杉晋作らの意見は総じて、「邪教を以て愚民を惑溺」などと洪秀全に対して批判的な意見が強かった。諭吉も唐の話すまま、洪秀全については《賊頭》とメモしたが、実際はどうなのだろうか、と多少、疑問を感じた。

諭吉がその夜、唐から聞いた「太平天国の乱」に関する情報を、《英人ワルドなる者》や《将軍の官を与へ兵卒八千人を教へしむ》（同）などと記したのは、英仏の国益堅持のために組織されたアメリカ人F・T・ワルド率いる一種の傭兵部隊が清朝所属軍として英仏軍と共同で太平軍と戦っていたからだ。ワルドは諭吉らが渡欧中の一八六二年に死去し、その後、イギリス人チャールズ・ゴードンが助っ人役を務めたので、唐が《英人ワルド》と混同して諭吉に伝えたか、諭吉が混同して《英人》と記したのだろう。洪秀全は一八六四年六月に栄養失調で病死し、反乱は衰退して一八七〇年代には鎮圧された。

諭吉はロシアが対馬を一時占拠した時、イギリスが派遣した艦船が抑止力の形になって鎮圧されたことを想起した。アヘン戦争でイギリスに翻弄されて衰退を招いたにもかかわらず、自国の反乱鎮圧でまたもや英仏による自国利益を目的とした内政干渉、内戦介入を許さざるをえない清朝の悲劇と日本の運命を重ね合わせ、国家が外国の力を当てにせずに《独立自尊》の道を歩むためには、堅固な民主国家の誕生こそ、急務だと思った。

国際情勢に関してはロニからこれまでも様々な情報を仕入れたが、パリ再訪後も時間があるかぎり、頻繁に話を聞いた。諭吉はロニが文字通り、口角泡を飛ばして国際情勢を論じるのを聞きながら、「国際情勢」はコスモポリタンのフランス人にとって「趣味」でもあり「気晴らし」でもあるのだろうと時々、苦笑した。

ロニは八月にペテルブルクにやってきた時も、外国にいる気安さもあって、夜な夜なヨーロッパ情勢を語って夜が更けるのも忘れた。諭吉も《ナポレヲンは常に英にVenge（復讐）せんと欲す然ども欧諸州の服するを待つ事は行はんと欲す　昨年ナポレヲン英を侵さんと風聞あり此時英の議事にて英全国の周囲に堡築かんとする議あり》（『西航手帳』69葉）とメモしながら、英仏間の対立ぶりは、「日本の戦国時代の大名同士と同じようなことをやっている」と思った。ただ、イギリスが国防問題を議会で討議して決定していることにも興味を持った。「なるほど、議会政治、民主主義はかくあるべきだ」とも考えた。

ロニからは当時、ヨーロッパ中の熱血漢たちの血を沸かせたイタリア統一戦線の立役者ガリバルディ（1807―82年）の話も聞き、《元とニッサ（フランス・ニース）の人なり》（同）と当時はイタリア領のニース（現仏南部）の出身者であることや《親し仏帝（ナポレオン三世）》《イタリアの統一、サヴォワの分割》（同）とメモし、統一に向けて混乱するイタリア事情を黒革の手帳にメモした。アレクサンドル・デュマはこの愛国的武勇伝の英雄が「パレルモを占拠」のニュースを聞き、パリで大人しく座して戦況を聞いていられず、ガリバルディの革命軍に参加するために売れっ子の作家生活を一時休止して出発したほどだ。ガリバルディは後に親しかったナポレオン三世に裏切られて苦労した。

ロニからは《スウェデンは魯（ロシア）より取られたるものを取返さんと欲す仏（フランス）はスウェデンを助く其故はスウェデン王は仏人なり》（『西航手帳』70葉）、《FAMILLES

DES BOURBONS（ブルボン）は仏国の古の帝族成り》（同）とメモし、ヨーロッパ各国が政略結婚などによって親族関係にあるなど、各国が虎視眈々と相手の隙を狙っている様子を次々と黒革の手帳に記した。

諭吉は領土問題をかかえるロシアについても気になり、ロニなどから聞き出したことを、《魯国総兵の数六十萬伯徳府（ペテルブルク）にあるもの四萬餘一歳（年）の間四度大週練あり此時は皇帝自から號令す》（『西航手帳』77葉）と記し、六十万を超える巨大な軍事力を擁し、しかも年に四回は四万人が参加する大軍事訓練を怠らないロシアへの警戒感を強めた。日本がいかに政治的、軍事的に立ち遅れ、国際的に蚊帳の外に置かれているかを痛感すると同時に、日本がヨーロッパをはじめロシア及びアメリカの野心の的であることを改めて認識しなおした。

アメリカに関しては、七月二十七日に訪問したベルリンの「老兵院」で出会った退役軍人アルフレッド・ドルスシウスの話を聞いたが、ドルスシウスは誰かに体験を話したくてムズムズしていたところに格好の聞き手が現れたことに感激し、諭吉の黒革の手帳に自ら三枚にわたって体験談を英語で記し、署名もした（『西航手帳』16、17、18葉）。

ドルスシウスは南北戦争に北軍将校として三ヵ月間（1861年6－9月）従軍し、米ミズーリ州の三ヵ所の戦闘で南軍を破った体験があり、こうした戦闘の体験のほかにリンカーンが勝利した米大統領選で奴隷制の存続か否かが争点になったことなどを記した。アメリカの南北戦争に関しても、《佛ナポレオンは都てアメリカの合衆治世を止め一王国と為さんと欲す右は北アメリカに限らず都て南北メリケンとも王国とせんと欲するなり　昨年より南方勝利ありナポレオンは南方え私に金を與ふと云》（『西航手帳』67葉）と記し、ナポレオン三世がアメリカを王国にする構想を練っており、しかも南軍の勝利を信じ、支援金を個人的に出す用意があることなどを記した。

イギリスに関しては、渡欧の際、寄港先のアジア、中東における植民地支配ぶりに目を見張り、「太陽の沈まない国・大英帝国」に脅威を感じたが、帰国の途上で条約改正のために立ち寄ったポルトガルでも、蒸気機関を利用して金銀貨幣を製造するのは《英国より機関を買ひ機関師を雇ひ全く英国の制に倣へり……八年前鉄路を造れり。皆英国商社の造る所なり……》（『西航記』10月23日）と記し、ヨーロッパ大陸でもイギリスの技術や資本の影響力が浸透していることを実感した。

ロニからはヨーロッパ情勢のほかに、《ペルシャは只今勢なし　然れども遂には魯英のものたるべし　二三十年の内に必ず亡ぶべし其国の宗旨は回宗フィフィ（イスラム教）なり》（『西航手帳』66葉）とも聞かされ、栄華を誇ったペルシャ帝国の滅亡がヨーロッパでは囁かれていることや、《印度は大抵英の有なりと然ども印度は英の政治を怨《うら》む》（同）といった宗主国イギリスに対し、植民地インドが怨念を抱いていることなどの情報も仕入れた。

ロニの話は噂話の域を出ない情報もあるが、友人の枠を超え、諭吉にとっては国際情勢を知る貴重な情報源であり、友人というより「ジャーナリスト同士」の感覚だった。

ロニの話の中で諭吉が最も興味を持ったのはプロシャ、すなわちドイツの統一問題だ。フランスは隣国プロシャとは国境線一本で隔てられているだけである。ドーヴァー海峡が間に横たわるイギリスへの対抗心とは異なり、隣国の動静はフランス人の生活に直接響く死活問題でもある。

ロニは、プロシャはオーストリアの影響を排除して《プロイセン（プロシャ＝ドイツ）はデーネマルカの一部を取らんと欲す that is colled Holsutein's question ゼルマンの人民は一たらんことを欲す　此事は佛英魯の為めに甚だ悪き》（『西航手帳』70葉）とし、プロシャが統一を果たすと予測した。「ドイツ実現」は、隣国フランスにとっては第二帝政時代の終焉を意味するのではないのか、と諭吉は内心、考えた。

実際、ナポレオン三世はその後、ますます勢力を伸ばしつつあるプロシャとの決定的な対立を避け、国際会議を開いて平和裏に収めようと画策したのに対し、皇妃ウージェニーは普仏戦争推進派の先頭に立って開戦を強行し、フランスとの戦争こそ国家統一の最短の道と考え、攻撃のチャンスを虎視眈々とうかがっていたビスマルクを歓喜させた。

ナポレオン三世は数々の浮名を流した後に、皇帝就任の一年後の一八五三年一月に、スペイン出身の伯爵令嬢ウージェニー・ド・モンティホと結婚した。女性の美醜をあげつらうことがなかったフェミニスト諭吉さえも、《皇妃は不相応に若し。評判の美人なり》（『條約十一ヵ国記』）と特筆した美女である。また《Eugenie Teba Countess of Montijo（正しくは、Eugenie Marie de Montijo de Guzman, Comtesse de Téba)》（『西航手帳』74葉）と記し、彼女がスペインの伯爵モンティホの娘であることにも触れている。

ロニからフランス王のブルボン姓がイタリアなどに多く、ヨーロッパ各国が古くから政略結婚によって相互利益を図っていることを聞かされていたので、ナポレオン三世の結婚はどうだったのだろうかと考えたからだ。ただ、これは諭吉の深読みで、ナポレオン三世は純粋にウージェニーの美貌、特に優美な肩の美しさに幻惑されたにすぎなかった。

皇帝一家の専属画家フランツ・クサーヴァー・ヴィンターハルターは何枚かの皇妃の肖像画を遺しているが、いずれも真珠のように純白に輝く肌と肩がむき出しになるデザインのデコルテ（胸の部分が広く開いた）のドレスを纏っている。宝石好きで王冠をはじめネックレスやイヤリング、腕輪などの宝石をちりばめた豪華な装身具によって美貌が文字通り、ますます光り輝いた。ルーヴル美術館には皇妃愛用の二百十二個の真珠と一千九百九十八個のダイヤモンドなどをちりばめた王冠が展示されている。彼女がいかに贅沢をし、宝石好きだったかの証左であると同時に第二帝政時代の繁栄ぶりも象徴している。

ウージェニーは母親の入れ知恵もあったが生来、手練手管にも長け、皇太子を出産後は生来の野心家で好戦的な性格が目立ちはじめ、政治的にも大いに影響力を発揮した。加齢と出産によって肌のたるみが目立ちはじめたなで肩の代わりに闘志をむき出しにした。まず、熱心なカトリック信者としてローマ法王を強硬に支持し、夫の統一を視野に入れたイタリア政策に反対したほか、フランス帝国の拡大を狙ってメキシコ遠征（1861－67年）を推進させて失敗に終わらせたばかりかフランスの弱体化の遠因を作った。最悪のケースがフランスの敗北と夫の失墜を招いた普仏戦争だ。

この歴史的敗北でナポレオン三世は「文久遣欧使節団」が訪問してから十年も満たないうちに国民議会での決議により退位。ルイ・ナポレオンに戻り、亡命先のイギリスで失意のうちに持病の膀胱炎の悪化により波乱多い人生に終止符を打った。六十四歳だった。ウージェニーは生まれ故郷スペインの首都マドリードで九十四歳の長寿を全うした。

諭吉は帰国後も、このフランスとドイツとの特殊な関係について、《墺地利《オーストリア》との戦争、又アルサス、ローレンス（ローレンヌ）の事なども国交際の問題として、何れ後年には云々の変乱が生ずるであろうなんと云うことは朝野政通の予言する所で、私の日記覚書にもチョイ〳〵記してある》と回想し、普仏戦争はもとより第二次世界大戦まで戦争の道具として不可欠だった鋼鉄と石炭の産地であるアルザスとロレーヌを巡って、フランスとドイツが二度も交戦した戦争をすでに予言した。

諭吉はロニと国際情勢を論じるたびに、「日本は島国で海という自然の防衛があるが、もしこの自然の防衛がなかったら、どうなっていただろう」と考えた。表面は友好的な態度を崩さないヨーロッパ各国がそれぞれ相手の隙や弱点を探し、好機が到来したら即、侵略を開始するために目を光らせている現実に圧倒させられた。諭吉は日本から遠ざかれば遠ざかるほど日本のことが気になった。それは単なる望郷というセンチメンタルな感情とはまったく異なり、開国後の日本はどうなるのだろうかという将来を憂える気持ちのほうが強かった。だからといって後ろ向きになり、攘夷に走る同胞がいることも理解できなかった。

ロンドン滞在中にも《江戸に事變ありしことを聞く》（『西航記』5月13日、坂下門外の変＝1862年2月13日のことか）、ペテルブルク滞在中も《江戸に變事ありと聞く。乱暴人英国のミニストルを犯したりと。但しテレガラーフの通報にて未だ詳なるを得ず（第二次東禅寺事件＝1862年6月26日のことか）》（同、9月9日）と江戸の様子が気になった。テレグラフの到着が遅いうえ、詳細がわからず、それだけに気が揉めた。

その数々の実り多いパリ滞在だったが、最後に、ふだんは冷静な諭吉が、《苦々しい……実に堪《たま》らない》と怒り心頭に発する手ひどいしっぺ返しを受けた。《江戸の變事》がしきりに気になったのも、あるいは慧眼・諭吉として、この事態をなんとなく予感していたのかもしれない。

諭吉らが約二週間滞在した秋のパリを出立したのは十月五日だった。《夜第九時に巴理を発し終夜火輪車にて走行し》（『西航記』10月5日）、六日の《朝第八時にロシフォルト（フランス中西部ロシュフォール軍港）》（同、10月6日）に到着したところ、フランス人の態度が豹変していた。

まず、ロシュフォールで《（火輪）車より下り船に乗るまでの路十町余、此間盛に護衛の兵卒千余人を列せり》という物々しさに驚かされた。しかも、《敬禮を表するに似て或は威を示すなり》（同）と一見、盛大な歓送の形をとっているものの明らかに一行を威喝していた。

諭吉らは《昨夜火輪車に乗り、車中安眠するを得ず大に労れたるに、此所に着して暫時も休息せしめず火輪車より下り直に又船に乗らしむ。且船に乗るまで十町余の路、日本の一行には馬車を与えず、徒歩にて船まで行きたり》（同）という蒸気車の旅でほとんど一睡もしないで疲労困憊して到着したところ、休憩時間もないままに十町（1町＝約109メートル）、つまり一キロ以上も歩かされ、やっと乗船した。

この《待遇の冷淡不愛相》に直面し、諭吉は激しい憤りを覚えた。フランス人がイギリス人と異なり、人当たりが良かっただけにフランス当局の豹変ぶり、フランス人の偽善者ぶりに衝撃を受けた。一方で、「これがヨーロッパ大陸で一千年も山あり谷ありの中で一応、大国として生き延びてきた老獪な老国フランスの正体なのかもしれない」とも思い、イギリスとは異なるフランスの冷酷であざといやり方に油断大敵の思いを強くした。

諭吉は晩年、《ナポレオン政府がわれわれ日本人に対して気不味《きまず》くなって来た》のは、《生麦の大騒動（生麦事件＝9月14日）》が《報告になった時》だからと勘違いしているが、当時の通信事情では日仏間の情報は約三ヵ月かかっているので、諭吉らのパリ出発時の約半月前に発生したこの事件がヨーロッパに伝わるはずもなかった。この時は、《兵士を幾ら丼べたって鉄砲を撃つ訳《わ》けでないから、怖くも何ともありはしない》で済んだが、伝わっていたら、どんな事態が発生していたことか。最低三ヵ月かかった当時の日欧通信事情に感謝しなければならない。《江戸の事件》はイギリス公使館を襲った「第二次東禅寺事件」（同6月26日）が九月七日にロンドン経由でパリにも到着したからだ。

攘夷の嵐は諭吉らが出発後、ますます強まり、まず、穏健派の老中・安藤対馬守が「坂下門外の変」（1862年2月13日、攘夷派の水戸浪士による襲撃事件）で負傷し、その二ヵ月後の四月には老中も辞職した。「第二次東禅寺事件」に関してはベルクールからトゥヴネルのところに逐一、報告が入っていた。英代理公使ジョン・ニールの暗殺未遂事件の犯人、松本藩士・伊藤軍兵衛は英警備兵を二人、倒した後に切腹したが、イギリス側が日本の慣例を無視して、伊藤の遺体の検視を強く要求したことなどから揉めに揉めた。「大君政府が直接、ジョン・ラッセル卿（英外相）に英政府の印象を軽減するために書簡を送った」（フランス公使館文書NO1 87、1862年9月2日）などの記録も残されている。

その最中に発生したのが、「生麦事件」（薩摩藩主の父・島津久光の行列に乱入した騎馬の英人4人を藩士が斬りつけ、1人が死亡、2人が重傷を負った。賠償交渉がもつれ、薩英戦争に発展）だ。この事件に関して、老中からベルクールのところに九月十七日午前五時に報告が入り、午前六時に翻訳された公文書「1862年9月17日、NO191」がフランス外務省に送られている。この幕府の報告書は「（事件発生の管轄区の）神奈川県知事」からの調査内容など事件のあらましを伝えると同時に、「より正確な状況を調査中」とし、「昨日以来、アメリカ、オランダ公使とも協議しており、必要な対策を取る」としている。老中・外国掛の三人、脇坂淡路守（安宅《やすなり》）、水野和泉守（忠精《ただきよ》）、坂倉周防守（勝静）が署名している。

使節団の一員でもあり洋学者の諭吉も攘夷の対象になっている可能性があったため、《唯用心に用心して夜分は決して外に出ず、凡《およ》そ文久年間から明治五、六年まで十三、四年の間と云うものは、夜分外出したことはない。その間の仕事は何だと云うと、唯著者翻訳にのみ屈託《くったく》して歳月を送て居ました》という状況だった。そうした中で『西洋事情』が出版されたことは、一種の奇跡ともいえる。

7　レンズを通して向き合った諭吉とポトー

諭吉は初老の写真師が、鋭い眼光を自分に向けた瞬間、居合抜きに臨んでいるような緊張感に捕らわれた。居合抜きは《ずいぶん好き》で、中津藩に伝わる『立身新流』（1500年初めに伊予＝愛媛県＝出身の武将・立見三京を開祖とする古武道の分派で剣術と居合の流派）を修めてもいた。「しじゅう居合刀を所持して、大阪の藩の蔵屋敷にいる時、また緒方の塾でも、おりふしはドタバタ」（立見流第22代宗家、加藤紘『三田評論』2009年5月号）やっていた。「明治二十六—八年の間に三回程いわゆる千本抜きをされた居合数抜記録が残っている」（同）ほどだ。居合抜きは「散歩」「米搗き」と共に健康法の一種でもあった。「散歩」は「散歩党」と称して、晩年の日課としていた。「米搗き」も、「福澤家で食す米のほとんど全てを搗いていた」（慶應義塾福澤研究センター教授　西澤直子）。

《西航の命》を受けて旅立って以来、居合抜き用の刀も所持してこなかったし、居合抜きをしたいとも思わなかったが、久しぶりに愛用の居合刀、「刃渡り二尺四寸五分（約74・3センチ）、重量三百十匁（約1162グラム）」（同）の長い刀を力いっぱい振るった時の充実感と爽快感が蘇った。

この日は朝から、諭吉らは紋付羽織袴に刀を差した外出姿に身を整え、天を仰いでいた。「晴れ」だったら、正午から全員で記念写真を撮りに行くことになっていた。朝のうちは雲が重く垂れさがっていたが、昼近くなって陽が射してきたので、馬車に分乗して出かけることになった。近くにあるナダールの写真館ではなく、すこし離れた写真館に行くうえ、全員でパリの街を闊歩したら、見物人に取り囲まれて大騒ぎになるからだ。

「ナダールとはまったく違ったタイプだ」と諭吉は思った。パリに到着してまもない日、三使節らがナポレオン三世との謁見を終えた日に、ホテルのロビーでみかけたナダールは小太りな体で精力的に動きまわっていた。ところが、目の前でカメラを覗きこんでいる男は痩身で微動だにしない。ただ、鋭い眼光だけが二人の共通点だった。下級武士・諭吉の撮影の順番は終わりに近かったが、思っていたより早く順番が回ってきた。秋の日は短いので、陽のあるうちに撮影を終える必要があったからだが、写真師はどうやら、あれこれ注文を付けずに、「真正面」と「真横」の写真を機械的に、だが極めて正確に撮影しているようだった。

最初、真正面からの写真を撮られた。写真師は一言も発しなかったが、前の人物の肖像写真を撮った後、調整し直したカメラから視線を上げて、すでに椅子に泰然として坐っていた諭吉を初めて見た瞬間、電流に打たれたように、はっとして鋭い視線を投げつけた。諭吉も写真師がシャッターを切った瞬間、稲妻のような強烈な何かが諭吉を射すくめたように感じて、居合抜きの刀を抜いた時のように、ぐっと腹に力を入れてカメラを見詰め返した。気が付いたら扇子をしっかと握っていた。

写真師は二、三秒、じっと動かなかったが、一呼吸すると、無言のまま、右側を向かせ、真横の写真を撮った。諭吉も居合抜きが終わった直後のような静けさの中に浸った。また、二、三秒が経ち、立ち上がろうとすると、写真師が傍にやってきて、斜め横を向かせた。この写真師は「真正面」と「真横」の写真を撮ると聞かされていたが、諭吉は為されるままに斜め横を向いた。

カメラの前に座ってから、長い時間は経っていなかったが、諭吉はヨーロッパを旅行した半年間の出来事が走馬灯のように頭の中を駆け巡っていくのを感じた。「自分はもう、品川の上船場を出立した時の自分とは同じではない」との覚悟のような強い思いもこみ上げてきた。部屋を出る時、写真師の方を振り返ると、鋭い眼差しが消え、優しく寂し気な表情を見せた。大阪の「適塾」に行く時、母親の順が見せた表情を思い出した。

春のパリでの写真撮影に関しては、副使・松平石見守の従者でメモ魔の市川渡は二回しか記録していない。一回目は、三使節らがナポレオン三世と謁見した四月十三日に、「午後二時過ぎに旅館に帰られる。写真師が来て、御三使および属官数人の写真をとった」(『尾蠅欧行漫録』)と記している。『モニトゥール』も四月十五日付で、「ナダール氏は使節団の宿泊するホテルや彼の写真館において使節や主な士官、通訳の写真を撮影した」と報じた。この時の写真を下敷きにしたイラストを『イリュストラシオン』が使用している。二回目は、三使節が四月二十二日にナダールの写真館に行ったことを、「今日、午後二時すぎ、御三使は写真店にいかれた。午後四時すぎ旅館にもどられる」(同)と記した。この時の写真は『ルモンド・イリュストレ』がイラストの下敷きに使っている。

市川は、この時、「陪従を得られなかった」(同)と残念そうに記している。イギリスやオランダでは嬉々として写真撮影に出掛け、ロシア人らと写真交換もしている市川が主人・松平が被写体になったポトーの「肖像写真」に関しての記述を忘れるはずがない。

そうなると「全員の写真撮影」はパリ再訪後ということになる。市川はまさに九月二十九日に、「今、正午すぎより旅館を出発する。街の北方へ行き、四十町(1町=約109メートル)ばかりの写真屋に至る。午後六時に旅館に帰る」(同)と記している。十月二日には条約改正の調印が行なわれているので九月二十九日の時点では交渉は終了し、署名を残すのみで使節の実質的な任務は完了していた。あとは十月五日にパリを出発してポルトガル・リスボンを経て帰国につくだけだ。

誰ということなく、「ヨーロッパ旅行の最後の思い出に、パリでもみんなで記念写真を撮りにいこう。ロシアで撮ったように」と提案したとしても不思議はない。事情通が、組頭・柴田貞太郎辺りに……「パリには外国からの賓客の肖像写真ばかり撮っている写真師がいるそうだ。ナダールより写真代が安いそうだ」と進言したかもしれない。市川は「全員」、つまり三十八人が写真屋に行ったとは記していないが、「写真屋」で正午過ぎから約六時間の長時間過ごしたとなれば、ロシアで、全員が記念写真を撮影した時間とほぼ同時間なので、全員が撮影に参加したことは間違いなさそうだ。

ポトーの撮影場所に関しては、写真専門誌『モニトゥール・フォトグラフ』が、「植物園」すなわち、職場の「自然史博物館」の「近くのアトリエ」で外国からの賓客の肖像写真を撮影したと記している。一方、市川渡は宿舎から「街の北方へ行き、四十町」のところに行ったと述べている。パリ九区にある宿舎の「グラン・トテル」から「植物園」までの距離は約四十町（約4キロ半）なので距離的には合致している。ただ、「植物園」はセーヌ河左岸にあり、セーヌ河右岸の「グラン・トテル」からだと北方ではなく反対の南西に当たる。数字など正確無比な記録を残した市川も長旅の疲れがどっと出て方角を間違えたのだろうか。

「自然史博物館」で父親・永持五郎次の肖像写真を見た息子・源次は興味ある証言をしている。源次は「何とかこの写真を複写して、日本に持ち帰りたいという念が強まり」（私家本『九十四年の人生』）、館内で担当者の大学教授に会って来意を告げると、教授は助手に命じて「一枚の写真の種板」を持ってこさせた。ポトーが晩年に寄贈した全作品のガラス板のネガの一枚だ。「正に父の写真の種板ではないか。六〇年以上も前に撮した写真の種板が、かくもよく整理格納されているのを見てさすがだなあと感服させられた」（同）と源次はフランスの保管能力、換言すれば歴史尊重の姿勢に感激する。

さらに、「助手がいうには、〈某町某番地にここに出入りの写真屋〉がいて、焼き増ししてくれるというので、その写真屋に行くと焼き増しをしてくれたうえで、これら特使大使一行を撮影した写真屋は、この写真屋の現に住んでいる家に住んでいたとのことで、奇遇を重ねたことに感慨無量であった」（同）と書き残している。この「某町某番地」がどこかについては、鎌倉に住む源次の孫・武明は「祖父が書き残した写真に関する資料はこれだけです。我が家も何度か引っ越ししたりしたので、残念ながらこの某町某番地がどこかなどを示すものはありません」と残念がった。

パリ市立古文書館にあるポトーの死亡証明書によると、ポトーは「パリ五区ビュフォン通り五十三番地の自宅で死去」と記されていた。「ビュフォン」は「自然王」と呼ばれ、「植物園」の基礎を築いた人物で、この通りは「植物園」の裏手、まさに「植物園」の「近く」にある。

自然史博物館付属・研究図書館のコレクション部長パスカル・エヴルテルは、ポトーの自宅があったビュフォン通り一帯のアパルトマンは、『『自然史博物館』の従業員のいわば官舎だったので、従業員ポトーも住む権利があった」と証言した。

「ビュフォン通り」周辺の古い地図を見ると、ポトーの自宅があった「五十三番地」の建物の裏側のクール（中庭）の奥には、さらにアパルトマンが立ち並んでいる。パスカル・エヴルテルは「従業員の中にはここをアトリエや仕事場として使っていた者もいた。ポトーもここにアトリエを構えていたのではないか。単独で使っていたか同僚とシェアして使っていた可能性もある」と推測する。

エヴルテルはまた、写真が普及する以前、「一八四〇年から五〇年代にかけてはインディアンの代表のような西欧では珍しい人種がフランスにやってくると写真の代わりにデッサン画を描いて保存した」という。舌が異常に発達して大きい南米の原住民族ボトキュドスの女性の肖像を描いたデッサンは大事に図書館に保管されている。「図書館専属のデッサン画家がおり、彼らは身分としては従業員ではなく、一種のフリーとして働いていたが、このクールの奥のアパルトマンの一室をデッサン室として自由に使っていた。現在のパリの家賃のことなどを考えると、実に鷹揚な時代だった」とも指摘した。「ポトーも死去するまで官舎にそのまま住んでいたと思う」とも述べた。源次が父親の写真を焼いてもらった写真屋も、「ポトーと同じ『自然史博物館』の従業員だったはずだ」とも推測した。

エヴルテルは撮影場所として、「ポトーがわざわざ職場や自宅から反対の遠方にアトリエを構えたとは想像しにくい。アトリエは自宅兼か自宅にごく近いところ、クールの後ろ側のアパルトマンの一室だったと考えるのが妥当だ」と結論付けた。

『モニトゥール・フォトグラフ』が『植物園』の「近くのアトリエ」云々の記事を掲載したのは一八六二年二月、使節団がパリに到着する二ヵ月前だ。確かに、一行が写真屋に出掛けた同年九月までに、ポトーが「官舎」でもあった自宅からも、自由に使えた自宅近くの「アトリエ」からも遠い地区、使節団のホテルから「北方」にあたる地域にわざわざアトリエを構えたとは考えにくい。

アトリエに関しては、ベトナム使節団の正使・潘が「ガラスに覆われた建物の上階に赴き」と具体的に述べ、アトリエが明るい自然光が射し込むように工夫されたガラス張りの屋根のある部屋だったことを示唆している。ポトーも自宅の天井がガラス張りの上階か、あるいは自宅近くのやはり天井がガラス張りの一室にアトリエを構えて、遠い国からやってくる賓客の肖像写真の撮影に精魂傾けたとみるのが極めて自然ではないか。

現在、ポトーの死去した自宅があった「ビュフォン通り五十三番地」には使節団が訪問した当時から存在する古い建物が残っており、屋根には天窓がいくつかある。地下室もあり、「写真屋」がそこで焼き増しをしていたとしてもおかしくない。この辺は相変わらず「自然史博物館」の付属建物になっており、この番地は「植物園」と「自然史博物館」専用の「消防担当員」の連絡事務所になっている。職員の一人は筆者の入室を許可せず、「屋根がガラス張りだったかどうかは不明」という。

ただ、このポトーの自宅の真向かいにある「植物園」内の「自然史博物館別館」の一室では現在も写真撮影やビデオ撮影が行なわれている。オーディオ・ヴィジュアル企画部長のフレデリック・デュボスは、「この辺の建物は十九世紀当時のままで、自然光を取り入れるために最上階の屋根がガラス張りになっている建物が多い」と証言し、天井の羽目板を長い棒を使って外してみせてくれた。確かに屋根はガラス張りだった。「日照時間が少ないパリでは、日光を取り入れる天窓の役割は大きい」とも述べた。

写真撮影に関しては謎が多いポトーだが、一つだけ確かなのは、必ず真正面と真横の二枚の肖像写真を撮ったことだ。アジアやアフリカなどの人物写真も例外ではない。正面の写真で被写体が頭を多少、傾けたりしているので撮り直している場合もあるが、パリを訪問した「文久遣欧使節団」と「第二遣欧使節団」も全員が真正面と真横の二枚だ。全身の立像の場合も同様だ。

ところが、諭吉に限って例外的に真正面と真横に加えて斜めからも撮っている。諭吉の服装はごく地味な外出着の羽織袴だ。帯刀している刀も勿論、名刀でもなければ鍔も凝っていない。兄が病死後、借金を返した時に、父親の《天正祐定二尺五寸 拵付《こしらえつき》、能く出来た》刀を四両で売っている。

使節団の中では副使・松平石見守が大名の中でも大家らしく白黒写真でもそれと察せられる光沢のある上等な絹織物の衣服を纏い、羽織の紐も太くて立派だ。諭吉はいかにも下級武士らしく、質実剛健そうな羽織袴だ。羽織の紐も可哀想なくらい細くて貧弱だ。

ポトーはこの青年下級武士のどこに惹かれたのだろうか。全身から発する強いオーラに魅せられ、思わず、斜め横からも撮ってみたくなり、例外的に三枚目の写真のシャッターを切ったのだろうか。

終章

ブランリー河岸美術館で諭吉のネガを見る

パリで最も新しい美術館は「ブランリー河岸美術館（2006年開館、所蔵品総数約30万点）」だ。セーヌ河左岸パリ七区ブランリー河岸にあるのでこう呼ばれている。二〇〇六年の開館当初の正式名称が「アフリカ、アジア、オセアニア＝大洋州、アメリカ美術・文明美術館」、企画段階では「原始美術館」と呼ばれたように、「西欧以外」の地味な展示内容のためか年間入場者数（約130万人＝2015年）が「ルーヴル美術館」（年間入場者数約1000万人＝同）などに比較すると少ないが、徐々に観光客が増えつつあるのはエッフェル塔に近いという地の利による。

美術館の生みの親は親日、知日家の元フランス大統領ジャック・シラクだ。シラクは政治一

ブランリー河岸美術館

筋の〝政治に取り付かれた怪物〟という一般的なイメージと異なり、東洋美術や原始美術にも造詣が深い。パリ市長時代の一九九〇年にアフリカ美術の専門家ジャック・ケルチャシュがルーヴル美術館に「原始美術部門」を開設するべきだと相談にやってきた時に意気投合し、一九九五年に大統領に就任するやルーヴル美術館にこの企画を持ち込んだ。ところが翌九六年に突然、「原始美術館」の創設を発表した。

伝統を重んじる巨大組織のルーヴル美術館と延々と協議するより、大統領権限で美術館創設を決めるほうが手っ取り早いと判断したのだろう。なにしろ、第五共和制の憲法が制定する大統領の権限は、憲法制定を指揮した第五共和制の初代大統領シャルル・ドゴールの身の丈（１９８センチ）に合わせたといわれるように長大だ。任期は当初七年（２０００年に２００２年の大統領選での再選を狙ったシラクが憲法を改定して5年に短縮）。再選は何度も可能なうえテロなど非常事態発生時に大統領への全権委任を認める「緊急措置権」（16条）もある。

セーヌ河畔に新設美術館にふさわしい広大な敷地もあった。旧貿易省が他の経済・金融関係官庁と共に、一九八九年のフランス革命二百周年を記念して建設されたベルシー河岸の合同省庁の建物に移転した跡地だ。建築家にはジャン・ヌーヴェルが任命された。ガラスを多用した建築で知られ、アラブ世界研究所（パリ）、カルティエ現代美術財団（パリ）、アグバール超高層ビル（スペイン）、電通本社ビル（東京）などの代表作が示すように、世界的に活躍している。アガ・カーン賞、プリツカ賞など数々の権威ある建築賞を受賞している。シラクが大統領就任まで国際顧問を務めていた高松宮殿下記念世界文化賞建築部門も受賞（２００１年）しており旧知の仲だ。

総工費二億三千三百万ユーロを投じた新美術館内には、『悲しき熱帯』で世界中に人類学ブームを巻き起こした社会人類学者で構造哲学の先駆者クロード・レヴィ＝ストロース（２００９年に１０１歳で死去）を記念した小劇場や、シラクに「原始博物館」の創設を吹き込んだケルチャシュの名を冠したメイン閲覧室もある。館長ステファン・マルタンは開館当時、筆者に「シラク氏とは因縁深い美術館なので死後は当然ながら『ジャック・シラク美術館』に改名される。生存者の名前を公共建物に使う前例がないので今は地名にしている」と打ち明けたが、開館十周年を迎えた二〇一六年六月に、生存中にもかかわらず例外的に「ブランリー河岸 ジャック・シラク美術館」と改名した。

約三十万点の所蔵品は「人類博物館」の民族関係部門にあった所蔵品と「国立アフリカ・オセアニア美術館」（パリ12区）の所蔵品のほかは、大半は「人類博物館」から移転したものだ。故に「写真協力：パリ人類博物館」となっていた「国立博物館」（東京・上野）に展示された青年・諭吉の肖像写真が「ブランリー河岸美術館」の所蔵品の中にあっても不思議ではない。

そして予測通り、同館に「諭吉のパリの肖像写真」のガラス板のネガとポトーのアトリエで焼かれたオリジナルのプリント写真が保管されていた。図像部門の責任者カリンヌ・ペルティエがカートに載せて運んできた大型の箱五個のうちの一番上の一個を開けると、一枚ずつ紙バサミに入った写真が収められていた。最初の紙バサミの表紙には手書きで「Fukusawa yu-kichi」と綴りも正確に福澤諭吉の姓名が書かれており、中には諭吉の真正面から撮った肖像写真が収まっていた。セーヌ河を見下ろす六階の特別閲覧室の広い窓から差し込む自然光のせいか、「自然史博物館」付属の「研究図書館」で見た正面と横顔の写真より鮮明な感じを受けた。二枚目の紙バサミは「国立図書館」にもあった横顔の肖像写真だ。さらに何枚目かに斜め向きの写真もあった。やっと正面、横、斜めの三枚が揃っているのを初めて見た。

薄いブルーの台紙に貼られている写真はまるで昨日、ネガから焼いたばかりのようにシミ一つなく、フランスがいかに日本初の公式代表団の肖像写真を歴史の証言者として丁重に扱ったかを証明しているかのようだ。ネガは別途に空調設備などが整った保管室に保存されているので、直接見ることはできなかったが、写真学芸員クリスティーヌ・バルトがパソコンに収録しているネガを見せてくれたので確認できた。

諭吉の横顔の写真説明には「オリジナル・タイトル　Souka-Sawa, officier　民族　日本人　写真家　フィリップ＝ジャック・ポトー」と記されていた。ここまでは「国立図書館」と同じだが、さらに「前所蔵者　人類博物館―写真部門」の記述があった。真正面と斜めの写真は同じ説明文のほかに「寄贈者　Muséum の人類研究所」が加えられていた。「Muséum」とは「自然史博物館」のことだ。これで、最初は「自然史博物館」の所蔵品だったことが確認された。

諭吉のほかに副使・松平石見守、組頭・柴田貞太郎、医師・川崎道民、医師兼翻訳方・箕作秋坪、小人目付・高松彦三郎、松平の従者・野沢郁太、賄方兼小使（実際は阿波藩）・原覚蔵、柴田の従者・永持五郎次、正使・竹内の従者・長尾条助などの写真があった。さらにもうひとまわり大きな箱には松平と柴田の写真が同じ一枚の台紙に貼られていたほか、諭吉の写真も正面と横顔、川崎の写真も正面と横顔が一枚の台紙に貼られていた。ただ、斜めから撮った写真はやはり諭吉だけだった。「一八六二年の日本使節団」のプリント写真は全部で十三人分の二十六枚、ネガも「正面」や「横」の肖像写真の取り直し分も含めて十三人分の計三十九点あった。

プリント写真はすべてピントが正確に合った鮮明な画像で、当時の写真技術を考えるとポトーの撮影技術がいかに優秀だったかがわかる。高松彦三郎は疱瘡の痕が鮮明だ。使節団の人選では最初に副使に決まった桑山左衛門尉《さえもんのじょう》元柔《もとやす》にイギリス公使オールコックがクレームをつけたという。理由は老齢に加えて「片目が藪睨み」（『大君の使節』）で風采があがらなかったからだそうだが、眉目秀麗、という古風な表現がぴったりの「幕末一のハンサム・ボーイ」（芳賀徹）の諭吉はもとより、使節団全員が疱瘡の痕があろうが鼻が低かろうが目が小さかろうが、なんといい顔をしていることか。

目鼻立ちが多分、彼らより一段と西洋風に整った現代ニッポン人に比べても、全員が惚れ惚れするようないい顔をしている。久しぶりに日本人らしい顔、真摯で誠実で向上心に溢れ、しかも気骨があるという、つまり口八丁手八丁ではない、信頼ができ、言葉が通じなくても外国人を説得し、尊敬を勝ち取れる顔に出会った気がした。

徳川幕府はフランスに「文久遣欧使節団」のほかに「第二遣欧使節団（横浜閉港談判使節団）」（1864年）と「パリ万国博覧会列席のための徳川昭武（徳川慶喜名代）一行」（67年）に加え、正式の外交使節ではないが柴田貞太郎を団長とする「横須賀製鉄所設立準備一行」（65年）を派遣しているが、ポトーが撮影した肖像写真は「文久遣欧使節団」と「第二遣欧使節団」の写真だけだ。「第二」は正使・池田筑後守以下使節団三十四人のほぼ全員の肖像写真が揃っていたほか、「賄い婦」として同行したのだろう、「人種・日本女性、十七歳」とだけ記された振袖姿、桃割風の髪形の若い女性の横顔と全身写真があった。

「国立図書館」にも諭吉の横顔をはじめ、「文久遣欧使節団」や「第二遣欧使節団」のほぼ同じメンバーの肖像写真が保存されていたが、約四万五千点のナダールの肖像写真もポトーの作品もいずれも当時の名刺サイズ（9×6センチ）だったのに対し、「ブランリー河岸美術館」の写真は多少大きめで「研究図書館」と同じサイズ（平均18×13センチ）だ。

肖像写真を貼ったブルーの台紙にはポトーが撮影した肖像写真の通し番号も記されていた。この番号は「人類博物館」保管のネガから慶應義塾大学が諭吉の写真を焼き増しした時にコピーしたポトー撮影の使節団の肖像写真の番号とも一致し、「人類博物館」の写真が「ブランリー河岸美術館」に直接、移動してきたことを裏付けている。台紙はさすがに古びており、フチが撚れ、色も多少変色しているが、諭吉のこの真正面の写真を見て、やっと脳裏に刻まれていた「あの写真に出会った」との実感が持てた。

ブランリー河岸美術館に保管されているポトーのネガ

　同館の写真学芸員クリスティーヌ・バルトは、「ポトーは外国使節団二百五十五人の肖像写真を撮っており、プリント枚数にすると二千五百六十二枚になる。大半は日本、中国、タイ、コーチシン（ベトナム南部）の肖像写真だ。ここにある日本人の写真はネガ、ポジを含めて二百十六枚ある」と証言した。「文久遣欧使節団」は三十八人のうちの十三人分のネガ、「第二遣欧使節団」は三十四人のほぼ全員のネガがあるが、ネガ、ポジを含めて二百十六枚と多いのは、「プリント写真の中に同一人物の真正面や横顔の写真に加えて、同一人物の二人一組の写真が何枚も焼き増しされて複数で保存されているからだ」（バルト）。

ポトーは生涯の終わりに「プリント写真、ネガ約千枚を『自然史博物館』に寄贈した」（『十九世紀のインドシナに関する写真家たち』）とあるが、バルトは「ポトーのプリント写真もネガも『人類博物館』から移転してきたもので、ここにあるだけである」と言明した。残りは百五十年余りという長い年月の間に時空の彼方に消え去ってしまったということか。

一九二〇年代にフランスに留学した民族学者・松本信廣は「一人一人の全身写真が陳列してあるのを発見した。……下位の士官《オフィシエ》の一人として福澤先生らしき写真がある……」と述べ、「自然史博物館」の「人類学ギャラリー」で諭吉をはじめ使節団の「全員の全身写真」を見たと証言している。松本と同時代にやはり同じ場所で使節団の従者・永持五郎次の息子・永持源次が父親の写真と一行の写真を見ているので一九三八年開館の「人類博物館」に移送されるまでは「自然史博物館」に「全員」の肖像写真があったといえる。

「国立図書館」の写真・版画担当部長シルビア・オブナスは「『自然史博物館』所蔵の写真はその後、転々としている。当時は日本人そのものも風俗も珍しかったので個人のコレクターなどが彼らの写真を買い占めたり、オークションに出された後、さらに転売されたりしたので作品の所在はつかみにくい。百五十年以上も前に撮影された写真なので紛失したり遺棄されたケースも否定できない」と説明し、使節団三十八人の肖像写真の多数が様々な理由で失われたことを示唆した。

一九三八年に開館した「人類博物館」に写真類が移転した後も第二次世界大戦による混乱で、「写真の整備がなおざりにされた時期もある」（シルビア・オブナス）ので、ネガはもとよりプリント類が散逸してもおかしくない状況だ。むしろ、そうした状況の中で諭吉の肖像写真がネガと共に真正面、真横、斜めの三枚揃って現存しているのは奇跡といえる。

国立図書館に保管されているナダールのオリジナルプリント写真を示すオブナス部長

松本はまた、「全身の肖像写真」を見たと記しているが、この「全身」が頭から足の先までの「立像」を指すのか、それとも「顔」だけでなく、「上半身」を「全身」とみなしているのか判然としない。松本はドゥニケールの著作『地球の人種と民族』に掲載されている諭吉の写真に関しては、「上半身」と記述しているが、実際は襟元から上の顔写真だ。「全身の肖像写真」と記したのは紋付袴姿に大小の刀を携帯している姿が撮影されているので「全身」と表現したのかもしれない。
永持のほうは「わが家の定紋のついた羽織袴姿の武士の写

真」（私家本『九十四年の人生』）と書いており、「全身」の文字はない。

あるいは、諭吉らの「全員の全身写真」は二〇〇六年開館の「ブランリー河岸美術館」に「人類博物館」から移送される際に行方不明になったのだろうか。バルトは「人類博物館」勤務時代に諭吉らの写真の整理にあたったが「彼らの全身の写真はなかった」と言明した。ポトーが「自然史博物館」に寄贈したネガやプリント写真「約千枚」の中に諭吉らの「全身像」のプリント写真やネガは含まれていたのだろうか。いったい、これらの寄贈品はどこにあるのか。

「ブランリー河岸美術館」所蔵のポトー撮影の「第二遣欧使節団」の肖像写真の中には徒目付・斉藤次郎太郎や通詞・西吉十郎、支配調役・田中廉太郎の立ち姿の全身写真がある。この写真は「オリジナル」と銘打って、オークションでも扱われていたが、西（明治維新後、大審院院長＝現最高裁判所長官）と田中は烏帽子に長袴姿だ。ポトーの目的がこの珍しい烏帽子と長袴にあったのは明らかだ。

「文久遣欧使節団」はまして初の日本使節団だっただけに、人類学的に興味がもたれた顔形だけではなく、民族学的見地から服装も見逃してはならない重要な対象物だったはずだ。

バルトは「一八六二年の使節団の全員の全身写真は現存していないと思う。ここにない限り、他の場所に保管されているとは考えにくい」と断言した。

ポトーは諭吉らの全身の写真は撮らなかった可能性が強いとも推測する。確かに、初めて見る日本人の顔に心を奪われたのかもしれない。時間に余裕がなかったこともあろう。第二使節団の撮影に当たり、服装への関心が生まれたのかもしれない。

「文久遣欧使節団」の肖像写真の中には椅子の肘掛が見えるものもあるため、全員が椅子に座っての写真撮影であったのは明白だ。「第二遣欧使節団」の場合、斉藤次郎太郎の椅子に座っている全身写真がある。足元まできちんと写っている全身写真だ。諭吉らの写真も椅子に座った全身写真だったものを、下半身をカットして上半身だけを保管したのだろうか。バルトは「ポトーのオリジナル写真をカットすることはありえない。ポトーは初めから、これらの写真では彼らの上半身だけ撮影した」との見解を専門家として主張した。

日本は第一次世界大戦では英仏の同盟国だったが、第二次世界大戦では一転してフランスとは敵国だったので、日本人は戦争中も終戦直後も訪問者はほとんど皆無だ。日仏の国交が回復したサンフランシスコ条約（1951年調印、52年発効）後も一九六〇年代まで外貨の持ち出し額の制限などがありフランスへの渡航者は限られていた。戦後、「人類博物館」で日本のサムライが展示されているのを見たとの証言は今のところ見つからない。長年、同館の総局長を務めたトマ・グルノン現館長も「記憶にない」と言明し、バルトも「自分が勤務していた八〇年代から『ブランリー河岸美術館』に移るまでの二〇〇六年までに展示されたことはない」と証言した。

諭吉の全身写真があるとすれば、それはどこにあるのだろう。パリのどこかの地下室で埃を被って眠っているのだろうか。それとも旧大陸ヨーロッパの老大国フランスの、十九世紀から二十世紀にかけての激動の時代の波の中で霧散してしまったのだろうか。

一つだけ言えることは、ポトーが持てる技量の全てを注ぎこんで撮影した上半身の写真同様に、全身写真からも日本の近代化の道を築いた啓蒙思想家・福澤諭吉の若き日の強いオーラが発散されていたにちがいない。その光芒は消滅していないはずだ。

あとがき

「パリの福澤諭吉」というイデ（想念）が頭の中に入り込んでから、十年近くが経つ。最初の数年は新聞社のパリ特派員として多忙な時期を過ごしていたので、その存在はほとんど「無」に等しかった。

二〇一一年秋に新聞社を退社後も、福島第一原発事故に原発大国フランスに住む者として心を奪われた。パリ同時多発テロなどの時事問題にも長年の習性で心を動かされた。おまけに血小板が急激に低下して疲労が激しく、二年間以上、投薬などの治療を受けた。やっと、「パリの福澤諭吉」の存在が本格的に頭の中心を占めるようになったのはこの一、二年だ。

それ以前の福澤諭吉に関する認識は、多くの日本人同様に、縁の薄い「一万円札」の肖像画の人物程度だった。彼の創立した学校の入学試験の面接に備えて、『福翁自伝』を読んだが、まったく記憶に残っていなかった。今回、読み返して、あまりにも面白く、「昔は物を思わざりけり」と若い頃は本当に何も思わず、何も考えずに、うかうかと過ごしたのだとの実感を新たにした。

フランス外務省古文書館やフランソワ・ミッテラン大図書館（国立図書館）などで「文久使節団」の資料や当時の新聞などを読み進めるにつれ、日仏関係や当時の日本が置かれていた国際的立場への興味も増し、「日本のヴォルテール」と呼ばれるに至った「パリの福澤諭吉」を理解するには、時代背景を知ることが不可欠だと悟った。さらに謎の写真師ポトーというこれまた、実に興味ある人物にも出会った。結局、「一万円札になる前の若き諭吉」を縦糸に、「パリ大改造」を断行したナポレオン三世治世下のパリを舞台にポトーが撮影した肖像写真の謎解きを横糸にすることでイデが具体化された。

一方で世の中には「福澤諭吉嫌い」が多いことも知った。「勝てば官軍」の明治政府への出仕をナマイキにも断ったからだろうか。「西洋かぶれ」「軍国主義者」「資本主義至上主義者」「金権崇拝者」「冷たい現実主義者」など、何と実像とかけ離れた罵詈雑言が多いことか。

一昨年、大学卒業後、ほとんど交流がなかった同窓生を病院に見舞ったとき（昨年、残念ながら鬼籍に入った）、母校で長年教鞭を取った彼は、「僕は福澤原理主義者なんだ」と言った。「僕の周囲の一部には福澤諭吉を無意味に持ち上げて世間の反感を買っていることに気が付かない人がいる。盛名を利用するだけで福澤先生の著作を真剣に読んでいない人や真の精神を理解していない人もいる。福澤諭吉の原点に立ち返えるべきだ」。それ以来、「福澤原理主義者」

になるべく努力をしている。

「福澤諭吉」に関する著作はあまりにも多く、全て読破するのは不可能と考え、不遜にも原則的に読まないことにした。五人の目の不自由な人が象を手で触り、「耳が大きい動物」「鼻が長い動物」「肌がザラザラした動物」などと象を定義した逸話がある。全体像を把握することの困難さを諭した教訓だが、本書も「福澤諭吉」のごく一部しか伝えることができず、偏見に満ち満ちているかもしれないが、お許しを願いたい。

「パリの福澤諭吉」に興味をもったきっかけは二〇〇八年の「日仏修好通商条約百五十周年」だったが、実は二〇〇六年に、条約に全く無関心だった日本政府に「日仏で記念行事を盛大に行おう」と提案したのは時の大統領ジャック・シラクだった。二〇〇七年五月に任期終了の知日派大統領の一種の〝遺言〟だったかもしれない。そのシラク氏が生みの親で、十周年を迎えた二〇一六年六月に、「ブランリー河岸―ジャック・シラク美術館」と改名されたゆかりの場所に探し求めたオリジナル写真やネガが保管されていることにも因縁を感じる。

フランス外務省古文書館での取材で便宜を図って頂いたパリ政治学院教授モーリス・ヴェイズ氏と、示唆、教示を頂いた東大名誉教授・芳賀徹氏に深く感謝します。また日仏の多数の取材協力者には参考文献とともにお名前を別途明記してお礼に代えさせていただきます。

出版に当たり、多大な御尽力をしてくださった中央公論新社学芸局長・三木哲男氏には深く深くお礼を申し上げます。月刊誌『中央公論』編集者、同『婦人公論』編集長として長年、お世話になったことにも改めて感謝を捧げます。掲載写真や遠方へのゲラ送付などでお世話になった同社特別編集部次長・府川仁和氏、ＤＴＰ担当・市川真樹子氏にも御礼を申し上げます。

山口昌子

二〇一六年秋　パリで

取材でお世話になったフランス・日本の方々
Remerciements

(アルファベット及び五十音順・肩書・敬称略)

Brigitte ALBINET
Nicole ALTERO
Sylvie AUBENAS
Françoise AUJOGUE
Colette BARBIER
Christine BARTHE
Yves BRULEY
Claude LUCIEN-BRUN
Ediane COEN
Jeannine CHRISTOPHE
Anne-Sophie CRAS
Vicki-Ann CREMONA
Frédéric DUBOS
Jean ESMEIN
Isabelle GOURLET
Thomas GRENON
Pascale HEVRTEL
Didier HOUSSIN
Pascal HURTH
Mireille LAMARQUE
Jocelyne LE BRENN
Yves LEBOUC
Pierre LEBOULLEX
Alice LEMAIRE
Gérard LEVY
Anne LEWIS-LOUBIGNAC
Jean MENDELSON
Antoine MONAQUE
Bénédicte FABRE-MULLER
Isabelle NATHAN
Jean-Bernard OUVRIEU
Jean-Daniel PARISET
Mireille PASTOUREAU
Carine PELTIER
Anne-Rose PIERRE
Catherine PLOUIDY
Enzo QUITANOU
Jean-Noël ROBERT
Mary ROY
Marion SAUCIER
Philippe SUDREAU
Lydie VAILLANT
Maurice VAISSE
Françoise VALLET
Laura DELRUE-VANDENBULCKE
Michel VANDERMEERSCH

鈴木隆敏
都倉武之
永持武明
芳賀　徹
前島康樹
松原秀一

1998年
『ベルツ日本文化論集』エルヴィン・ベルツ　若林操子監修、山口静一ほか訳　東海大学出版　2001年
『エリザ宮物語』山口昌子　産経新聞出版　2007年
「常設展示資料目録」外務省外交史料館
『絹と光　Soie et Lumières　日仏交流の黄金期　L'âge d'or des échanges franco-japonais（江戸時代―1950年代　des origines aux années 1950）』クリスチャン・ポーラックChristian Polak　アシェット婦人画報社　Hachette Fujingaho 2001

◎ブログ
Les Carnets de Philippe Troug, Philippe Troug, Canalblog

◎日本文献
『福澤諭吉著作集』（第１巻－第12巻「福翁自伝」「西洋事情」「学問のすゝめ」「文明外論之概略」「瘦我慢の説」「日本婦人論」「日本男子論」「西航手帳解説」富田正文・長尾政憲などを含む）慶應義塾大学出版会　2002-2003年
『福澤諭吉全集』第19巻（「西航記」「西航手帳」など）岩波書店　1962年
『福澤諭吉全集』第２巻（「條約十一国記」など）岩波書店　1962年
「福澤諭吉展　未来をひらく」（カタログ）慶應義塾　東京国立博物館　2009年
『幕末欧州見聞録』市川清流著　楠家重敏・編訳　新人物往来社　1992年
『史学』第13巻第３号「福澤先生と巴里（1）（2）」松本信廣　1934年
『史学』第13巻４号「佛人の見たる福澤先生（2）」松本信廣　1934年
『史学』第24巻第２－３号　福澤諭吉50年忌記念講演「民族学と福澤先生」松本信廣　1950年
『大君の使節』芳賀徹　中公新書　1968年
『福澤諭吉の西航巡歴』山口一夫　福澤諭吉協会　1980年
『福澤諭吉の亜欧見聞』山口一夫　福澤諭吉協会　1992年
『九十四年の人生』永持源次　私家本　1954年
『レオン・ド・ロニ略伝（近代日本研究）』松原秀一　慶應義塾福澤研究センター　1986年
『福澤諭吉とレオン・ド・ロニ』松原秀一　慶應義塾大学出版会　2010年
『ロニィ宛渡欧洋学者書簡』松原秀一　福澤諭吉協会　1987年
『19世紀中葉の和書コレクション・ロニ文庫』シュザンヌ・エスマン著　松原秀一訳　福澤協会　1988年
『椅子の福澤諭吉』前田富士男　慶應義塾大学アート・センター　2009年
『怪帝ナポレオン三世』鹿島茂　講談社学術文庫　2010年
『文久二年のヨーロッパ報告』宮永孝　新潮選書　1989年
『新聞人福澤諭吉に学ぶ』鈴木隆敏編者　産経新聞出版　2009年
『ルイ・ボナパルトのブリュメール18日』カール・マルクス著　村田陽一訳　大月書店　1996年
『写真の歴史』ナオミ・ローゼンブラム著　大日方欣一訳　美術出版社

Haussmann à Paris, Jean-Marc Larbodière, Charles Massin, 2012
Haussmann le grand, Georges Valance, Flammarion, 2011
Nouvelle histoire de Paris: La Restauration, 1815-1830, Guillaume de Bertier de Sauvigny, Flammarion, 1977
Buffon: La nature en majesté, Yves Laissus, Découvertes, Gallimard, 2007
L'Institut de France, Institut de France, 2012
Des Nippons aux mayas: Une Passion Léon de Rosny, Léon de Rosny [1837-1914], Bénédicte Fabre-Muller, Pierre Leboulleux, Philippe Rothstein, Assosiation Léon de Rosny, Presses universitaires du Septentrion, 2013
Les galeries d'Anatomie comparée et de Paléontologie : Muséum d'Histoire naturelle, Luc Vivès, Cécile Colin-Fromont, Artlys, 2012
Recherches sur les ossements fossiles de quadrupèdes: Discours préliminaire, Georges Cuvier, GF-Flammarion, 1992
Jardin du Carrousel et Tuileries, Geneviève Bresc-Bautier, Emmanuel Jacquin, Denis Caget, Réunion des musées nationaux, 1990
Vie et histoire du VIIIe arrondissement de Paris, Andrée Jacob, Jean-Marc Léri, Hervas, 1991
Le Jardin des plantes et le Muséum national d'histoire naturelle, Stéphane Deli-georges, Alexandre Gady, Françoise Labalette, Editions du Patrimoine, 2004
Le Japon et la France, L'Institut National des langues et Civilisations orientales, Langues et Civilisations, 1974
Le japon depuis la France: un rêve à l'ancre, Michel Butor, Hatier, 1995
Européens et japonais: Traité sur les contradictions et différences de moeurs, le R. P. Louis Frois, Chandeigne, 1998
Images des Occidentaux dans le Japon de l'ère Meiji au Japon, l'an 1585, Hartmut O. Rotermund, Maisonneuve et Larose, 2005
Il était une fois Arenthon, Lucien Desalmand (Ed.), Arenthon SA, 1987
Dictionnaire des Marques et Monogrammes, Commission des Beaux-Arts, Libraire Eugène Delaroque, 1874
Society, culture and identity in early modern Malta, Carmel Cassar, Mireva, 2000
Valletta: Yesterday, Joseph Bonnici, Michael Cassar, Audrey Friggieri, Book Die-tributors Ltd., 2001

Le Quai d'Orsay Impérial, Histoire du Ministères des Affaires Etrangères sous Napoléon III, Yves Bruley, A .Pedone, 2012
Le Tableau de Paris, I, II, Louis-Sébastien Mercier, Mercure de France, 1994 (L・S・メルシエ『十八世紀パリ生活誌――タブロー・ド・パリ』上・下 原宏訳　岩波文庫　1989年)
Visages de Paris, André Warnod, Firmin-Didot, 1930
Paris insurgé: La Commune de 1871, Jacques Rougerie, Découvertes, Gallimard, 1995
La commune: Paris 1871, Introduction et Légendes par Bernard Noël, Nathan, 1998
Les Grandes Dates de l'Epoque contemporaine IV, Jean Delorme, QUE SAIS-JE ?, Presses Universitaires de France , 2002
Histoire de Paris, Marcel Raval, QUE SAIS-JE ?, Presses Universitaires de France, 1942
Paris: Deux mille ans d'histoire, Jean Favier, Fayard, 1997
Les Misérable, Vicor Hugo, Bibliothèque de la Pléiade, Gallimard, 1992
Choses vues 1830-1864, Vicor Hugo, Folio, Gallimard, 1972
Paris au temps des Misérables de Victor Hugo, Danielle Chadych, Charlotte Lacour-Veyranne, Collection du Musée Carnavalet, 2008
Victor Hugo : "Et s'il n'en reste qu'un…", Sophie Grossiord, Découvertes, Gallimard, 1998
La bibliothèque japonaise de Léon de Rosny, Peter Kornicki, Bibliothèque Municipale de Lille, 1994
Une Histoire de l'Hôpital Lariboisière, Jean-Paul Martineaud , L'Harmattan, 2002
Histoire et Vies du 10e arrondissement, Jeannine Christophe, Marie du 10e , 2009
Carnet d'Adresses, Didier Blonde, Gallimard, 2010
Mémoire d'Europe 1789-1900, sous la direction de Christian Biet et Jean-Paul Brighelli, Folio, Gallimard, 1993
Nadar, Stéphanie de Saint Marc, Gallimard, 2010
Des photographes en Indochine - Tonkin, Annam, Cochinchine, Cambodge et Laos - au XIXe siècle, Philippe Franchini, Jérôme Ghesquière, Marval, 2001
La photographie: un miroir des sciences sociales, Sylvain Maresca, L'Harmattan, 1996

◎**使節団派遣当時のマイクロフィルム版の各紙及びデジタル版各紙**
所蔵：フランス国立図書館-旧館及びフランソワ・ミッテラン大図書館（Bibliothèque nationale de France, Gallica : La bibliothèque numérique de la BNF）

◎**新聞類（Journaux）**
Le Temps（1862）
Gazette nationale ou le Moniteur universel（1862）
Le Figaro（1862）
L'illustration（1854-1863）
Le Globe illustré（1862）
La science pour tous（1862）
Le monde illustré（1862）
Le moniteur photographe（1862）

Le bottin de Paris（1862年の住所録）
所蔵：パリ市古文書館（Archive de Ville de Paris）

◎**書籍及び論文、パンフレット類**
Mémoires du Monde: Cinq siècles d'histoires inédites et secrètes au quai d'Orsay, Sophie de Sivry, Edition Sophie de Sivry, 2001
Le premier traité franco-japonais : son application au vu des dépêches de Duchesne de Bellecourt, Alain Cornaille, Publications orientalistes de France, 1994
Races et Pieples de la Terre, Jeseph Deniker, Schleicher Frères & Cie, 1900
Souvenirs (1850-1851), Alexis de Tocqueville, Œuvres III, Bibliothèque de la Pléiade, Gallimard, 2004（アレクシス・ド・トクヴィル『フランス二月革命の日々——トクヴィル回想録』喜安朗訳　岩波文庫　1988年）
Dictionnaire Historique des Rues de Paris A/K, L/Z, Jacques Hillairet, Editions de Minuit, *1985*
L'Histoire de France par l'image, Jacques Boudet, Bordas, 1992
Dictionnaire des Ministres: 1789-1989, Yvert Benoît, Librairie Académique Perrin, 1990
Napoléon III et l'Europe, 1856, Ministère des affaires étrangères, Artlys, 2006
Dictionnaire du Seconde Empire, Jean Tuland et al., Fayard, 1995

参考文献

◎フランス外務省古文書館保管の文久遣欧使節団派遣前後の日仏修好通商条約関係のマイクロフィルム文書（1巻―11巻まである）

所蔵：Archives du Ministère des affaires étrangères

■ 1巻（1854―1859年）　**Duchesne de Bellecourt, consul général**

日本関係の外交文書は1854年から開始し、1859年の日仏修好通商条約批准により、デュシェーヌ・ド・ベルクールが総領事に着任。この間の駐日フランス代表部（当時）とフランス外務省などとの連絡文書

■ 2巻（1860年）　**Duchesne de Bellecourt, consul général et Chef d'affaire**

デュシューヌ・ド・ベルクールの総領事時代の駐日フランス代表部（当時）及びフランス商業部とフランス外務省などとの連絡文書

■ 3巻（1863年1―12月）

Duchesne de Bellecourt , ministre plénipotentiaire

デュシェーヌ・ド・ベルクール全権公使時代の駐日フランス公使館とフランス外務省との連絡文書

■ 4―10巻（1864年1―12月）

Duchesne de Bellecourt, Ministre plénipotentiaire

デュシェーヌ・ド・ベルクール全権公使時代の駐仏公使館とフランス外務省などとの連絡文書、およびデュシェーヌ・ド・ベルクール全権公使時代の駐日フランス公使館とフランス外務省などとの連絡文書

■11巻（1864年1月、7月）

デュシェーヌ・ド・ベルクール全権公使時代とレオン・ロシュ新全権公使着任前後のフランス公使館とフランス外務省などとの連絡文書

◎フランス外務省古文書館保管の日本使節団フランス滞在に関する連絡文書

所蔵：Archieve du Ministère des affaires étrangères

注：福澤諭吉の著作には現在の人権意識に照らして不適切と思われる表現がありますが、著作の引用が本書の内容に必要であり、歴史的・資料的価値に鑑み、原文のままとしました。（編集部）

山口昌子　Shoko Yamaguchi

慶應義塾大学文学部仏文科卒業後、1969年から1970年、フランス政府給費留学生として新聞中央研究所（CFJ）に学ぶ。産経新聞入社後、教養部、外信部次長などを経て、1990年５月より2011年９月まで21年間にわたってパリ支局長を務める。94年にボーン・上田記念国際記者賞を受賞。13年にレジオン・ドヌール勲章シュヴァリエを受章。著書に『ドゴールのいるフランス』『大国フランスの不思議』『シャネルの真実』『原発大国フランスからの警告』『フランス人の不思議な頭の中』『フランス流テロとの戦い方』、訳書『マリー・キュリー』など多数。

パリの福澤諭吉《ふくざわゆきち》
——謎《なぞ》の肖像写真《しょうぞうしゃしん》をたずねて

2016年11月25日　初版発行

著　者　山口昌子《やまぐちしょうこ》

発行者　大橋善光

発行所　中央公論新社

〒100-8152　東京都千代田区大手町1-7-1
電話　販売 03-5299-1730　編集 03-5299-1840
URL http://www.chuko.co.jp/

DTP　市川真樹子
印　刷　三晃印刷
製　本　小泉製本

Published by CHUOKORON-SHINSHA, INC.
Printed in Japan　ISBN978-4-12-004916-3 C0095